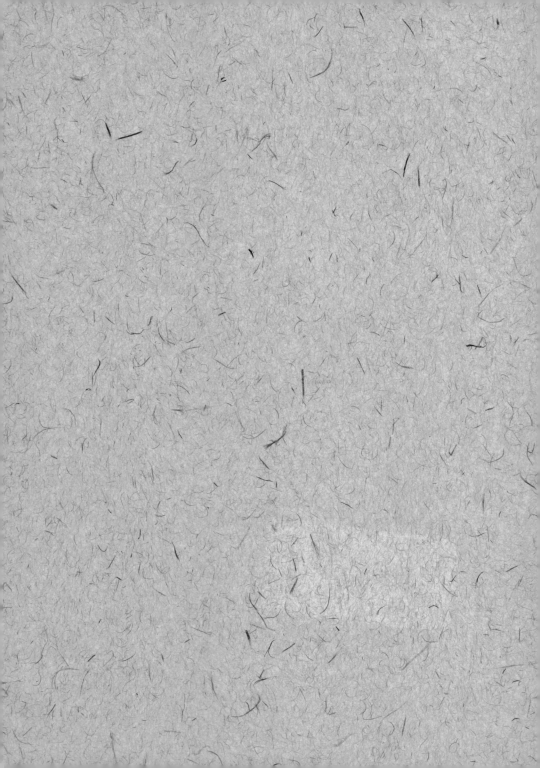

坂東省次
椎名浩

日本とスペイン 文化交流の歴史

南蛮・キリシタン時代から現代まで

原書房

日本とスペイン文化交流の歴史——南蛮・キリシタン時代から現代まで

❖目次

第6章 交流の充実から内戦・大戦の時代へ［大正―第二次世界大戦］ 231

第7章 みたびの交流再開から現在まで［第二次世界大戦後］ 286

❖巻末

遠くて近いが、やはり遠い国――まえがきに代えて

本書は、一六世紀から現代にいたるまでの、日本とスペインの接触・交流・相互理解の歴史を通史的に記述したものである。

スペインの国名を知らぬ人はまずいまい。「情熱の国」、「光と影の国」、「天才芸術家の国」といったキャッチフレーズ、ステレオタイプは問題もはらむが、多くの人がこの国について、何か具体的で強烈なイメージを抱いているのは確かだ。最近でも、EU諸国をゆるがした金融危機、サッカーW杯ブラジル大会での予想外の大敗、フアン・カルロス国王の退位とフェリペ六世の即位、カタルーニャの独立気運といった出来事が話題となった。プラド美術館、アルハンブラ宮殿、サンティアゴ巡礼路、A・ガウディの建築群などに現地で対面した方も多いはず。

歴史に興味のある方なら、この国が一五世紀末から一七世紀前半にかけて大航海時代の主役となり、南北アメリカからフィリピンにいたる帝国を築いたこと、また一九三〇年代には第二次大戦の前哨戦ともされる内戦が起き、ピカソの『ゲルニカ』をはじめ二〇世紀の思想・文化に多大な影響を与えたこともご存じだろう。

特に前者の時代については、スペインがその余勢をかって日本に到達し、ヨーロッパでもつきあいの古い

国の一つとなったことも広く知られている。その象徴的な出来事である慶長遣欧使節の出発（一六一三年）から四〇〇周年にあたる二〇一三年から翌一四年にかけては、「日本・スペイン交流四〇〇年」として、使節の歴史的意義を再考するシンポジウムや展示会、また広く相互の文化を紹介する様々な行事が両国各地で実施された。ことに使節船が出港した三陸海岸をはじめ、使節ゆかりの地が二〇一一年の東日本大震災で被災しており、慶長遣欧使節四〇〇周年が特別の感慨をもって迎えられたことは記憶に新しいところである。[01]

この、日本とスペインが最初に出会った時期については、日本史上の大転換期でもあり、早くから研究者の関心をひいてきた。それは日本・スペイン関係史というより、より広い日欧交渉史、キリシタン史等の文脈においてであったが、いずれにせよ明治時代の『大日本史料』[02]以来の豊富な研究の蓄積がある。一九九〇年代に入ると、P・パステルスやJ・ヒルの大著の翻訳と言う形で、この時期の日西関係史についての通史が出版された。[03]また二〇〇〇年代になると、伊川健二、的場節子、平山篤子、清水有子の諸氏が、当時の東・東南アジアの状況を視野に入れながら、この時代の両国関係成立の背景を解明する力作を世に出し、[04]研究状況は再び活況を呈しつつある。

しかしながら、あのザビエルがスペイン・ナバラの出身であったとか、慶長遣欧使節に三〇年先立つ天正遣欧使節の一行がマドリードやトレドを訪ね、フェリペ二世にも謁見したといった史実に接し、驚きと意外の反応を示す人はいまだに多い。この背景には、当時の日欧関係が、イベリア半島の隣国であり大航海時代の好敵手であったポルトガルを軸に展開したという事情があるが、もうひとつは、従来の関心がどちらかと言えば外交関係や貿易、スペインが実効支配した地（フィリピンやメキシコ）との関係が中心で、人物往来や情報伝達の側面が重視されなかったという要因が考えられる。

さらに大きな問題は、両国関係史への関心が、いきおいこの一六―一七世紀の時期に集中してきたことであろう。わずかにスペイン内戦時、日本人ジャック白井が従軍し戦場に散ったエピソードが人々の印象に強く残り、▼05 またこの内戦に対する日本の思想界・社会運動・マスメディアの反応、および内戦から大戦にかけての外交史が研究者の関心をひいてきた。外交関係については、二〇〇〇年代に入りF・ロダオ氏の労作が世に出ている。▼06 この時期を除けば近現代の両国関係は比較的平穏のうちに推移したので、研究者の鋭い問題意識を喚起する対象にもならなかったといえる。

このように日本・スペイン関係史は、歴史研究の対象としては「南蛮・キリシタンの時代」と内戦前後の二期が大小の山をなす形で、ごく最近まで推移してきた。こうした研究テーマの偏りも反映して、両国関係の四百数十年についての通史的な記述が、分量でいえば百科事典の項目レベルを超えないという状況が、実に一九九〇年代まで続いたのである。▼07

九〇年代後半からはこうした状況の打開がはかられ、ザビエル来航四五〇年(一九九九年)を記念して、キリシタン時代と近現代の二部構成からなる論集が計画され、翌年出版された。▼08 ついで二〇一〇年には『日本・スペイン交流史』が出版された。▼09 同書は、一六世紀から現代までの両国関係史にかかわる重要テーマの論考を時代ごとに配列し、第一部全8章、第二部全20章で構成した、いわば「通史的論集」ともいうべきものである。ただ第一部では両国関係の黎明期から断絶までの流れに沿って各章を配列しえたものの、明治以降をあつかった第二部ではテーマ別構成となり、通史的記述としては課題を残す形となった。

こうした経緯を踏まえ、本書は以下のような構成と問題設定で執筆した。

1. 本書は、一六世紀から幕末までをあつかった第1部(序章、1—4章)と、明治以降現代までをあつかった第2部(5—7章)の二部構成からなる。各章がカバーしている時代については目次を参照いただきたいが、うち4章は江戸初期にいったん両国関係が断たれ、明治初年に再開するまでの二百数十年間(四百数十年の交流史の半分に匹敵する)を取り上げた。このように、一六世紀以来の両国関係史を、時代の空白をつくらず連続して記述することを目指した。また、序章と4章を除けば1部・2部を三章ずつとし、時代によって記述量がかたよらないよう心がけた。

2. 序章のように実際に両国が接触する以前、また4章のように両国関係が断たれた時期もあつかう関係上、通常二国間関係史の軸となる外交、軍事、貿易、人物往来に加え、情報やイメージの伝達、その理解(誤解も含む)や解釈といった要素を重視した。全体として、相互の他者理解が本書の重要なテーマとなり、それを広い意味での「文化交流史」と解釈して、書名に反映させた。

3. 両国の実際の接触のあり方の基礎となる、日本・スペイン双方の国内状況(政治情勢や社会的価値観、国家観、世界観など)、それぞれの周辺世界(東アジアとヨーロッパ)との関係、また第1部ではスペイン帝国の動向についても、おもに各章の冒頭で記述した。

4. スペイン本国だけでなく、各時代にスペインが統治下に置いていた地域と日本人のかかわりも視野に入れた。具体的には第1部の時代におけるフィリピン、メキシコであるが、第2部においても、明治初年の関係回復後三〇年間はスペインのフィリピン統治が続いたので、この間の同地と日本の関係にも言及した。

なお、執筆の具体的な作業にあたり、以下の方針を立てた。

1．本文は、序章―4章、5章8節を椎名が、5章の他の部分、6、7章を坂東が担当した。執筆者相互で内容を確認し、用語や表記は極力統一をはかったが、時代や出来事の解釈・評価は、最終的にはそれぞれの責任においておこなった。

2．一般向けの通史という性格上、本文の注は最少かつ簡略なものにとどめた。引用元の詳細は巻末の参考文献一覧を参照されたい。とくに全編にわたり随所で参照した『日本・スペイン交流史』は、参考文献一覧に各章題名、執筆者を紹介し、本文では「岸野久、交流史一部1章」といった形で引用する。

3．「スペイン」「スペイン人」という用語について。序章、1章で詳述するように、一五世紀末に「スペイン王国」が成立したのちも、中世王国の枠組みを基礎にした制度・文化・アイデンティティの複合性は強く残った。したがって第1部であつかう時代に関して「スペイン」「スペイン人」という表現は注意を要するが、近現代までの通史という性格上、第1部でも、「現在のスペイン国の領域、およびその出身者」と言う意味でこうした表現を用いる。同様に第2部との表現の統一性をはかる観点から、第1部の時代について一般的な「イスパニア（またはイスパニヤ）」は使用しない。ただし引用箇所、団体等の名称（「イスパニア語学科」「イスパニヤ学会」等）は別である。

4．スペイン語人名・地名は基本的に原語に即したが、わが国において慣例化した書き方がある場合は、これを用いた（スペイン、メキシコ、マドリード、ザビエル等）。またスペイン語のアクセント位置を長母音（ー）で表記しなかった（アンダルシア、ナバラ、トレド等）。ただし、長母音をつける表記が慣例化していると判断したものはこのかぎりではない（カスティーリャ、セビーリャ、トーレス等）。

本書を通じて、ユーラシア大陸の両端に離れているが、日本と案外いろいろなかかわりをもってきたスペインがより身近なものに感じていただければ、長年この国に魅惑されてきた者として喜びにたえない。

▼01――「日本・スペイン交流四〇〇年」公式サイト http://www.csja400.com/

▼02――東京大学史料編纂所編『大日本史料』第一一編別巻之一、二（天正遣欧使節関連史料）東京大学出版会、一九七四年（初版一九五九―六一年）、第一二編之一二（慶長遣欧使節関連資料）東京大学出版会、一九八二年（初版一九〇九年）。

▼03――パステルス（松田毅一訳）『一六―一七世紀日本・スペイン交渉史』大修館書店、一九九四年。ファン・ヒル（平山篤子訳）『イダルゴとサムライ』法政大学出版局、二〇〇〇年。

▼04――伊川健二『大航海時代の東アジア』吉川弘文館、二〇〇七年。的場節子『ジパングと日本』吉川弘文館、二〇〇七年。平山篤子『スペイン帝国と中華帝国』法政大学出版局、二〇一二年。清水有子『近世日本とルソン』東京堂出版、二〇一二年。

▼05――石垣綾子『スペインで戦った日本人』朝日新聞社（朝日文庫）、一九八九年（初版『オリーブの墓標』立風書房、一九七〇年）。

▼06――フロレンティーノ・ロダオ（深澤安博ほか訳）『フランコと大日本帝国』晶文社、二〇一二年。

▼07――代表的な例として、立石博高「日本とスペインの関係」、池上岑夫他監修『スペイン・ポルトガルを知る事典』平凡社、一九九二年所収が挙げられる。

▼08――坂東省次・川成洋編『スペインと日本　ザビエルから日西交流の新時代へ』行路社、二〇〇〇年。

▼09――坂東省次・川成洋編『日本・スペイン交流史』れんが書房新社、二〇一〇年。

スペインの州区分と主な都市

＊カナリア諸島州を除く

スペインの州区分と主な都市

第1部

近世初期の交流史

——南蛮・キリシタンの時代

序章

日本とスペインの出会い、その歴史的背景

1 スペイン・ポルトガルの海外進出

❖レコンキスタから大航海へ

一四一五年、ポルトガル親王ドン・エンリケ、通称「エンリケ航海王子」が北アフリカのセウタを攻略、拠点を築いた。これがポルトガルの海外探検事業、ひいては「大航海時代」の始まりであるが、エンリケ自身はキリスト騎士団長として、モロッコのイスラム勢力と戦う十字軍的価値観、換言すればイベリア半島のレコンキスタ（ポルトガルでは一三世紀半ばに完了）の延長線上に生きていた。ポルトガル史研究者金七紀男《きんしちのりお》の表現を借りれば、彼は「後ろ向きに」近代に入った人物であった。▼01 実際グラナダを征服して、半島内のレコンキスタを完遂するという選択肢もあったが、その結果隣国カスティーリャとの間に、もう一本長い国境線ができることを避けたのである。

このような事情は、約一世紀遅れて大航海時代に参画したスペインも同様であった。外の世界での征服活動に参加することに、自己実現の機会を見出す行動様式。中世末の終末論的風潮にも影響された、異世界の他者を教化することが自他の救済につながるという価値観。これらは、エンリケやコロンブスをはじめ、航海士や征服者、宣教師等、大航海時代を生きた人々の多くが共有したのである。

❖東廻りの道・西廻りの道

エンリケ航海王子が没する一四六〇年ごろまでに、ポルトガルは西アフリカの金鉱を押さえてリスボンに送るルートを築き、中世以来のサハラ経由での金交易に重大な変化をもたらした。一四八八年にはB・ディアスが喜望峰を迂回することに成功。これと前後して、インド航路の開拓と東南アジアにいたる香料貿易の掌握が、航海の目的として明確に意識されるようになった。一四九八年にはガマの艦隊がカリカットに到達、ここにインド航路の開拓が成功した。

一方のスペイン、というよりカスティーリャ王国も、一四九二年のコロンブスの航海までポルトガルの動きを座視していたわけではない。一四〇二年のフランス人騎士J・ベタンクールに始まるカナリア諸島の征服活動は、イサベル(一四七四年即位)により再開、王権による支配が本格化した。セビーリャ港は地中海・北アフリカ・大西洋の結節点として重要な役割を果たし、一六世紀に新大陸貿易港として繁栄する下地がつくられた。一方ポルトガルはマデイラ、アソーレス両諸島の征服・植民を進めており、これらの島々では、先住民次いで黒人奴隷の労働力を用いてブドウやサトウキビのプランテーション栽培がおこなわれ、のちの新大陸植民地経営の原型となった。こうした情勢を受けて、大西洋上での両国の勢力範囲を画定する必要が生じ、一四七九年に締結されたアルカソヴァス条約で各々の島への支配が追認される一方、ポルトガルはヴェルデ岬以南の探検・征服の権利を得た。なお七九年にはイサベルの夫フェルナンドがアラゴン王に即位して、いわゆる「カトリック両王」による同君連合が成立しているので、以後再び「スペイン」とする。

コロンブスの航海は、周知の通り地球球体説を根拠として、ポルトガルの「東廻り」航路に対抗して、大西洋を横断し「西廻り」でジパング、カタイに至ることを意図したものであった。それゆえに、コロンブス自身が既知の三大陸のいずれでもない地に到達したという、自らの偉業を正しく評価できなかったことも、よく知られたところである。このスペインの新たな動きを受け、あらためて大西洋上での両国の勢力範囲の画定が図られた。一四九三年の教皇アレクサンデル六世の勅書では、アソーレス諸島の西一〇〇レグア（約五五〇キロメートル）の子午線（西経三八度）以西をスペインの勢力範囲とした。一四九四年にはトルデシリャス条約が結ばれ、ヴェルデ岬諸島の西三七〇レグア（約二〇〇〇キロメートル）の子午線（西経四五度）を、両国の「発見、征服」の占有権の境界とした。ちなみにこの際の分界線を理論上延長すると、京都府丹後地方―兵庫県明石市―淡路島を通る東経一三五度線となり、奇しくも現在日本標準時線として用いられている線と一致する。

ポルトガルが一五一〇年にゴア、翌年にマラッカ、二二年にはモルッカ諸島を征服してポルトガル領インド（一五〇五年副王、一五〇九年総督設置）の実を固めていったのに対し、スペインはまず広大な「新大陸」の探検と征服に多くの時間を費やし、その上広大な太平洋に対峙することになった。一五一九―二二年のマゼラン艦隊（二〇年マゼランがセブ島で戦死してからはエルカーノが指揮）の航海は、世界周航という偉業を残したが、アジアの一角をスペイン領アメリカとむすびつけることはできなかった。コスメ・デ・トーレス（次章参照）が同乗したビリャロボス艦隊もときのフェリペ王子（のちのフェリペ二世）にちなんで「フィリピン」を命名するものの、同様の結果に終わった。一五六五年、A・ウルダネタ艦隊が太平洋の往復航路を開拓することで、七〇年に征服が開始されたフィリピンをスペイン領アメリカと接続することが可能になった。日西の国家間関係が始動するのが、ポルトガルに三〇―四〇年遅れたゆえんである。

それでも、スペインの西廻り航路が現実にアジアにまで伸び、ポルトガルの勢力範囲と競合する可能性が生じた。実際エルカーノ艦隊はモルッカ諸島に立ち寄り、香料をもちかえっている。この状況をうけて、一五二九年にはサラゴサ条約が結ばれた。モルッカ諸島の東二九七・五レグア（約一七六四キロメートル）の子午線を太平洋上の分界線とし、同諸島はポルトガルの勢力範囲となって、スペインはすでに築いていた拠点を三五万ドゥカードでポルトガルに売却した。この際の分界線は東経一四五度付近にあたり、北海道網走市―釧路市付近を通る。十数年後に「発見」された日本列島は、これに従えば大半がポルトガルの占有権に帰することになるが、実際は両者の力関係や既成事実に従ったことは、その後の歴史が示すとおりである（スペインのアジア拠点となったフィリピンはこの線より西側に位置するし、むろん日本はどちらの国にも「征服」されなかった）。

❖複合王政のスペイン帝国

本書では、第1部・第2部を通して「スペイン」「スペイン人」という表現を用いるが、第1部であつかう時代においては、それはかなり複雑な実態を含んでいた。換言すると、この時代は、「国家」「統治（することと・されること）」およびそれへの帰属についての構造や原理が、近代以降とは大きく異なるということである。

中世のイベリア半島では、北部・東部にキリスト教諸国、また一一世紀前半の後ウマイヤ朝滅亡後、中・南部にイスラム地方政権が乱立したが、その後レコンキスタの進展により、一四世紀までにポルトガル、カスティーリャ、アラゴン、ナバラ、およびイスラム最後の拠点グラナダの五国に凝集した。一五世紀後半からこの政治地図に変動が生じ、教科書風にのべれば、一四七四年にイサベルがカスティーリャ女王に、夫フェルナンドがアラゴン王に即位することでスペインが「統一」、九二年にグラナダが征服されて「八世紀初頭以来、約八〇〇年にわたるレコンキスタが完了した」。次いで一五一二年にはナバラ王国も征服されて、ポルトガルを除く半島の全土が同一王権下におかれた。一五一六年に王位を継承したハプスブルク家のカルロス一世(一九年より神聖ローマ皇帝カール五世。スペイン語でもこの最高位の称号にちなんでCarlos Vと呼ばれることが多い)により、中部ヨーロッパ・イタリア、そして新大陸にまたがる「スペイン帝国」が築かれた、ということになる。

しかしその際、いくつか留意すべき点がある。まずイサベル即位後、先王エンリケ四世の娘(イサベルにとっては姪)フアナ一派との間に、四年にわたる内戦が繰り広げられた。フアナの夫はポルトガル王アフォンソ五世であり、このときフアナが勝利すれば、「イスパニア(Hispaniaローマ属州ヒスパニアのロマンス語読みで、イベリア半島全体をさす)」の覇権はポルトガル・カスティーリャの同君連合に委ねられたことになる。むろんこれは仮定にすぎず、実際の歴史はカスティーリャ・アラゴンの同君連合という方向に動いたわけだが、ポルトガルを除いた半島の諸地域をスペインとするという枠組みは、最初から定まったものではないことは理解しておくべきだろう。それ以前の歴史は、半島全体と、ポルトガルを含めた各国家を単位として推移したのであり、「スペイン・ポルトガル」という枠組みは、一五一二年のナバラ征服をその成立ととれば、日本史上の鉄砲伝来・ザビエル来航からは比較的最近、つい三〇年ほど前にようやくできたのである。。

ついで、かっちりと統一した「スペイン」が他国に領土を広げた、というイメージも実態に即していない。イサベルは「カスティーリャ、レオン、トレド、セビーリャ……の女王」のまま、フェルナンドは「バルセロナ、ルセリョン、セルダーニャの伯、アラゴン、バレンシア、シチリア……の王」のまま共同統治を開始したのであり、カルロス一世がフランドルやミラノを領有したのも、フェリペ二世が一五八〇年以降「ポルトガルとアルガルヴェ(同国南端にあった旧イスラム国)の王」となったのも、いわばこれらの地名列に新たな地名を書き加えていく営みであった。こうした、スペイン王家が継承し君臨する「王国」や所領は、各々独自の法や制度、言語や文化を維持していた。換言すれば、ヨーロッパ各地から新大陸にまで広がる多様な政治的単位が、君主が共通した人物という一点でつながっているのが「スペイン王権(モナルキーア・イスパニカ)」の実態であった。

その根底には、住んでいる都市や農村、属している職業、団体、身分(くわえて、中世末までのイベリア半島においては宗教)によって、同じ国内であっても適用される法や権利・義務のあり方が異なってくるという、当時のヨーロッパにおける社会と統治のあり方が関わっている。その一方で、地域や国籍を超えて人材を募る職業集団も存在した。航海士や修道会はその代表例であり、両者とも大航海時代、ひいては日本との関係において重要な役割を果たしたのは興味深い。

さて、来日した宣教師に即してこうした統治構造の例を挙げると、ザビエルの出身地ナバラは「ナバラ王」を兼ねたカスティーリャ王の統治下に入ったものとみなされ、そのうえで旧来の制度・法慣習を相当程度認められた。コスメ・デ・トーレスの出身地バレンシア地方(正式には「王国reino」)は、フアン・フェルナンデスの出身地、カスティーリャ王家領のコルドバ地方(これも正式には「王国」)とは君主の系統を異にし、共通の制度も存在しない。一方アラゴン王家領という点では、バレンシアはヴァリニャーノの出身地ナポリ王国と同列の存在であった。広大な新大陸の領土に君臨した副王たちもカスティーリャ王の代理人であり、マニラ征服から豊臣秀吉との交渉まで、その主体は「カスティーリャ(王)」であった。

もちろん、マキャベリがフェルナンドを「アラゴン王、現スペイン王」と呼んだように、[▼02] 他称ないし地理的呼称としての「スペイン」は、同時期の「ドイツ」や「イタリア」(双方とも多数の政治的単位に分かれていた)と同様に用いられていた。戦国―江戸時代の日本でも、「かすていら(カスティーリャのポルトガル語読み)」も用いられたが、やはり「いすぱにや」が一般的であった。ましてヴァリニャーノや、一五八〇年以降のアルメイダやフロイスを「スペイン人」と呼ぶのはふさわしくない。

いずれにせよ、スペイン王権統治下の土地と人を広くとれば、マニラ総督との交渉がはじまるだいぶ前から、その一端が日本にもとどいていたといえる。

2 イエズス会とアジア

❖宗教改革・対抗宗教改革

一五一七年にマルティン・ルターによって開始された宗教改革と、カトリック側のいわゆる対抗宗教改革の動きは、各方面でヨーロッパの中・近世を画する大きな変動を呼び起こしたが、ここでは二つの点に注目したい。ひとつは、立ち現われつつあった近世王権、いわゆる「絶対王政」との関係である。スペインにおいては、それはハプスブルク王権が継承し征服した広大で多様な、「複合的な」領土を、カトリックの守護者という理念で束ねるという形で表れた。もうひとつは、同時に進行しつつあったヨーロッパの拡大、すなわち

「大航海時代」とのかかわりである。メイフラワー号の渡航などに見られるように、それは新教徒にもかかわっているが、外世界への宣教という形で、より積極的にこの状況を活用したのはカトリック側であろう。アジアそして日本との関係においてとりわけ目覚ましい動きを示したのは、ポルトガル王権の保護下に布教を進めたイエズス会であった。

❖イエズス会の成立

一五三四年、パリはモンマルトルの礼拝堂に、イグナチオ・デ・ロヨラとパリ大学の六人の仲間が集い、清貧と貞潔、そしてエルサレムへの巡礼を誓った。だがエルサレム行きは折からのヴェネツィアとトルコの戦争で果たせず、一行はローマに赴く。一五四〇年、ロヨラの起草した会則が教皇パウルス三世によって承認され、ここに堅固な組織を持ち、教皇の命令に忠実に従うことを旨とする「イエズス会」が成立した。イエズス会自体は、中世後期から各地で起きていたカトリック教会の内部刷新の流れの中に位置づけられるが、ときあたかもヨーロッパ全土を巻き込む宗教改革運動のさなかであり、イエズス会もプロテスタント勢力に対抗する各分野での運動、いわゆる「対抗宗教改革」を象徴する存在となった。学問・教育活動、民衆教化とならんでイエズス会が重視したのが世界宣教であり、とりわけアジア布教に活躍することになる。

❖布教保護権とアジア布教

大航海時代を先導した両国の王権には、教会の設置、司教の任命、宣教師の選抜等について、教皇から広範な権限が認められる一方、宣教活動や教会の維持に対する財政的援助が義務付けられた。これを布教保護権（スペインではパトロナート、ポルトガルではパドロアード）という。一四五五年、アフリカ探検を進めるポルトガルのキリスト騎士団に認可されたのが布教保護権の最初であり、宗教騎士団による征服活動と先住民教化のむすびつきには、レコンキスタと大航海時代の連続を見ることができる。先に述べたトルデシリャス条約では、両国の布教保護権の範囲も定められた。またスペインに対しては、一五〇八年に教皇より、新大陸におけるスペイン王権の布教保護権が認可され、領域支配の進展に対応して司教座や教区といった教会組織が整備される一方、先住民への宣教活動では主としてフランシスコ会・ドミニコ会等が活動した（イエズス会は一六世紀後半以降、ラプラタ川上流域に開拓伝道をおこなった）。

ポルトガルでも、一五世紀後半に布教保護権の主体はキリスト騎士団から王室に移る。ポルトガルにとって布教保護を担うことは、アフリカ沿岸から東南アジアまで散在する拠点を少数の軍人・官吏で支配するという統治構造の弱さを、キリスト教による統合で補うという側面があり、また（この点はスペインも共通しているが）、他のヨーロッパ諸国に対して、領土の拡大と貿易による莫大な利益を正当化する意味をもった。一五四一年、インドの西海岸での集団改宗を機に、ポルトガル王ジョアン三世はインド布教の本格化を決定、その宣教活動をイエズス会に委ねた。四二年にはインド布教の使命を受けたザビエルがリスボンを出港、以後ポルトガル王権の保護を得て、同国が支配下に置いた、あるいは交易をおこなった地でイエズス会布教が展開する。その一方でイエズス会士には、南ヨーロッパを中心に様々な国の人々が含まれていたので、イエズス会の日本布教は、スペインを含む各国の人々が日本と出会う機会ともなったのである。

3 一五・一六世紀の東アジアと日本

❖アジア海域世界の活況

ポルトガルがセウタを攻略した当時の東西世界は、西は地中海域からインド洋、南シナ海から東シナ海域にいたる複数の海域世界がいきづいていた。これらの大きな海域世界は、紅海やマラッカ海峡などのサブの海域システムによってつながり、またヨーロッパ内陸の商業路や、サハラを縦断する塩・金ルートなどの陸路が交差していた。一五世紀前半、ポルトガル艦隊が西アフリカ沿岸を探検していたのとほぼ同時期、明の提督鄭和《ていわ》が前後七回にわたる南海遠征をおこない、東アフリカ沿岸にまで到達したことは、アジアのいわゆる「大交易時代」を象徴する出来事であった。各地に港市《こうし》およびこれを権力基盤とする「港市国家」が叢生し、イスラムを国家イデオロギーとして取り入れる一方、鄭和艦隊への対応に見られるように、中国（明朝）と朝貢関係を取り結ぶことで当時の「国際社会」における自らの位置づけをはかった。一四〇二年に成立したマラッカ王国はその代表例である。

「大航海時代」を近代世界の開幕として肯定的に評価するにせよ、植民地主義の発端として否定的にとらえるにせよ、ヨーロッパの側を積極的な（しばしば破壊的な）インパクトを与える主体として、他世界を、そのインパクトを受動的に受け入れる（あるいは反発する）対象としてとらえることにおいては共通した、一つの見方が長らく支配的であった。だがこうした見方は大きく修正する必要がある。少なくとも大航海時代の初動にあたってイベリア両国、とりわけポルトガルがおこなったことは、むしろ既に活発に息づいていた海域システムに介在することであった。ポルトガル領インドの支配体制は、各地に散在する商業・軍事拠点を海上ルートでつなぐ、いわゆる「点と線の支配」として知られる。それは限られた人数の官吏と軍人で、アフリカから東南アジアに至る空間を支配するという条件に強いられたものであると同時に、既存の港市ネットワークを利用するという意味では最も効果的な方法であったともいえる。一六世紀の東南アジアでは、マレー人、華人、ポルトガル人が海域世界の媒介者としてたち現れ、マレー語、漢語、ポルトガル語が国際語の役割を果たした。マラッカに渡航したヤジロウ（第1章参照）も、これらの言語に堪能であったことは想像に難くない。

❖アジア海域世界と日本

日本もまた、こうした活発なアジア海域世界の一員であった。すでに一三世紀後半の元寇が、日本列島が東西ユーラシアを巻き込む情勢と無関係ではなかったことを示している。一五世紀には室町幕府と明朝のあいだで日明貿易（勘合貿易）がおこなわれる一方、倭寇による私貿易のネットワークが、朝鮮半島沿岸から中国南岸に広がった。これらの地域には、「倭館」という日本人居住区と商館を兼ねた存在が点在した。倭寇は「日本人の海賊」という語義とは裏腹に、中国など各国の出身者が混在する集団であったが、むしろこうした（あえて近代的表現をすれば）「国籍」「国境」をこえた集団が東アジア海域に存在し、日本人がその一員であったということが重要である。一六世紀中盤以降、スペインを含めたヨーロッパ人との接触が始まった時代は、日本人の行動半径と視野が東南アジア一帯にまで広がる過程と並行していた。一七世紀前半までに、西はビルマにまで至る各地に日本町が形成された。これらの地域を当時の日本人は、仏教的世界観を援用して「天竺」、あるいは中華的世界観に従い「南蛮」ととらえていた。

東アジア海域システムの不可分の一員であった琉球は言うにおよばず、日本（とくに西日本）各地の港町がアジア貿易にかかわった。薩摩の山川《やまがわ》、鹿児島、坊津《ぼうのつ》、阿久根、豊後の府内、日出《ひじ》、臼杵《うすき》、また博多、平戸、堺等である。島津、大友、松浦、大内といった大名は、こうした港町の海外貿易による利益を重要な権力基盤とした。戦国期の権力の空白を利用する形で、事実上町衆による自治都市となった堺のような存在も登場した。大内氏の拠点であった山口は港町ではないけれども、応仁の乱後は京の文化人をも引き寄せて繁栄し、また一五一六年には大内氏が室町幕府から日明貿易の管理をゆだねられて、日本の対外関係にも重要な地点となった。海外貿易にかかわった港町の多くには、唐人町または唐坊とよばれる空間が内包されていた。つまりこれらの地は列島外の世界につながる接点であったと同時に、日本人が異文化・外国人に接する舞台を提供していたのである。日本の港町に拠点を置く唐人の中には、平戸に住み、種子島にポルトガル人を手引きした王直のように、日欧関係の開始に貢献する人物も現れた。その後の南蛮貿易とキリシタン布教の重要拠点、またこれに関わる政治勢力が、これらの地点や人物と一致しているのは偶然ではない。しのぎを削る戦国大名にとって、新兵器鉄砲の獲得が関心をひいたのはいうまでもない。

4 書きかえられる「ジパング」

イベリア両国の海外進出の過程はまた、彼らがもたらす情報により、ヨーロッパ人の伝統的世界観が変更を加えられる過程でもあった。

❖大航海時代以前の東アジア情報

一二世紀半ばにセウタの人イドリースィーがシチリア王に献上した世界地図には、中国の沖合に「ワークワーク」「シーラ」といった島々が描かれている。前者は日本(倭国)、後者は朝鮮(新羅)ともいわれるが確定的ではない。ともあれこの時代、イスラム商人の活発な東西貿易活動を反映して、東アジア海域のある程度具体的な情報が(日本を特定できたかは別として)、「極西」ともいうべきマグリブの地にまで伝えられていた。イドリースィー自身コルドバでも学んでおり、ジブラルタル海峡をはさんでマグリブと接するアル・アンダルスすなわちイスラムスペインでも、こうした知識が共有されたことは容易に想像できる。

一三世紀のモンゴルの覇権によって東西交流が活性化すると、マルコ・ポーロの『東方見聞録』に象徴されるように、ヨーロッパ人自身(おもにイタリア商人)が東アジア海域にまで足をのばし、西ヨーロッパ世界にも具体的な異世界情報が伝えられた。一四世紀にアブラハム・クレスケスがマリョルカ島で製作した「カタルーニャ世界地図」はこうした営みの成果であり、それまで一般的だった、聖書にもとづき既定の世界像を教えることを目的とした「TO地図」とは一線を画すものであった。そこには、現在の我々が見てもさほど違和感がないヨーロッパ・地中海・西アジア付近が描かれる一方、「黄金に富む王」のいるアフリカ内陸部などとならんで、中国沖の諸島が描きこまれている。大航海世界に先立つ、中世ヨーロッパ世界における異世界情報の蓄積にあたり、異文化接触の地・イベリア半島がその視覚化に一役買ったのは興味深い。

❖西廻り航海とジパング島

奇しくもコロンブスの航海と同じ一四九二年に、マルティン・ベハイムがドイツで作成した地球儀は、そ

❖イドリースィーの地図(1154年)。聖地メッカとアラビア半島を中心に据え、南を上に3大陸が描かれている。アフリカ大陸が画面上半分を占め、とくにアフリカ東部(ソマリア・エチオピア付近、画面左上)が実際よりはるかに大きく、インド洋と南シナ海をはさんでインド・中国と向かいあっている。

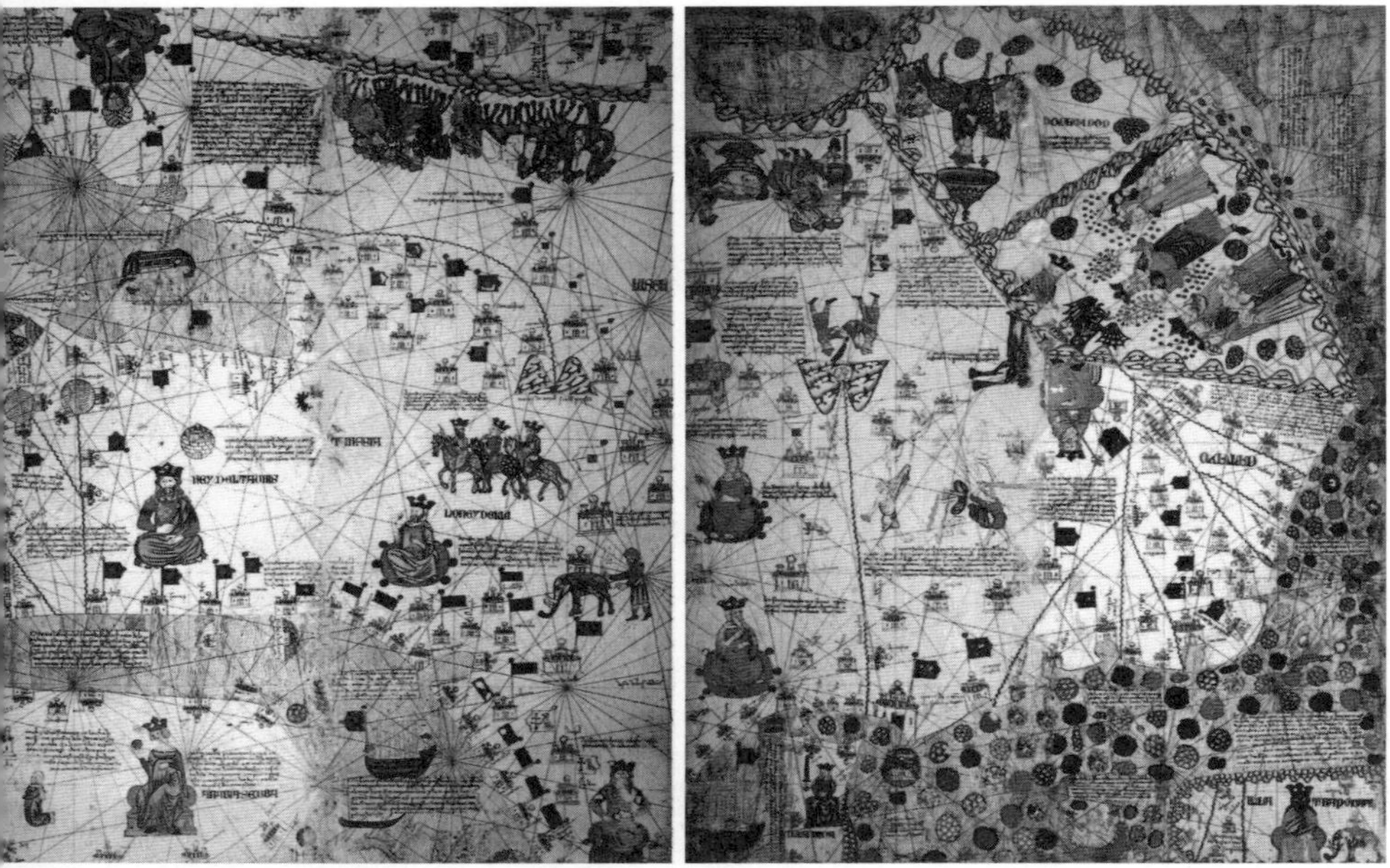

❖カタルーニャ世界地図(1375年)。画面右端の海岸線が中国で、その周囲の海に、円形に様式化された島が無数に描きこまれている。

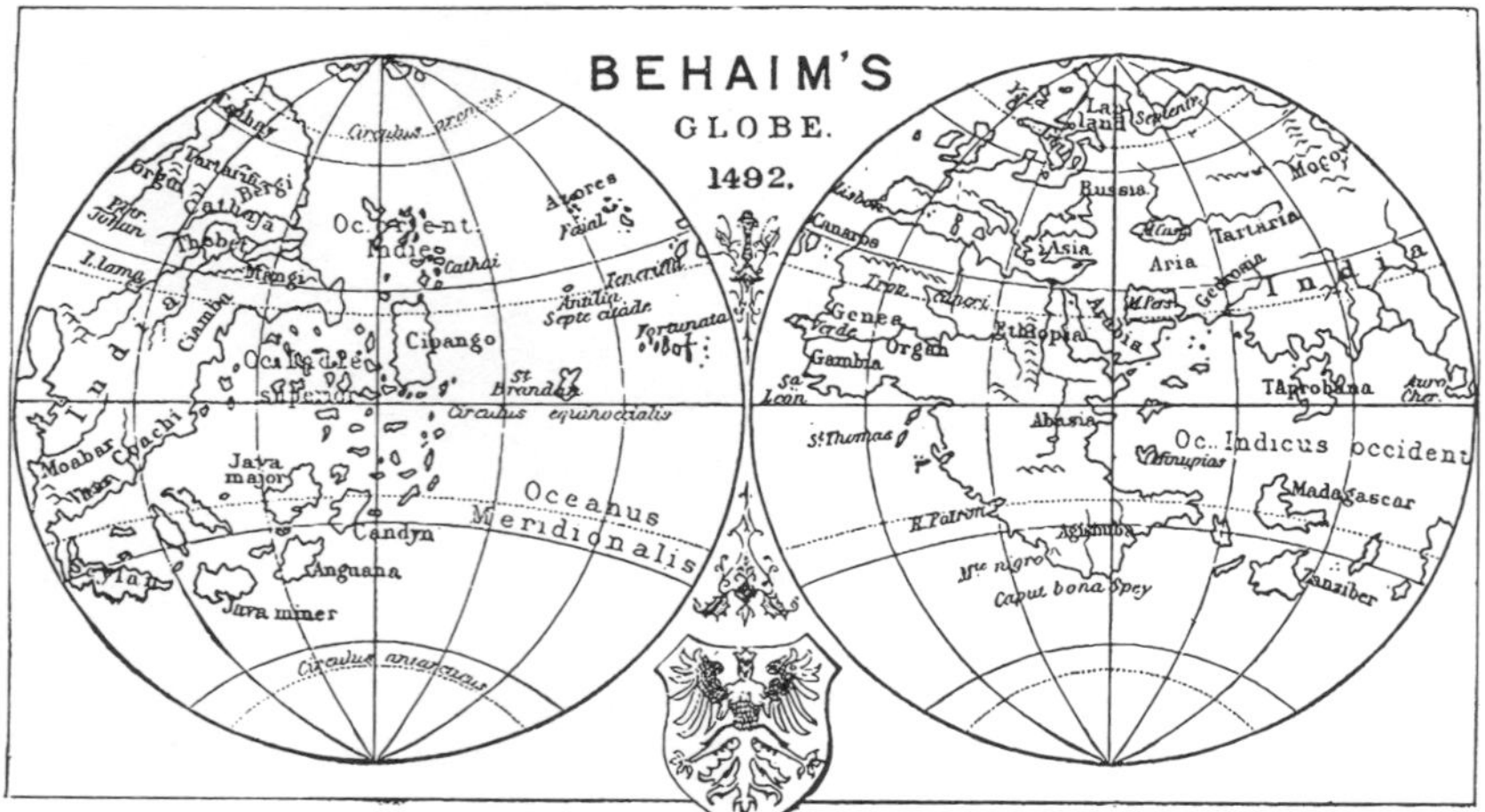

❖ベハイム地球儀(1492年・概念図)。大西洋をはさんでヨーロッパ・アフリカとカタイ(中国)、ジパングが向かい合っており、西廻り航海をこころざしたコロンブスの世界観と一致する。

の時点でヨーロッパ人が把握していた三大陸が描かれ、大西洋をはさんでヨーロッパ・アフリカ西岸と東アジアが向き合っている。マルコ・ポーロの情報をとりいれる形で、カタイ(中国)と、その沖合に南北に長く巨大なジパング島が描かれている。

そのコロンブスがほぼ目論見どおりに到達した陸地は、結果として三大陸のいずれでもない「新世界」だったわけだが、約半世紀後の一五四九年に発行された「ミュンスター南北アメリカ図」は、ベハイムの地球儀で想定されていた世界に、南北アメリカ(メキシコからパナマ地峡にかけてとカリブ海が実際より大きく、詳しく描かれる)が入り込んだ様相を呈し、メキシコ太平洋岸の沖合にジパング島と無数の小島(地図の注記では「七四四八の島々からなる多島海」)が描かれている。スペインの西廻り航海は、アメリカ大陸に到達してヨーロッパ人の

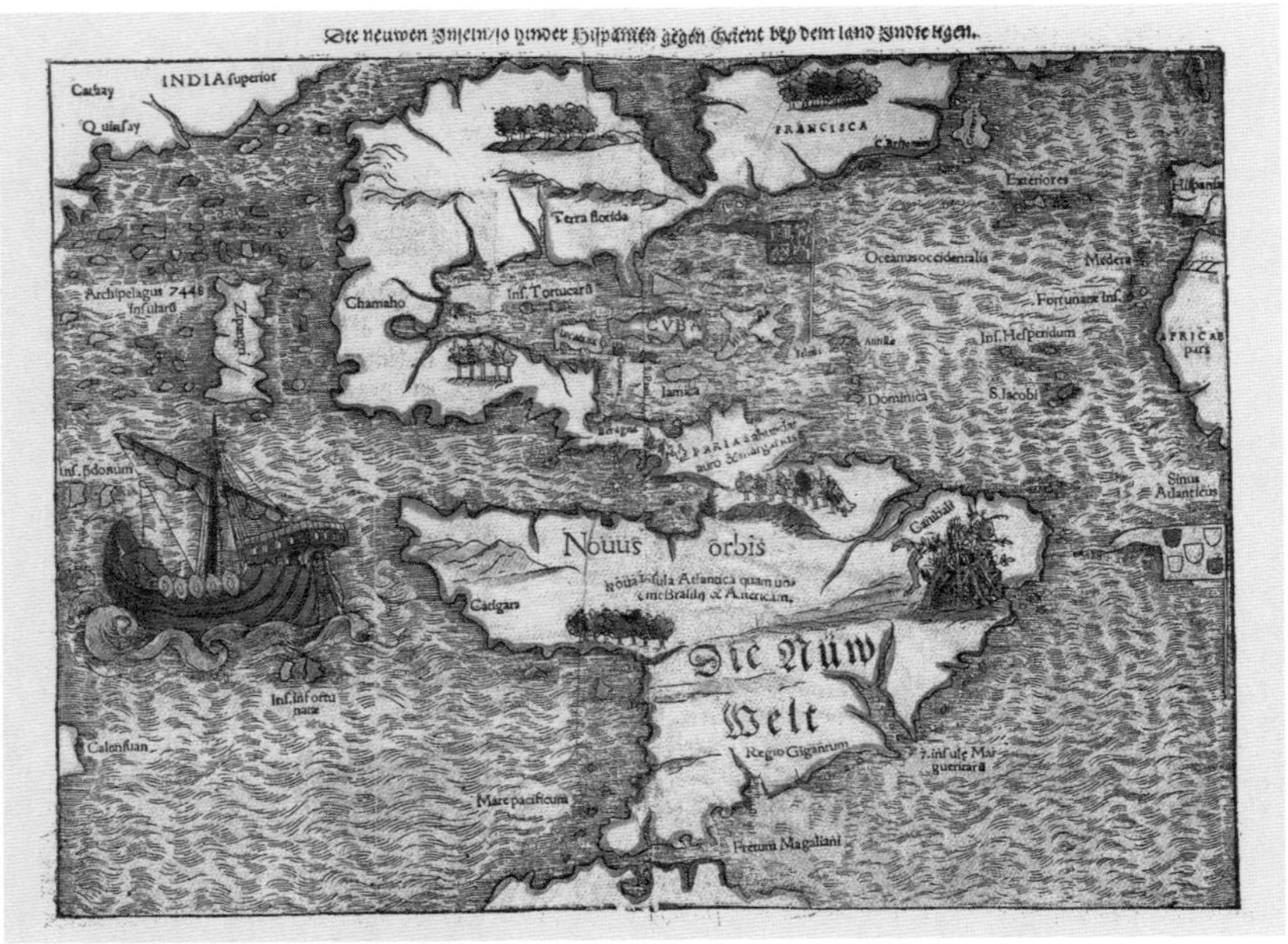

❖ミュンスター南北アメリカ図(1549年)。太平洋の広がりは十分に認識されておらず、メキシコからさほど遠くない洋上(画面左上)にジパングZipangriが描かれている。

世界観を革命的に変化させたが、ジパングイメージの修正を含むアジア情報の具体化については、東廻り航路のポルトガル人にゆずる形となった。

❖ジパングから日本へ

フランドルの地図製作者アブラハム・オルテリウスが一五七〇年に出版した『世界地図帳』中の「東インド図」に、種子島到達以来の実態情報にもとづく「日本」が登場する。「東インド図」は全体として、インド半島から東南アジア、中国南部にかけての海岸線や島々が、現在のわれわれが見てもさほど違和感がない形で描かれているが、日本は、南に琉球諸島、北に別の群島(日本列島の実態情報を反映?)を従えた、一つの大きな島として描かれている。そこには、「この島をヴェネツィアのM・ポーロはジパングと呼んだ」という

❖東インド図。アブラハム・オルテリウス編『世界地図帳』1570年版に掲載された、インドから東南アジア、東アジアにかけての地図。日本は琉球諸島に連なる一つの大きな島として描かれている。

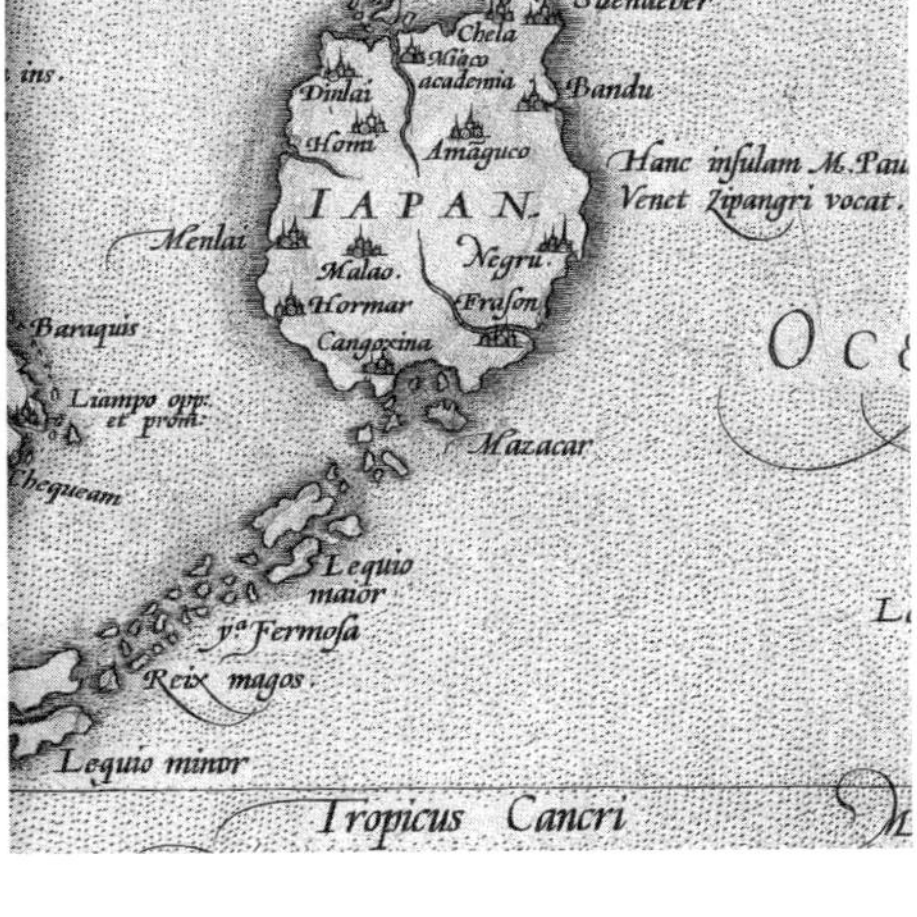

❖東インド図(部分・日本付近)。「小琉球 Lequio minor」および「大琉球 Lequio maior」の北東にあるIAPANと書かれた大きな島に、「鹿児島 Cangoxima」、「山口 Amaguco」、「都 Miaco」などの地名が書かれている。

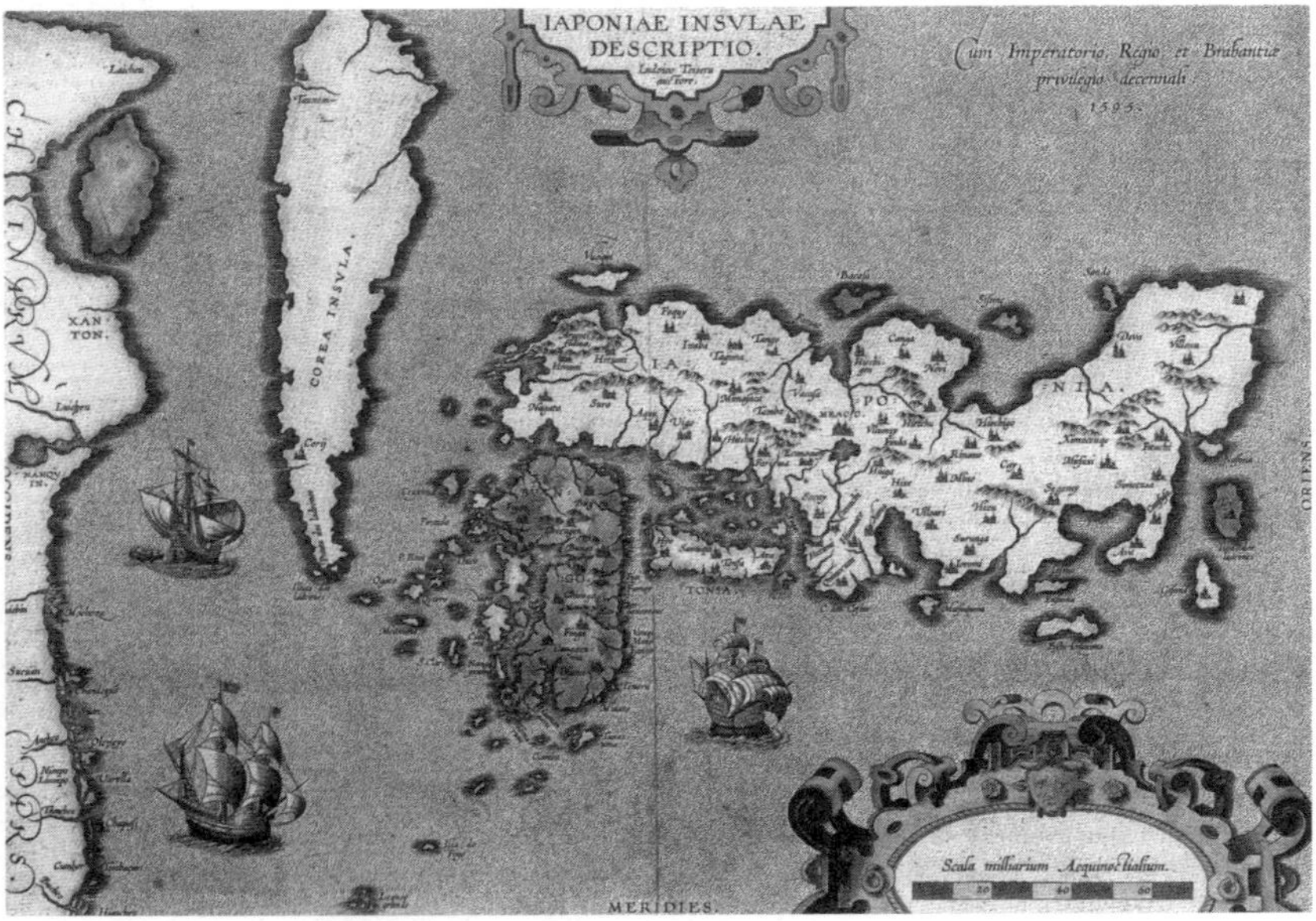

❖テイシェイラ日本図。ポルトガル人ルイス・テイシェイラが作成し、オルテリウス『世界地図帳』1595年版に掲載。ヨーロッパで出版された初の単体日本図。九州〜畿内にかけての地形が詳しく、東日本は簡略。蝦夷地は認識されず、朝鮮は半島ではなく島として認識されている。

注記とともに、鹿児島、山口、根来、「都のアカデミー(比叡山)」、坂東といった地名が書き込まれている。Zipangu, Cipangu, Zipangri等に代わってIAPANが用いられ、間接情報としてのジパングから実態情報としての「日本」への転換を画している。あるいは——ジパング=日本に疑義を呈する最近の動向[03]を踏まえれば——、ここでジパングが日本の「プレ情報」として定着したといえる。

スペインやポルトガルが把握した世界情報は、両国にとって国力の重要な源泉とみなされたため、それが広くヨーロッパで共有されるには時間がかかった。したがって、来航したヨーロッパ人がリアルタイムに接した日本情報と、公刊された地図の描写には二〇—三〇年のタイムスパンがある。たとえば「東インド図」に描かれているのは、一五五〇年前後、すなわちザビエルが把握した日本の姿に対応している(ザビエルのいわゆる『大書簡』の直接的な影響も考えられる)。このような単一の島として日本を描く傾向から、九州や四国とおぼしき島がその傍らに描かれる形態を経て、『世界地図帳』の一五九五年版に掲載された単体日本図、通称「テイシェイラ図」にいたって、逆L字(┘)形に湾曲した本州に四国と九州が並んだ列島として日本の姿が定着する(地形の細部は畿内—九州が詳細である)。一方で、各地を行き来していたはずの来日宣教師の間でも、一五七〇年頃まで、日本単数形で「島」と表現された。ジパングをいわば上書きする形で、日本がヨーロッパ人の世界観に組み込まれたことがうかがえ興味深い。

一七世紀にはいると、ヨーロッパ人とくに宣教師の行動半径が広がるとともに、日本地図も関東—東北が詳述されるようになるが、鎖国とともにヨーロッパ人自身が日本の地理情報を集めることは不可能になった。一九世紀前半、伊能忠敬の日本図がシーボルトによって持ち出されることで、ヨーロッパ人の間での日本の姿は完成する。

▼01——『エンリケ航海王子』、一八二ページ。
▼02——『君主論』、一二二、一六七ページ。
▼03——代表的な研究として、的場節子『ジパングと日本』が挙げられる。

第1章 ポルトガルの枠組みの中で——種子島・ザビエルから天正遣欧使節まで

1 種子島到達と日本情報の流布

一五四三年、種子島にポルトガル人が到達してから三〇年あまりは、日本人とヨーロッパ人の交流は、もっぱらポルトガルのアジア貿易(「南蛮貿易」)と、同国の布教保護権下にあったイエズス会の布教活動を通じておこなわれた。この時期の日西の交流も、ポルトガル貿易に参加したスペイン人航海士・商人と、スペイン出身のイエズス会士によって担われることになる。日本における交流の主な舞台は、政治・文化の中心地である畿内から、中世からアジア貿易に関わっていた九州にかけてであり、関係を取り結ぶ重要人物として西国の諸大名、ついで織田信長が期待された。天正遣欧使節(一五八二—九〇年)は、ポルトガル・イエズス会主導の日欧関係の集大成的な出来事であったが、それはまた日西交流の場ともなった。

❖ペロ・ディエスの来日

一五四二年、太平洋航路を開拓すべくヌエバ・エスパーニャ（メキシコ）を出航したビリャロボス艦隊の一員であったガルシア・デ・エスカランテは、四八年にリスボンへ帰着した後、アジア滞在中に中国・琉球・日本に関して得た情報をまとめメキシコ副王に書き送った。この「エスカランテ報告」は、スペイン世界ひいてはヨーロッパが知った最初期の具体的な日本情報である。そこに登場する、ガリシア地方モンテレイ出身の航海士ペロ・ディエスなる人物は、ザビエルより早く日本を訪れたスペイン人ということになる。ガリシアは地理的にも文化的にもポルトガルに近く、ポルトガルの港町を窓口にアジア貿易へ、さらに日本へ……、というのは不自然ではない。

記事によれば、ディエスは一五四四年の夏ごろ、中国の重要な貿易港寧波《ニンポー》から「一五五レグア（約八五〇キロメートル）あり」、「（北緯）三二度にある」日本の島に到達した。彼は翌年の初めまで、主に九州の港町に滞在したと思われる。彼は日本について、「大変寒い土地」としている他、各地の領主とは別に全国の王がいるらしいこと、日本人の武装や戦闘の仕方、言葉、馬具、衣服、住居、作物や食事について述べている。また銀を産することや、中国人とポルトガル人の商人の間で、日本貿易をめぐって武力衝突が生じたことも伝えている。▼01

2 フランシスコ・ザビエルと日本

❖ザビエルの生い立ち

日本キリスト教の開祖として知らぬ者のないフランシスコ・ザビエルはまた、——一般にはあまり意識されないが——おそらくもっとも著名な来日スペイン人であろう。

ザビエルは一五〇六年、ナバラ王国の地方貴族の家に生まれた。ナバラは中世のレコンキスタ運動のなかでイベリア半島北部に成立した国で、キリスト教諸国の間に覇を唱えた時期もあったが、両隣のカスティーリャとアラゴンがレコンキスタを主導して拡大していく中、ピレネー山中の小国にとどまった。ザビエル六歳時の一五一二年、彼の故国ナバラはフェルナンド王率いるカスティーリャ軍に征服され、父と兄はフランスへの亡命を余儀なくされた。一四九二年にはグラナダも征服されており、ここに、ポルトガルを除くイベリア半島が同一王権下におかれた。序章でものべたように、現在は自明の「スペイン・ポルトガル」という枠組みは、両国と日本の接触が始まる三〇年あまり前にようやく成立したのであり、一人の人物が双方の出来事に立ち会ったわけである。なお、のちにイエズス会結成の同志となるロヨラは、カスティーリャ軍の一員として従軍し、戦闘で傷ついたことがきっかけで宗教家への道を歩み始める。

❖フランシスコ・ザビエル像。

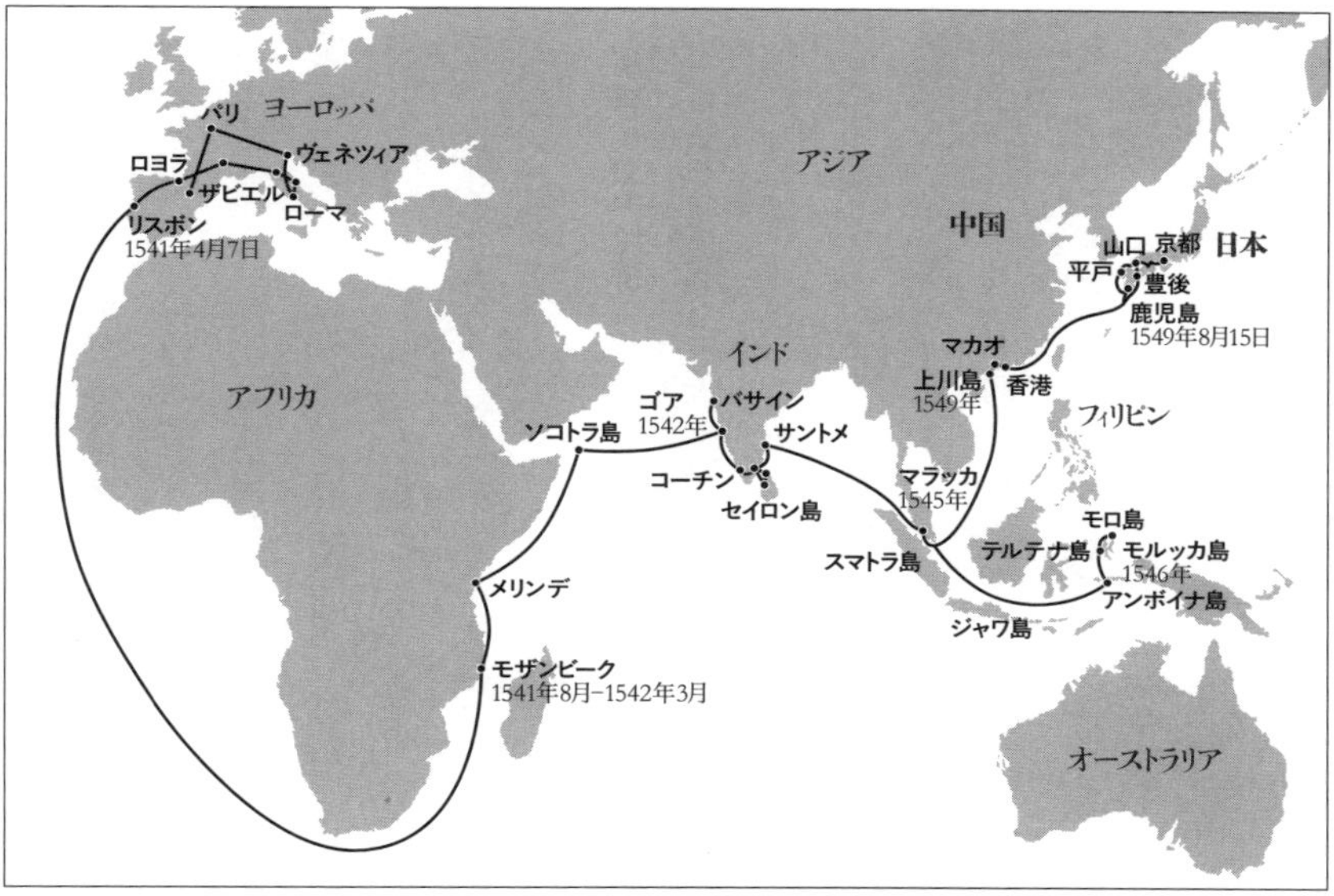

❖ザビエルの渡航ルート。1541年4月にリスボンを出発し、モザンビーク、ゴア、マラッカを経て1549年8月に薩摩に到着した。

❖インド布教へ

一五二五年、一九歳のザビエルはパリ大学に入学、在学中にロヨラと知り合い、三五年にイエズス会の結成に加わる。一五四二年にはゴアに到着、ポルトガル王権の保護のもとインド布教に着手する。ポルトガル人の種子島到達の前年のことである。

このザビエルのインド布教は、たとえばトラバンコール地方で一か月に一万人を集団改宗させるなど、数的には目覚ましい成果を挙げるものの、当のザビエルが低い評価しか与えていないように、現地社会・文化への十分な理解を欠いたまま進められ、入信した現地人のキリスト教理解も表面的なものにとどまるなどの問題をかかえていた。ポルトガル人宣教師エンリケ・エンリケスはこうした状況を打開すべく、自らタミル語を習得して現地人に説教することを試みた。こうしたインド布教の苦い体験から、現地社会・文化の分析・

理解の上に布教戦略を立て、教義の根幹にかかわる以外の分野、たとえば衣食住などは極力現地のそれに合わせるという、いわゆる「適応主義」の萌芽がみられたことは、続く日本布教とのかかわりでも興味深い。▼02

ザビエルの活動は狭義のインド半島にとどまらず、ポルトガル勢力下の「東インド」各地におよんだ。モルッカ諸島では、以後彼の右腕となるコスメ・デ・トーレスと出会う。また、アジア海域世界の交通・情報の結節点であったマラッカでは「新発見の地」日本についての情報に接した。とりわけ同地でヤジロウ（アンジローとも）と出会ったことは重要である。彼を通じて日本の具体的な情報が得られたことはもちろん、その理解力は、インド布教の行き詰まりを感じていたザビエルに日本布教への期待をいだかせるに充分であった。

❖日本での足跡

一五四九年四月ゴアを発ったザビエルは、マラッカを経て、八月一五日鹿児島に上陸した。この時ザビエルに同行したのはバレンシア出身のトーレスとコルドバ出身のフアン・フェルナンデスであり、いずれもスペイン人である。また出身地鹿児島までの水先案内人としてヤジロウが同乗。彼の従者二名が伴った。彼らはいずれも受洗していて、「アントニオ」、「ジョアネ」の名で記録されている。

ザビエルは薩摩での一年ほどの滞在中、島津貴久との会見を果たし、島津氏菩提寺の僧忍室と宗論を交わし、一〇〇人あまりの信者も獲得するが、彼らの目標は、京に上って「日本全土の王」から保護を取り付け、日本布教を円滑なものとすることであった。

一五五〇年の八月末に薩摩を出発した一行は、九月初め、ポルトガル船が停泊していた平戸に到着した。ここでも二か月の間に一〇〇人ほどを改宗させたのち、トーレスを同地に待機させて、フェルナンデスと本州に上陸、山口に到着する。同地で辻説教などをしながら一か月ほどすごしたのち、一二月に瀬戸内海から堺に上陸した。堺では後に畿内キリシタンの有力者となる豪商日比屋家の厚遇を受け、明けて五一年の初め京に入る。だがザビエルらが見たものは、天皇はおろか足利将軍も無力化して戦国大名が争う現状と、戦乱で荒廃した都の風景であった。

期待していた天皇への謁見や、比叡山の「大学」での宗論も不首尾に終わり、ザビエルは京を退去、堺から再び海路につき、いったん平戸に戻り、あらためて山口をめざした。山口は海外貿易にも深く関わってきた西国の雄・大内義隆のおひざ元であり、京の混乱を避けてきた文化人も多かった。同地を布教の拠点と定めたザビエルは、天皇に献上すべく平戸のポルトガル船から調達した品（時計、眼鏡、ガラス器など）、インド総督およびゴア司教の親書を携え、服装も貴人との会見にふさわしいものに替えて、五一年四月領主大内義隆に謁見。義隆の好印象を得たザビエルらは、布教の許可を得、また市中の廃寺大道寺を与えられた。初の恒常的なキリシタン教会施設、いわゆる「南蛮寺」である。政治的支配者の支持を得て布教を円滑にするというイエズス会の基本方針は、その重点を、海外貿易に関心の高い西国大名（のち大友、松浦、有馬、大村の各氏、来航当初の島津氏も）に移すことになる。

同時にこの時期、仏僧らと有名な「山口の宗論」を戦わせ、その過程で、キリスト教の神を説明するための仮概念として用いてきた「大日」を排し、それまで日本人が親しんできた宗教概念と根本的に異なる点を考慮して、あえてラテン語の「デウス」をそのまま用いるに至るなど、イエズス会士の日本理解が深まる契機となった。

ザビエル自身は山口での布教をトーレスらに託して五一年九月豊後に渡り、大友義鎮《よししげ》（宗麟《そうりん》）に謁見した後、同地から乗船し日本を去る。

❖ザビエルの日本観

ザビエルが、滞在先の鹿児島からヨーロッパに一五四九年一一月五日付で書き送った書簡は「大書簡」と通称され、ヨーロッパ人が得た最初の体系的な日本の実見情報として、すでに同時代から広く読まれ、その後のヨーロッパ人の日本観にも大きな影響を与えた。いわば現代にまで続く「日本人論」の元祖と言える。

そこでザビエルは日本人を「かつて見出された国民の中では最高であり、異教徒内では日本人に優る国民は他にない」と絶賛している。[03] 来日間もない時期であること、また日本布教に先立って、ザビエルらがインド布教で苦い体験を味わったことの裏返し、という要素もあるだろうが、来日前に出会ったヤジロウ、来航後に改宗した人々が、これまでの表面的改宗ではなく、説教を聞き、教義の概要を理解したうえで入信したことが、強い印象を与えたものと思われる。別の個所で「多くの人が読み書きを知っており、デウスのことどもや祈禱を早く覚える上で、重要な手立てとなる」と述べているのはその表れである。[04]

日本人は「驚くほど名誉を重んじ、他のいかなることにも増してこれを尊重する」「貧しさを恥辱とは考えていない」「名誉を傷つけられることや、侮辱的な言葉には決して甘んじない」とされる。また「常に剣と短剣（大小）を所持しており（……）すでに一四歳から身につけている」という。[05] 法や犯罪にかかわることでは、賭博は恥とされておこなわれず、窃盗に対しては大変な厳罰をもって処断される。

食生活については、家畜を食肉とすることはなく、米や麦、食用の野草、ときどき漁をした魚を口にするという。これほど粗食でありながら、「住民は驚くほど健康で、老人が数多くいる」とされる。一方「飲酒については幾分寛容であり、（……）米からつくった酒を飲む」と述べられている。▼06

❖ザビエルの晩年とその後

離日後のザビエルは、中国（明）への布教を計画する。中国を東アジア地域の文化的中核と見たザビエルは、中国のキリスト教化が、日本も含めた周辺国への布教をあとおしすると考えたのである。だがその志半ばで、一五五二年一二月、南中国の上川島《サンショワン》（広東省江門市沖）で熱病に倒れる。その後ザビエルは一六一九年列福、一六二二年にはロヨラらとともに列聖された。多くの日本人にザビエルのイメージとして定着している著名な肖像画（神戸市立博物館像）は、大阪府茨木市の旧家に長く秘匿され、一九二〇年に見出されたものであるが、「S.P. FRÃCISCUS XAVERIVS SOCIETAT ISV（イエズス会士、聖フランシスコ・ザビエル神父）」と記されていることから、ザビエルの列聖後（日本では禁教・潜伏期に入った時期）に、礼拝用の聖人画として制作されたと推測される。

腐敗をまぬかれた遺体はゴアのボン・ジェズス教会に安置された。のち、右腕（聖腕）はローマのジェズ教会に移され、来航四〇〇周年の一九四九年、四五〇周年の一九九九年に日本各地を巡回した。またザビエルの遺骨の一部が、東京神田、山口、鹿児島の教会に置かれている。

3 ヤジロウとベルナルド

日本に初めてヨーロッパ人が来航したこの時代にはまた、日本人が列島外でヨーロッパ人と出会い、またあるものはヨーロッパにまで足を踏み入れた。前者の代表例がヤジロウ（またはアンジロー）、後者の例がベルナルドであり、両者とも薩摩出身であった。

❖ヤジロウとザビエルの出会い

まずヤジロウであるが、彼は一五四六年ごろ、殺人を犯して最初寺院に身を寄せ、次いで薩摩の港町（山川あるいは坊津？）に停泊中のポルトガル船に逃亡、マラッカに渡航した。航行中、船長ジョルジェ・アルヴァレスを通じてキリスト教に感化されていたヤジロウは、船長のはからいでザビエルに会い、ゴアの学院で教理を学んだ後、四八年五月洗礼を受け、「パウロ・デ・サンタフェ（聖信のパウロ）」の洗礼名をさずかる。記録に残る最初の日本人キリスト教徒である。当時のヨーロッパ側の文書では、彼は洗礼名にちなんで「日本人パウロ」、また本名を音写してYajiroあるいはAngeroなどと呼ばれる。和名のうち前者には弥次郎など、後者には安次郎などがあてられるが、日本側に彼を特定した史料がなく、また、たとえば山口をAnmaguchiとも書くなど、日本語表記においてaとyaはしばしば入れかわる。したがって、彼の本名がヤジロウ（本書で用いる）であったかアンジローであったかは特定されていない。

宣教師の文書では彼を「身分ある人」と形容する個所があり、また二名の従者をともなっていたことなどから武士とする説もあるが、有力な商人で海に乗り出す際の必要上武装していたというあたりが妥当であろう。

彼は東南アジア貿易の国際語であった漢語、マレー語、ポルトガル語のいずれかに堪能であった、少なくとも日常会話には不自由しなかった可能性が高い。ザビエルや、受洗にあたって教育を授けたトーレスとの会話はポルトガル語でおこなったと思われる。またヤジロウが自らの前半生を語った書簡もスペイン語(カスティーリャ語)で書かれており、ヤジロウがポルトガル語で口述してトーレスが仕上げたと推測される。

一九四九年八月、ヤジロウはザビエル一行の水先案内人兼通訳として故郷の鹿児島に上陸した。三年前、人をあやめて南海のかなたに消えた男が、いまや「天竺の高僧」の弟子となって生還し、通詞《つうじ》として島津の殿の御前にまで上がったというのは、本人にとっても彼を知る人々にとっても、驚きと感慨をもって受け止められたことだろう。

ザビエルの都行きにヤジロウは同行せず、彼には、ザビエル滞在中に薩摩につくられたキリシタン信徒の集団への手あてが課せられた。その後のヤジロウの足跡について詳しい記録は残っていないが、メンデス・ピントによれば、薩摩の反キリシタン勢力に圧迫を受けて海外にのがれ、その後乗っていた船が中国人海賊に襲われ命を落としたという。他方ルイス・フロイスは、ヤジロウは棄教して海賊に転身したと述べている(中国人海賊との戦いの中で死亡したという最期は、若干ニュアンスが異なるものの、メンデス・ピントと一致している)。いずれにせよ、日本へのキリスト教伝来にあたって重要な役割を果たしたヤジロウは、その生涯そのものに、当時の日本人がアジア海域とつながっていた状況が色こく反映しているといえる。

❖初の渡欧日本人ベルナルド

一五五一年、豊後から離日するザビエルに伴い、数名の日本人が乗船したが、そのうちの一人、洗礼名を「ベルナルド」と称する青年は、ヨーロッパを訪れた最初の日本人となった。同じく薩摩出身のヤジロウに比べてもベルナルドは情報が乏しく、生い立ちや日本人名すら不明である(下級武士の出身とも言われる)。ザビエルの鹿児島での布教活動による、最初の信者の一人であったベルナルドは、ザビエルの京都にいたる旅程に同行し、通訳等として活躍した。

日本を出発したベルナルドはマラッカ、コチンを経て一五五二年二月ゴアに到着。一年程の滞在中、同行した山口出身の日本人マテオは同地で病没している。一五五三年三月ゴアを出発し、同年九月リスボンに到着、日本人として初めてヨーロッパの地を踏むこととなった。疲労と病気をリスボンで癒した後、五四年にはコインブラのイエズス会修練院で学び始めた。同年七月にイエズス会総長イグナチオ・デ・ロヨラに会見すべくコインブラを発ち、陸路スペインにはいってサラマンカ、セゴビア等を経てバルセロナ港に至り(このスペイン内陸を踏破する夏の旅の途上、再び体調を崩したという)、地中海を渡ってイタリアに上陸、一五五五年ローマでロヨラと会見、その後教皇パウルス四世への謁見も果たしている。

イエズス会士としての訓練を再開すべく帰路についたベルナルドは一五五六年初めアリカンテ港に上陸した。再びスペイン内陸(バリャドリード等)を経由してコインブラに戻った彼は、間もなく容態が悪化し、一五五七年二月頃死去した。こうしてベルナルドは、ヨーロッパに没した最初の日本人ともなったのである。

ザビエル来航四五〇周年にあたる一九九九年、鹿児島市の「ザビエル公園」にザビエル、ヤジロウ、ベルナルド三名の群像が建てられ、彼らを顕彰している。

4 コスメ・デ・トーレスとファン・フェルナンデス

一五四九年にザビエルと共に来日したコスメ・デ・トーレスは、その後一五七〇年に没するまで日本布教長の地位にあった。この約二〇年はキリシタン史上の「初期布教時代」に対応している。

❖トーレスの生い立ちから来日まで

トーレスは一五一〇年、バレンシアで生まれた。セビーリャからの乗船記録から、両親は「バルセロナ市民」だったことがうかがえる。▼07 一五三四年に司祭となり、マリョルカ島などで活動した彼は三八年、「未知のものを求めて」セビーリャ港を出発し、メキシコに渡った。メキシコで司祭として三年ほど過ごしたのち、四二年にはルイ・ロペス・デ・ビリャロボスの艦隊に同乗して太平洋岸のナビダー港を出港した。

世界周航の業績によって著名なマゼラン艦隊（一五一九―二一年）をはじめ、スペイン領アメリカから太平洋を横断し、東洋の一角に足場を築く航海は何度か試みられたが、その都度帰路の開拓は断念し、一足先にアジア海域に進出していたポルトガル船に投降し、同国の築いたルートを経由してスペインに帰る事を余儀なくされた。トーレスが乗り込んだビリャロボス艦隊も日本近海まで航行し、またフィリピン諸島の命名という業績は残すものの同様の結果に終わった。一方トーレスは四六年にアンボイナでザビエルと出会い、四八年ゴアでイエズス会に入会。東廻りで「発見」された世界の布教、とりわけ一五四三年に見出された日本への布教を期すことになる。

2節でものべたように、日本へのキリスト教伝来の役割を担った三名のイエズス会士はいずれもスペイン人である。またザビエルとフェルナンデスがリスボンを出発し東廻りで日本に到達したのに対し、トーレスは西廻りルートで出航して、ポルトガルの勢力圏を経由しながらも最終的に日本に到達したのであり、その意味では、ザビエルの遺志を継いだ彼はまたコロンブスの夢を実現した最初の人物であるとも言える。

❖日本での活動❶——来日から横瀬浦開港まで

一行は約一年間薩摩に滞在した後平戸に渡り、ザビエルはさらに山口を経て京に向かうが、トーレスは平戸に待機し、一五五一年にザビエルと山口で合流した。ザビエルが去った後を任されたトーレスは、五六年戦火を避けて豊後に移るまでの約五年間、この山口を日本布教の拠点とした。

豊後に拠点を移したトーレスらは、領主大友義鎮（宗麟）の保護を得て府内（大分市）や臼杵《うすき》に教会を建設、この豊後はその後長く日本布教の拠点となる。五六年にはポルトガルの商人ルイス・デ・アルメイダ（一五二五―八三）がイエズス会に入会、その後トーレスの片腕として活躍する。また五九年にはガスパル・ヴィレラを派遣して畿内での布教にも着手する。

イエズス会の布教活動とも密接な関係があった南蛮貿易港は、当初平戸が有望視されていたが、五八年頃から松浦氏とキリシタンの関係が悪化。代わって大村氏との接近が図られ、六二年に同氏領の横瀬浦（長崎県西海市）の開港に成功する。翌六三年には、トーレスは横瀬浦で領主大村純忠に洗礼を施し、「バルトロメオ」の洗礼名を与えて初のキリシタン大名とした。しかし横瀬浦は、その年の秋には大村氏と周辺諸勢力との抗争のあおりを受けて炎上、南蛮貿易港としてわずか一年あまりの歴史を閉じる。

❖日本での活動❷――横瀬浦退去から晩年まで

一五六三年横瀬浦の壊滅に遭遇したトーレスは、九州西部において大村氏とならぶ保護者であった有馬氏領に逃れ、一二月ごろ、菊池川河口の港町で大友氏の勢力下にあった肥後高瀬（熊本県玉名市）に渡る。同地に翌六四年初めまで滞在したトーレスは、有馬氏の要請で再び有明海を越え口之津（南島原市）に渡ったが、その後晩年の数年間は、この口之津を主な拠点に、横瀬浦に代わる南蛮貿易港の選定も念頭におきながら西九州の各地を奔走した。すなわち、有馬、大村、福田、長崎、天草の志岐（熊本県苓北町）等である。一五六八年には全国の宣教師会議を志岐に招集、七〇年には長崎を南蛮貿易港とすることを決定した。この間、一五六五年にはアンドレス・デ・ウルダネータの艦隊がメキシコから太平洋を往復する航海に成功している。

一五七〇年六月には、後任の日本布教長（数年前から身体の衰弱を悟ったトーレス自身が派遣を要望していた）として、ポルトガル人フランシスコ・カブラルが志岐に上陸。トーレスは病身を押して長崎から志岐に渡り、カブラルの主宰する宣教師会議に出席した後、同地で一〇月二日死去した。葬儀には近在のキリシタンが多数参列し、こぞって彼の遺品や衣服の切れ端等を持ち帰ったという。

トーレスの死から一か月ほどして日本を離れたヴィレラの報告によれば、一五四九年に鹿児島の数名から始まった日本におけるキリシタン信者の数は約三万、教会は四〇か所に達したという。[▼08] また七一年には長崎に最初のポルトガル船が入港する。奇しくも一五七〇年にはレガスピによるフィリピン諸島の征服が開始、翌七一年にはマニラ市が建設されて、次の時代、日西関係が本格的に開始する舞台が整えられている。

コスメ・デ・トーレスの足跡は、一六世紀スペインが関わった「大航海時代」を如実に反映するものであり、キリシタン大名の誕生や長崎の開港等、日本史上の多くの重大事件にも関わった。布教にあたり衣食住や日本語修得等の「適応主義」を推し進めたことも特筆される。

❖トーレスの日本観

トーレスが残した日本布教の状況についての記録は、数は多くないが、日本布教を統括する立場だったこともあり、それぞれの時点での日本布教の現状を俯瞰する内容が多く見られ、あわせて、彼の日本人・日本社会への評価・理解がうかがえる記事も散見される。

トーレスの生い立ちから考えて、その日常語はカタルーニャ語であったと考えられるが、彼の日本関係書簡はカスティーリャ語で書かれている。近代のスペインでは独自の言語を核に地域ナショナリズムが発展するが(カタルーニャ、バスク、ガリシア等)、スペイン帝国という複合国家を近代的な統一国家と同一視できないのと同様、アイデンティティと使用言語(書き言葉・話し言葉)との関係は、近代ほどきっちりと対応するものではないことがうかがえる。

ザビエルを送って間もない一五五一年九月に山口で書いた書簡では、鹿児島上陸から山口に拠点を構えるまでの状況が概観された後、日本人を「世界のいかなる国民よりも、わが聖教を扶植するのに適している」と賞賛し、「スペイン人と同等、もしくはそれ以上に道理をもって己を律している」としている。また日本人が一三歳で大小を差し、武器の使用に熟達していること、法曹のたぐいがいないこと、刑罰や家臣の不忠に対する制裁が厳しい事を特筆している。「偶像崇拝」に関して、法華宗、一向宗、禅宗の存在を認識している。[09]

山口からの退去を経て一五五七年一一月に豊後で書かれた書簡では、「当地の人々が互いに止めどなくおこなっている数多の戦さは、デウスの教えを弘める上で大きな障害であり……」と吐露している。[10]

一五六一年一〇月に豊後で書かれた書簡では、一〇年余の布教活動を踏まえ、日本の八か所（豊後、朽網《くたみ》、平戸、博多、鹿児島、山口、京、堺）における布教の現状を報告する一方、日本社会の把握についても相当の行が割かれている。日本の国土については、スペインとほぼ同じ緯度にあり、同様の気候である、長さ六〇〇レグア（約三三〇〇キロメートル）の島とされ、五月に麦、九月に米を収穫し、インドと同様夏に降雨があり、果物が豊富でその多くはスペインのものに似ているとしている。銀鉱脈の存在にも言及している。この時点では日本は群島としては認識されていないようで、豊後は「この島の北方の東寄り」、山口は北方、都は「島の反対側、すなわち東方に面した所」にあるとされている。日本人については、非常に好戦的であり、名誉を重んじる点に関してはローマ人と同様で、そのために生命を捨てるもいとわないと述べている。制度については、宗教に関わる権限をもつ座主、栄誉の長である天皇、司法・権力および政治に関わる公家の「三人の領袖」の存在に言及し、また堺を「ヴェネツィアと同じように統治されている」と述べている。宗教については、一〇―一二の宗旨があり、「太陽と月（……）、宗旨を説く学者（……）、武将や戦で名を馳せた者（……）、動物」が崇敬の対象であると述べている。[▼11]

❖フェルナンデスの略歴

フェルナンデスは一五二三年ごろ、コルドバの富裕な商家に生まれた。青年期にはリスボンに店を構える兄（絹やビロードを商っていた）を手伝っていたが、同地で活動するイエズス会士たちの姿を見て感動しこれに入会、インド布教を志してリスボンを出航したという。一五四八年ゴアに到着し、同地でザビエルに見出された彼は、日本布教の第一歩を記した一人となった。日本上陸後のフェルナンデスは、ザビエルの薩摩―平戸から京都に至る道のりに同伴し、離日するザビエルを山口に見送った後は、布教長の任を継いだトーレスを助け、とくに「山口の宗論」に重要な役割を果したといわれる。その後豊後での布教に従事、一五六二年のトーレスの横瀬浦訪問にも同行した。イエズス会の布教活動が西日本各地に範囲を広げる中、彼は主に豊後と、西九州の平戸、度島、生月等での布教に尽力した。こうした布教活動の最中、フェルナンデスは一五六七年六月平戸で病死した。

❖フェルナンデスの活動の特色

ザビエルと同時に来日した古参の宣教師であったフアン・フェルナンデスの活動は、その時々の指揮官たるザビエルとトーレスの傍らに寄り添い、常にその補佐役に徹するものであった。彼は司祭「パードレ」に叙階されず、終生一修道士「イルマン」であり続けた。

イエズス会初期布教のいくつもの重要な局面において、フェルナンデスを有能な補佐役たらしめた最大の資質はその卓越した日本語能力にあった。フェルナンデスの日本語理解は、後のジョアン・ロドリゲス等のような、ラテン語文法の素養に裏打ちされた体系的なものではなかったにせよ、来日前に日本文化の生き証人たるヤジロウと対面することで始まり、来日後はザビエルに伴って日本各地を歩み各層の人々と接する中で体得されたものであり、その意味では、「生きた語学修得の方法」として現在も推奨されるやり方に相通じるものがある。あるいは貿易に従事する商人としての経歴と資質が生かされたのかもしれない。

フェルナンデスがザビエルと共に山口でトーレスに合流したとき、彼の日本語コミュニケーション能力は、彼の通訳でザビエルと仏僧の「山口の宗論」を可能にする水準に達していた。こうした資質と経験を生かして、彼は後続の来日宣教師に対する日本語教育の役割をも担った。『日本史』の著者として名高いルイス・フロイスもその一人である。

5 織田信長と南蛮人

❖信長とスペイン人の「すれちがい」

本章で扱う時代は、織田信長の波乱の生涯と重なっている。天下人としてならび称される秀吉、家康にくらべても、信長は「南蛮」「キリシタン」といった時代のイメージにことのほかなじむ人物であろう。

しかし、ことスペイン・スペイン人に話を限ると、信長との接点は意外に少ない。全体に日本との関係がポルトガル・イエズス会主導で推移した時期であるし、個々の人物との関係でも、たとえばザビエルとフェルナンデスが京に上ったころ信長はまだ尾張にいて、一五四六年に元服、ザビエルが離日した五一年に家督を継いでいる。ザビエルの後継者で初期日西交流史の象徴的人物トーレスはこのとき平戸にいて、その後山口、ついで九州で後半生を過ごした。一五八二年、天正遣欧使節が長崎を出港して半年後に、信長は本能寺でその波乱の生涯を閉じる。スペイン人托鉢修道士の平戸来航はその二年後であった。そのようなわけで、信長と親しく交わった宣教師は、フロイスなどポルトガル人、またオルガンティーノ、ヴァリニャーノらイタリア人が主であった。

❖畿内布教の再開と信長の台頭

一五五九年、布教長トーレスはポルトガル人G・ヴィレラを畿内に派遣した。約一〇年前のザビエルの滞在が短期間で、はかばかしい成果をあげえなかったことを考えると、日本の政治・文化の中心地への布教が、事実上ここに始まったとみてもよかろう。翌六〇年には、信長は桶狭間の戦いで今川義元を破っている。

一五六五年にはルイス・フロイスも入京するが、当時の京は三好氏、六角氏などが勢力を争って情勢が落ち着かず、同年には松永秀久らによって将軍足利義輝が殺害されるに至り、宣教師は堺に難を逃れた。こうした混乱を抑えて京の治安を回復したのが、一五六八年、義輝の弟義昭を次期将軍として奉じながら上洛した信長であり、彼はこれを機に一躍天下人として台頭することになる。翌六九年、フロイスは京都奉行和田惟政のとりなしで、信長の京屋敷で短時間の会見をおこない、ついで二条城普請の場で再び謁見した。信長はこのとき、遠方から渡来した伴天連の生きざまに感服し、親しく会話したという。まもなくイエズス会は信長から都での布教の許可を得ている。フロイスはこの年信長を京、岐阜に数度訪ね、信長の立ち会いのもと、仏僧日乗との宗論もおこなっている。イエズス会にとって信長の台頭は、全国的支配者の後ろ盾をえるという、ザビエル以来の悲願を実現する機会であり、信長のほうも、新文化への興味や仏教勢力への反発も相まって宣教師たちを厚遇した。信長はキリスト教そのものには関心を示さなかったが、両者の良好な関係は信長の死まで続いた。

❖カブラル布教長時代

一五七〇年のトーレスの死によって、最初に来日した三名のスペイン人イエズス会士は去り、日本布教はアルメイダ、フロイスをはじめとする次世代の宣教師に引き継がれた。宣教師の顔触れをみると、オルガンティーノらイタリア人もいたものの、布教長カブラルをはじめとしてポルトガル人宣教師が多数を占めるようになり、日西の人物往来はしばらくの中断を余儀なくされる。カブラルはザビエル、トーレスらの適応主義を批判してヨーロッパ式を通そうとした。日本の高僧にならった絹服の着用を批判し、清貧をモットーに簡素な木綿の服を着たほか、宣教師の日本語学習、日本人信徒のラテン語学習も許さなかった。こうしたカブラルの方針はのちにヴァリニャーノから強く批判されるが、京に三階建ての教会堂、いわゆる「都の南蛮寺」が建てられ（一五七六年）、有馬義貞（晴信の父）や大友宗麟が受洗する（各一五七六年、七八年）などの成果も挙げている。

カブラルは一五七〇年七月に来日、約一年をかけて九州各地を巡察したうえで、七一年秋畿内に出発した。同年暮に堺に到着、明けて七二年一月には京で足利義昭と信長への謁見を実現した。この際カブラルは、持論に従い木綿の修道服を着て謁見の場に臨み、会見が上首尾に終わったことで自信を深めたという。彼は七三年に再び入京し信長に会っている。布教長みずから足しげく畿内を訪れた背景には、政治的支配者の支持を背景に布教を推進するという戦略のもと、これまで九州大名との間につちかった関係に加え、日本の政治・文化の中心地で有力者、とくに信長との関係を密にする意図があった。カブラルの布教方針は、適応方針については対立したものの、この点に関してはザビエル以来の一貫した方針をうけついでおり、かつ一定の成果を挙げたといえる。

❖都の南蛮寺図。京の名所を描いた一連の扇面図の一つとして作られたもの。和風3階建ての教会堂や教会を出入りする宣教師•信徒のほか、近所で西洋風の帽子が売られている様子も描かれている。

❖都の南蛮寺と安土城

京のイエズス会士とキリシタンが用いていた教会堂は、一〇年をへて老朽化し、京での布教拠点にふさわしい施設の建設が熱望された。フロイス、オルガンティーノらを中心に計画が進められ、一五七五年、中京（蛸薬師室町西入ル付近と推定）に着工された。入手した土地の広さが限られていたため、街中で三階建てという、当時としては異例の建築となった。このことから、京の町衆からは反対の声も出たが、いち早く信長から建設の認可を得ていたイエズス会は建設を続行することができた。建設にあたっては高山図書《ずしょ》（右近の父、洗礼名ダリオ）をはじめ、畿内のキリシタン有力者が資金・建材の提供を申し出た。落成を前に七六年八月一五日（聖母被昇天の祝日）に献堂式がおこなわれ、教会堂は「聖母被昇天の教会」と名付けられた。[12] この南蛮寺は一五八七年の伴天連追放令にともなって破却されたが、フロイスら宣教師の記述と、狩野宗秀筆とみられる扇面画から、和風瓦ぶき、三階建ての外観をしのぶことができる。一階が礼拝空間、楼閣風の

二、三階(司教館、客間、茶室等を配する)からは洛中の風景が見渡せ、京の名所の一つとなった様子がうかがえる。

都の南蛮寺が建設されるのと同時期、信長は琵琶湖畔の安土山に居城を造営し、麓に城下町の建設を進めていた。一五七九年に落成した安土城は、それまでの軍事的実用性を重視した中世城郭と一線を画しており、大名権力を視覚的に示す近世城郭の先駆けであった。安土城は本能寺の変に続く戦乱によって灰燼に帰したが、信長を訪ねたフロイスの記事によってその様子をしのぶことができる。彼によれば、「その構造と堅固さ、財宝と華麗において、それら(安土城と館)はヨーロッパのもっとも壮大な城に比肩しうるもの」であり、七層の塔(天守)を備え、その内部は黒漆塗りの柱に金色ほか極彩色の絵で飾られ、屋根には青色の瓦がふかれていたという。一九九二年のセビーリャ万国博では、日本館の中に安土城天守最上階の外観と内部が復元、展示された。

❖ヴァリニャーノと信長、本能寺の変へ

イエズス会巡察師として一五七九年来日したA・ヴァリニャーノは、九州各地を巡察した後、畿内に足を進める。一五八一年三月、京に入ったヴァリニャーノは、本能寺にいた信長に会った。相前後して、オルガンティーノらを中心に、信長のおひざ元安土にキリシタンの教育施設セミナリオの建設が計画された。信長は建設を快諾したばかりか、琵琶湖畔の空き地の

❖イエズス会東インド管区の巡察師、アレッサンドロ・ヴァリニャーノ。

提供まで申し出た。また同年八月には安土城に信長を訪ね、この際は安土の城下町を描いた屏風を与えられた。この屏風は天正遣欧使節によって教皇グレゴリウス一三世に献上されたが、現在は所在不明である。

ヴァリニャーノが天正遣欧使節とともに長崎を出港して四か月後の一五八二年六月、信長は京の本能寺に滞在中、家臣の明智光秀の急襲を受け、その波乱の生涯を閉じる。このとき、京にはフロイスと、安土セミナリオの副院長を務めていたフランシスコ・カリオン(一五五三―九〇、メディナ・デル・カンポ出身)がいた。カリオンは、ヴァリニャーノの通信制度改革を受けた最初の『イエズス会日本年報』(一五七九年度)を執筆した人物である。またグレゴリオ・セスペデス(一五五二頃―一六一二、マドリード出身)は美濃で布教活動にあたっていて、本能寺の変に続く戦乱に遭遇している。

6 ヴァリニャーノと天正遣欧使節

❖A.ヴァリニャーノの来日

一五七九年、肥前口之津港にイエズス会東インド巡察師アレッサンドロ・ヴァリニャーノ(一五三九―一六〇六)が上陸した。ヴァリニャーノは、ナポリ王国・キエティの貴族の家に生まれた。パドヴァ大学で法学をおさめたのち、故郷で司祭を目指すが果たせず、一五六七年イエズス会に入会した。一五七四年に巡察師に任命された彼は、インド(一五七五―七七年)、マラッカ、中国(一五七八年)の巡察を経て、一五七八年マカオを出港した。

その後彼は八二年まで、九州各地から京、安土に至る各地を訪れ、ザビエル来航から三〇年をへたイエズス会日本布教の状況を視察し、布教体制の改革を断行した。その骨子は、❶布教活動を都（畿内―山口）・豊後（九州の大友氏領）・下《しも》（豊後以外の九州）の三教区に編成、❷通信制度改革（従来各宣教師が個別におこなっていた布教活動報告を、書式を定めた「年報」と、非公開の実務的報告に整備）、❸宣教師の現地適応方針の再確認、❹日本人修道士、司祭の養成とそのための教育制度の整備であった。並行して一五八〇年には有馬晴信に授洗、また大村純忠から長崎港と隣接する茂木《もぎ》の寄進を受けている。日本布教区は準管区に昇格する一方、布教方針で対立した布教長カブラルは解任、ガスパル・コエリョが初代準管区長に任命された。

❖ヴァリニャーノの見た日本

ヴァリニャーノの出身地ナポリ王国はアラゴン王家領であり、その意味では、彼はスペイン王権下の人、スペイン帝国の一員であったと言える。むろん彼はまぎれもなく「イタリア人」（統一国家イタリアはまだなく、イタリアという国家に属する人、という意味ではない）であり、その母語もイタリア語（ナポリ方言）であったが、日本記事の多くをスペイン語（トーレスと同様カスティーリャ語）で書いている。スペイン語で日本情報を伝えることで、彼は日西の交流史にも足跡を残すことになる。その代表的なものが、第一次巡察の見聞を踏まえ、イエズス会総長への報告として一五八三年に書かれた『日本諸事要録』*Sumario de las cosas de Japón*である。

『要録』において、日本は「六六の王国に分けられた、多数の島々からなる地una provincia de diversas islas, repartidas en sesenta y seis reinos」と説明されている。約二〇年前、トーレスが日本を単一の島と形容していたのに比べ、列島としての把握が定着しているのが見て取れる。[13]

なおprovinciaは通常、王国より小さな単位の地域区分(近代スペインの「県」など)をさすが、ここでは逆に、複数の王国を内包したより大きな単位、すなわち日本全体をさしている。語源であるローマ帝国の「属州」から、イタリア、ガリア(フランス)、ヒスパニアに相当する、一定の地理的まとまりを指していると思われる。

一方「王国reino」として理解されているのは、薩摩、豊後等の分国である。かつてはダイリ(内裏)とよばれる一人の王が日本全土に君臨していたが、ヤカタ(屋形=大名)とよばれる人々が各地を王として統治している。ヤカタの中には二つ以上の王国をあわせて支配する者もおり、たとえば「豊後の王ドン・フランシスコ」(大友宗麟)は五か国の王(豊後、豊前、筑前、筑後、肥後)とされる。スペイン王が「カスティーリャ、アラゴン、シチリア……の王」であり、またカスティーリャ王は、事実上王国内の一地方でありながら、「レオン、トレド、セビーリャ、グラナダ……の王」でもあるような理念が援用されていることがうかがえる。

六六の王国のすべて、あるいは大半に君臨することは、スペイン王権が継承した全領土に及ぼす統治権を表現するのに用いられるmonarquíaの語があてはめられ、日本ではこれをテンカ(天下)とよぶ、とされる。そして、織田信長なる人物が、目下これを手中にしつつあると紹介されている。

日本の地点の中では、西から、博多、府内、山口、堺、都、安土の六か所が「都市ciudad」として、他の「町villa」とは区別された重要な空間とされる。[14] 社会的には、トノ(殿)、ボンゾ(仏僧)、武士、職人および商人、農民の五集団、ないし身分に大別している。殿がヨーロッパの公・侯・伯などの領主貴族になぞらえられ、武士は騎士、イダルゴなどの下級貴族に相当するものと理解されている。[15]

❖フェリペ二世、ポルトガル王となる

一五七八年、ポルトガル王セバスティアンは、モロッコ遠征中二四歳で戦死した。セバスティアン王には子がなく、大叔父のエンリケ枢機卿が王位を継ぐが二年後に死去した。ポルトガル王マヌエル一世の娘イザベルを母とするフェリペ二世は同国の王位継承権を主張。一五八〇年自らリスボンに入城してポルトガル王への即位を宣言し、貴族層やリスボンの有力市民に支持を広げ、ポルトガル国内の反対勢力を駆逐。翌八一年にはポルトガル議会もこれを追認して、ポルトガル王フィリペ一世としての即位が認められた。以後一六四〇年まで、フェリペ三世が「フィリペ二世」、フェリペ四世が「フィリペ三世」としてポルトガルに君臨することになる。それは近代的な国家統合とは異質の同君連合であり、ポルトガルの法制度や海外領土、海外貿

❖「陽の沈まぬ領土」と形容されたスペイン黄金時代の王フェリペ2世。

易の権益も温存されたが、ともかくもここにフェリペ二世は、「陽の沈まぬ領土」に君臨する王となった。同時にポルトガル王によるイエズス会への布教保護も彼の任務となったので、天正遣欧使節もフェリペ二世に謁見すべくスペインの地に入ることになる。

❖天正遣欧使節の派遣

ヴァリニャーノは巡察事業の仕上げとして、九州三キリシタン大名（大友宗麟・大村純忠・有馬晴信）の使節派遣を企画し、使節の四少年をともない、一五八二年二月に長崎港を出発した。

使節の目的は、❶イエズス会日本布教の成果をヨーロッパ各界に知らしめ、同会への引き続きの援助、他の修道会に対する優越を確保する、❷日本の青年をヨーロッパキリスト教文明の真髄に触れさせ、将来の布教に資する、というものであった。またこの使節の歴史的意義として

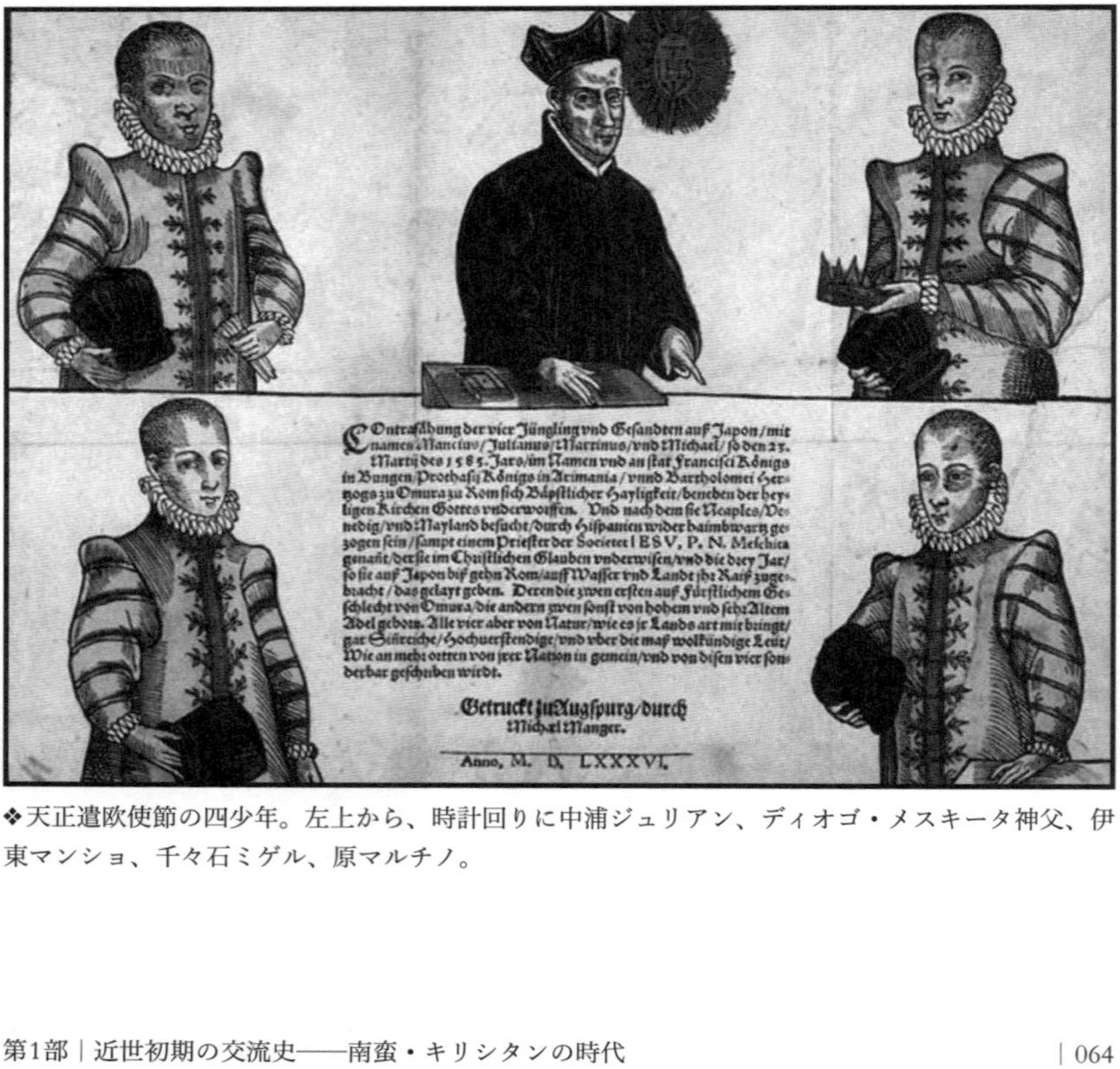

❖天正遣欧使節の四少年。左上から、時計回りに中浦ジュリアン、ディオゴ・メスキータ神父、伊東マンショ、千々石ミゲル、原マルチノ。

は、❶日本の当局者（キリシタン大名）による初のヨーロッパへの公式使節であった、❷多くのヨーロッパ人が直接日本人を目にする最初の機会となり、日本への強い関心を引き起こした、❸帰国して秀吉に謁見した使節一行の様子、彼らの持ち帰った文物は、日本人にも南蛮文化への興味関心を引き起こした。また彼らが持ち帰った活版印刷機により、「キリシタン版」と呼ばれる出版活動がおこなわれるなど、日本文化史上に遺した足跡も大きい、といったことが挙げられる。加えて、前節でのべた事情により、この使節はまた日西交流史上も特筆すべき出来事であった。それは一五世紀以来の東廻り航路をさかのぼる、ポルトガル経由でのスペイン入りであり、約三〇年後の慶長遣欧使節と好対照をなしている。

府内、有馬のセミナリオで学んでいた生徒から選ばれた使節の四少年は出発当時、いずれも一二―一三歳前後であったとおもわれる。四人のプロフィールを概観すると、

伊東マンショ――正使。大友宗麟の名代。日向都《と》於《の》郡《こおり》（宮崎県西都市）城主、伊東義祐《よしすけ》の孫として生まれる（義祐の娘町上と、家臣から入婿した伊東祐青《すけきよ》の子）。マンショ八歳のころ（一五七七年）伊東家は島津氏に敗れ、一族は豊後に落ちのびて、縁戚でもあった大友氏の庇護を受けることになる。

千々石《ちぢわ》ミゲル――正使。有馬晴信、大村純忠の名代。日本側の記録にある「千々石清左衛門」と同一人物ではないかとみられる。

原マルチノ――副使。大村領波佐見出身。「原」をポルトガル語に意訳してマルティーノ・ド・カンポともよばれる。

中浦ジュリアン――副使。大村領中浦（長崎県西海市、南蛮貿易港横瀬浦近く）出身。

その他、印刷技術を習得するために二名の日本人少年（コンスタンティーノ・ドラードおよびアゴスティーノ）が

随行した。

ヴァリニャーノは四人の少年を、九州の三キリシタン王の一族に連なる高貴な出自の子弟すなわち「王子principe」と伝えたが、スペイン人イエズス会士ペドロ・ラモン（サラゴサ出身）は、彼らは王子どころか取るに足らぬ出自の子であると非難する書簡を残している。また同書簡によれば、伊東マンショの派遣自体が大友宗麟のあずかり知らぬところで断行されたという。使節が携行した宗麟書状も偽文書の疑いがある。

❖ポルトガルへの上陸、ルイス・デ・グラナダとの出会い

マカオからインド洋、アフリカ沿岸を経て一五八四年八月ポルトガルに上陸した使節一行は、シントラの王宮で、スペイン王権からポルトガルの統治をあずかる枢機卿アルベルト・デ・アウストリアに謁見した。またリスボンでは、同地のサント・ドミンゴ修道院で晩年を過ごす、スペイン人ドミニコ会士ルイス・デ・グラナダ（一五〇四—八八）を訪ねた。彼は一六世紀後半、対抗宗教改革の中、民衆教化のため多くの著作をあらわし、それはカトリック圏で広く読まれ、名声を博していた。使節の帰国後、彼らがもたらした印刷機でキリシタン版の出版活動がおこなわれた時、ルイス・デ・グラナダの著作『罪人の導き *Guía de los Pecadores*』（一五六七年）が『ぎやどぺかどる』として、また『使徒信条入門』（一五八三—八四年）をもとに『ひですの経』『サントスの御作業の内抜書』『ヒイデスの導師』が出版された。明治以降、セルバンテスほかの作品が訳されるより約三〇〇年早く、日本人が接したスペイン人の著作である。グラナダは使節から自著の和訳原稿を見せられて喜んだというから、日本語による教理書出版は早くから計画されており、ルイスの著作がその重要な部分を占めていたことがうかがえる。

❖スペインでの足跡

ポルトガルで一月ほど過ごした使節一行は、一五八四年九月、エルヴァスより陸路スペインに入った。彼らが最初に見たスペインの地は、コルテス、ピサロら多くのコンキスタドールを輩出したエストレマドゥラ地方のものであり、岩肌の丘陵にオリーブ畑や牧草地が点在する光景は、九州沿岸に育った一行にとっては、ひときわ荒涼としたものにみえたであろう。中世後期からイベリア半島の人々の崇敬を集めていたグアダルーペ聖母修道院に滞在した後、九月末トレドに到着した。

西ゴート王国の古都トレドは大司教座の所在地でもあり、スペインの中でも特別な重要性をもつ都市であった。イスラム時代を経て一一世紀末カスティーリャ王国によって再征服されたのち、ヨーロッパ各地の学徒を引きつけてアラビア語文献の翻訳活動がおこなわれるなど、この街をめぐるエピソードは尽きない。

トレドの名をいっそう不朽のものにしているのは、ギリシャ・クレタ島生まれの画家ドメニコス・テオトコプロス、通称エル・グレコ(一五四一―一六一四)であろう。彼は一五七七年にはトレドに居を構えていたから、遠いジパングからの使節を一目見ようと繰り出したトレドの群衆の中に、芸術家の好奇心を抱いたグレコがいたとしても不思議はない。だが使節とエル・グレコの接触を物語る資料は残されていない。

トレド滞在中、使節一行はイタリア出身の科学者ジャネリオ・トゥルリアーノと会い、彼の製作による天球儀や、タホ川から小高い岩山の上にある市街地まで水を汲み上げる施設を目にしたという。このタホ川はポルトガルに入ってテージョ川と名を変え、リスボンで大西洋にそそぐ。フェリペ二世がポルトガル王位につくと、リスボン―トレド間の河道に工事を施して船の航行を可能にし、繁栄する海外貿易港とカスティーリャ王国の心臓部を結んで帝国の大動脈とする計画が持ち上がった。イタリア人建築家ジョヴァンニ・バッティスタ・アントネッリの提案した計画にもとづき、フェリペ二世の命で工事が着工されたのが一五八一年、工事が完成し最初の船がトレドを「出港」したのが八八年であるから、使節が訪問した時、この構想にトレドの街は湧いていたはずである。タホ川航行そのものは、さまざまな技術的困難から早くも一五九〇年代には下火になるが、使節自身が知ってか知らずか、スペイン帝国全体の新たな編成にかかわる動きの只中にいたことになる。

千々石ミゲルの発熱もあって、二〇日ほどトレドに滞在した一行はマドリードに移り、一一月、同地のサン・ヘロニモ教会でフェリペ二世に謁見した。前王カルロス一世はヨーロッパ各地の領地を足しげく訪ねることで、複合国家に君臨していることを示そうとしたが、スペイン生まれのフェリペ二世は、イベリア半島の中央部に都を置くことを決定し、一五六一年、マドリードがその地に選ばれたのである。当初人口一万弱の地方都市にすぎなかった同市は、一六世紀末には七万四〇〇〇人に達し、当時スペイン最大の都市であったセビーリャに迫る勢いをみせた。使節が訪れたときのマドリードは、成長いちじるしい新興都市のおもむきであったろう。

その後エル・エスコリアル宮、アルカラ・デ・エナーレスにも立ち寄った一行は、ベルモンテ、ムルシアを経て、一五八五年一月アリカンテから地中海に出航、マリョルカ島を経てイタリアに向かう。一五八五年四月の教皇グレゴリウス一三世(使節滞在中に死去)、新教皇シクストゥス五世への謁見をはさんでイタリア各地を訪問した一行は、帰路八月にバルセロナに上陸した。フランスの歴史家F・ブローデルの名著を引き合いに出せば、彼らはまさしく「フェリペ二世時代の地中海と地中海世界」[16]を見た日本人であった。サラゴサを経てアルカラ、マドリードを再訪した後、再びエストレマドゥラ経由で一〇月ポルトガルに入った。

❖使節の帰国とその後

一五八八年八月マカオに帰還したとき、大友宗麟、大村純忠はすでになく、九州を制した豊臣秀吉は伴天連《バテレン》追放令を発するなど、キリシタン布教を巡る状況は暗転していた。ヴァリニャーノとともにマカオで状況をうかがった使節一行は、インド副王使節の一員として一五九〇年、長崎に帰着した。

一五九一年、京の聚楽第で秀吉に謁見した四名は、同年天草の修練院でイエズス会士としての誓願を立てる。千々石ミゲルの晩年は不明だが、おそらく棄教したものと思われる。伊東マンショは一六一二年長崎で病死、原マルチノは日本追放後、一六二九年にマカオで死去している。残る中浦ジュリアンは禁教下に布教活動を続けたのち、一六三三年、長崎西坂で穴吊りの刑によって最期を遂げている。

▼01——『西欧人の日本発見』、二七一―三〇ページ。
▼02——『ザビエルと日本』、一七九―一八七ページ。
▼03——『報告集』第III期一、四二ページ。
▼04——『報告集』第III期一、四三ページ。
▼05——『報告集』第III期一、四二ページ。
▼06——『報告集』第III期一、四三、五四ページ。
▼07——『長崎を開いた人』、一七ページ。
▼08——『報告集』第III期4、四二ページ。
▼09——『報告集』第III期1、一一七―一二一ページ。
▼10——『報告集』第III期1、二三三―二四〇ページ。
▼11——『報告集』第III期1、三三五―三四六ページ。
▼12——『報告集』第III期4、三八一―三八九ページ。
▼13——『日本巡察記』、五ページ。

❖伊東マンショの肖像(1585年作)。イタリアの旧家に「メスキータ神父肖像」とともに所蔵されていたもの。和服の下からヨーロッパ式のひだ襟を着用している。

▼14――『日本巡察記』、三八、四一、四三、四五ページ。
▼15――『日本巡察記』、七―八ページ。
▼16――『地中海』(原書 = Fernand Braudel, *La Méditerranée et le monde méditerranéen à l'époque de Philippe II*, 1947.)

第2章

豊臣秀吉とスペイン——関係の本格化

1 日本・スペイン関係本格化の背景

一五七〇年のマニラ征服によりアジアにおけるスペインの拠点が築かれ、日本側で豊臣秀吉による天下統一が達成されたことで、それまで人物往来中心、ポルトガル経由であった日西関係も本格的に展開し始める。マニラ総督府と豊臣政権を当事者として国家間関係が始まり、日本・マニラの貿易とメキシコ・マニラ間の太平洋貿易が、いわば血流としてこれを支えた。秀吉とフェリペ二世はともに一五九八年に亡くなるが、秀吉とスペインの交渉があった時代は、フェリペの治世後半にあたる。

キリシタン史の観点からすれば、これまでイエズス会の独壇場であった日本布教に、スペイン国王の布教保護を受けるフランシスコ会他が参入する余地が生じた。南蛮貿易を促す一方、キリシタン勢力には警戒をしめす秀吉の対応とあいまって、日本布教は新たな、かつ複雑な展開を見せることになる。

❖スペインのフィリピン征服

序章で触れたように、すでにマゼラン艦隊がフィリピン諸島、さらにモルッカ諸島に到達し、つづくビリャロボス艦隊もフィリピンの地名を名づけるものの、いずれも永続的な拠点を築くには至らなかった。一五六五年になって、ウルダネタ艦隊が日本近海を北上し、東に進路をとって北アメリカに至る航路を開拓した。スペイン側からみれば、メキシコから太平洋を往復する航路が確保されたことになる。これを前提として、一五七〇年から七一年にかけて、レガスピによるフィリピン諸島征服がおこなわれた。マニラにはスペイン風の都市が建設され、スペイン領フィリピンの中心地として位置づけられる。

スペイン帝国のなかでフィリピンは、スペイン王(正式にはカスティーリャ王)の代理人である副王が統治するいくつかの副王領のうち、北アメリカを統治するヌエバ・エスパーニャ副王領に属し、副王の代理人の総督がマニラに駐在した。東洋にありながら「スペイン帝国の西端」であった。

フィリピンへはスペイン本国はおろかメキシコからも遠く、常駐したスペイン人も少数にとどまった。したがってフィリピン、とりわけマニラの都市機能は、貿易による物資の供給、また中国系、日系住民の存在によって支えられていた。こうした環境にいたスペイン領フィリピンにとって、日本の動向は死活的な重要性を持ち、統一権力を手にした秀吉は、強い関心をひくとともに脅威とも感じられたのである。

❖スペイン帝国の動向

ここで一六世紀後半のスペイン国内、ヨーロッパ情勢とのかかわり、植民地の動向についても概観しておこう。一五五六年即位したフェリペ二世は、カルロス一世の帝国のうちスペイン・イタリア・フランドル・

新大陸等の領土を引き継いだ。カルロスが各地を自ら巡察することで統合を保とうとしたのに対し、スペインで育ったフェリペはイベリア半島内にとどまり、おもにカスティーリャ中央部にいて統治した。マドリードに都が固定され、その北方にエル・エスコリアル宮が造営されたのもこの時期である。対外関係では、新大陸の収入、カスティーリャの経済と人口に支えられた陸海の軍事力を背景に、スペイン優位の時代を実現した。長崎開港・マニラ征服と同年の一五七一年には、オスマン帝国にレパントで勝利し、地中海の覇権を制すると同時にキリスト教世界の盟主としての声望を高めた。またライバルのフランスに対しては、一五五七年のサン・カンタンの戦い、五八年のグラヴリーヌの戦いに勝利して、五九年にはカトー・カンブレジ条約を有利のうちに結んだ(フランスに、イタリアに関する諸要求を放棄させる)。さらにフランス国内のユグノー戦争(一五六二―九三年)にも介入した。

スペイン王権が、言語、慣習、法制度を異にする諸地域を統治するにあたってよりどころとしたのはカトリック防衛の理念であり、内には異端審問制が、スペイン王権下唯一の統一的制度として機能した。対外的には、オスマン帝国やプロテスタント勢力といった「カトリックの敵」との対抗が繰り広げられた。先王カルロスの時代には、後者の対象はおもにドイツのプロテスタント諸侯であったが、神聖ローマ帝位と中欧の領土はオーストリア・ハプスブルク家(弟フェルディナント一世)が引き継いだので、フェリペにとっては、都市民を中心にプロテスタント諸派の浸透著しい低地地方(ネーデルラント)がこの問題の主戦場となった。いわばこの地は、各王国・所領の伝統や特権を維持しながらスペイン王権のもとに緩やかに結びつける体制と、カトリックによる統一という理念の矛盾が集中的に表れた場であったと言える。フェリペによる異端審問制の導入と新教徒弾圧、とりわけ一五六六年のカルヴァン派住民の暴動(聖像破壊運動)に対するアルバ公の過酷な弾圧（「血の評議会」）は、住民の強い反発を招き、六八年にはオランィエ公ウィレム一世を指導者としてオランダ独立戦争が開始された。

一五七九年にはカトリックの優勢な南部諸州が離脱するが、北部諸州はユトレヒト同盟を結び、一五八一年にはフェリペの統治権を否定して事実上独立を宣言する。以後、一六四八年のウエストファリア条約によってその独立が正式に承認されるまで、オランダはヨーロッパの内外で、活発な反スペイン勢力の役割を演じた。一五七七年、カトリックであったスコットランド前女王メアリが処刑されたのを機に、かねてからオランダを支援していたイングランドの討伐を決意したフェリペは翌年「無敵艦隊」を差し向けるが、ドーバー海峡で敗北を喫し、その威信を大いに傷つけることとなった。またオランダはスペイン、および一五八〇年にスペインに併合されたポルトガルの海外権益や拠点、航路にも攻撃を加えた。この動きは結果として、海外貿易をめぐるヨーロッパ内の覇権の交代につながり、ことにアジアにおける動向は対日関係にも影響をおよぼしたのである。

目をアメリカ植民地に転ずると、エンコミエンダ制を通じてコンキスタドールの人的支配にゆだねていたスペイン当局は、エンコミエンダ制の統制を目指すインディアス新法（一五四五年）を経て、一六世紀後半から本格的な植民地制度の整備に着手した。

行政制度の整備と並んで、銀山の開発が進んだことも、植民地社会の転換点として重要である。有名なペルー（現ボリビア）のポトシ銀山とならんで、サカテカス鉱山をはじめとするメキシコ各地の銀鉱山開発も進み、太平洋をはさんだアジア貿易の資本にもなった。本国からの移民に加えて、現地生まれのスペイン系住民（クリオーリョ）の数も増していった。アメリカ植民地のカトリック化も、各修道会による開拓的布教から、在俗聖職者による司教座・教区組織に主体が移っていった。

❖豊臣秀吉の天下統一

天下人豊臣秀吉の生涯についてはよく知られているので、ここでは本能寺の変（一五八二年）以降、天下統一達成までの動きを概観する。備中高松城の攻囲についていた羽柴秀吉は、信長倒れるとの報に接すると急ぎ畿内に取って返し、山崎の戦で明智光秀を破る。翌一五八三年には柴田勝家を破って、天下取りの歩みを本格化させる。一五八四年の小牧・長久手の戦いは徳川家康にゆずるものの、翌八五年には四国に長宗我部元親、北陸に佐々成政を破る。この間、早くも八二年には山城国に検地を実施、八三年には石山本願寺の本拠跡に、安土城を上回る規模で大坂城を築いている。

秀吉は、一五八五年には朝廷より関白、翌八六年には太政大臣に任ぜられ、あわせて豊臣の姓を受けた。八七年には島津氏を破って九州を制圧。一五九〇年には小田原北条氏を破って関東をおさえ、また奥州も屈服せしめて、全国統一を完成。翌九一年には関白位を甥の秀次（九五年切腹）にゆずって、自らは太閤とよばれるにいたる。

この間、宣教師らの間での呼び名もFaxiba Chicugendono（羽柴筑前殿）、Cambacodono（関白殿）、Taicusama（太閤様）と推移した。

こうした秀吉の天下統一は、日西関係の展開に二つの点で影響を及ぼした。一つはスペイン側（マニラ総督）とならんで、国家間関係の日本側の当事者が具現化したということ。もう一つは、一五八七年の九州平定を機に、秀吉が九州大名、ひいては彼らの重要な経済基盤である東アジア貿易の統制に着手したということでである。伴天連《バテレン》追放令と長崎の没収もこうした流れに位置づけられるし、東シナ海一帯に覇を唱えようとした秀吉晩年の軍事行動も、ある意味この文脈において理解できる。秀吉がスペイン領フィリピンに関心を示し、マニラ総督府の側でも、豊臣政権の動向に関心を寄せるのは自然ななりゆきであった。

2 フィリピン、太平洋と日本

❖太平洋の道

メキシコからマニラを目指すガレオン船は、おおむね二―三月ごろに太平洋岸の港町(当初ナビダー、のちアカプルコ)を出港した。北緯一六度付近のアカプルコから南下し、北緯一〇―一二度付近で進路を西にとり、この緯度の線にそって太平洋を航行する。順調にいけば約九〇日後、五月ごろにはマニラに到着した。

マニラからは、おおむね七―九月の季節風を利用して北上し、日本近海の北緯四〇度付近から東に航路を転じてメキシコを目指すわけであるが、絶海の太平洋横断にさきだち日本の港町で食料・水を調達する機会が得られる反面、この時期に日本近海を北上する季節風とは台風をもたらすそれであり、しばしばスペイン船が暴風雨にあい、日本沿岸に漂着する事態が生じることになった。[01]

太平洋を横断して北アメリカ(カリフォルニア付近)の海岸に到達するまでには、五―六か月を要した。順調にいけば約一か月でマニラと九州の沿岸を往来した航路はいうにおよばず、スペイン植民地帝国の大動脈であった大西洋航路が、セビーリャを出港して五週間程度でアンティル諸島、さらにはメキシコのベラクルスに至っていたのと比べても、この航路がいかに長いものであったかがわかる。また同時期のポルトガルの東廻り航路は、距離は太平洋航路にまさるとも劣らなかったが、三大陸の沿岸からそれほど遠ざかることなく、貿易港や島嶼伝いに伸びており(つまりは従来の東西貿易航路の再編成・集大成であった)、これとも異質であった。

距離・航行日数に反比例して、メキシコからフィリピンに渡る人々の数は植民地官吏、軍人、船員、宣教師など極めて限られており、スペインからアメリカ植民地に多くの移民が渡ったのとは対照的であった。ガレオン船はフィリピンでの商品買い付けのために銀を積んできたので、新大陸の銀が日本銀とならんで、当時の東アジア貿易の基軸的な貴金属の需要をおぎなう役割を果たした。

❖東アジア世界とマニラ

台湾の南に位置するフィリピン諸島は、スペインの征服と相前後する一六世紀半ばから倭寇の活動範囲となり、漢籍には最大の島にちなんで「呂宋《ルソン》」の名で表された。この呼び名は、その後スペイン領フィリピンとの交渉開始、断交を経て、幕末までフィリピンの日本側での呼称でありつづけた。

スペイン人の征服から間もない一五七四年には、林鳳(スペインの史料ではリマホン)と称する華人ひきいる海賊の一団がマニラ港に侵入、略奪をおこなっている。林鳳はおそらく広東の人で、これに先立つ一五七一年に福建方面の港町を荒らし、明当局の掃討を受け、ルソンに逃れて城砦を築いたが、いったん海南島に転じたのち、この年再びマニラ港に現れたのである。明とフィリピン当局の共同作戦がおこなわれ、林鳳らはルソンから撃退されている。この林鳳の一団には、日本人とおぼしき人物が加わっていたことが記録されている。また一五八〇―八一年ごろにカガヤン地方を征服したスペイン人が、日本人海賊の築いた拠点に遭遇している。

❖海賊から貿易へ

一五八〇年代半ばを分岐点として、倭寇世界の延長ともいうべき海賊行為が中心であった東アジアとフィリピンの関係も、マニラ港に定住した商人を仲立ちにした貿易活動へと移行していく。いわば、略奪経済をひきつぐ偶然性の高い経済から、より安定・成熟した経済社会への移行である。その主な担い手は中国人・日本人商人であり、マニラは東南アジアと太平洋、メキシコを結ぶ流通の結節点となった。日本からは小麦粉、屏風などの工芸品、刀剣、武具、桶・樽などの日用品が、中国からは生糸、刺繍・錦布などの絹製品、陶磁器、漆器、象牙などがもたらされた。マニラに居住する日本人、いわゆる日本町も、一五七〇年に二〇人であったものが、九三年には四〇〇人に達している。[▼02] 次節で触れる原田喜右衛門のように、商業活動で培った情報や人脈をいかして両国間の交渉に活躍する人物も現れた。一方次章で触れるアビラ・ヒロンの記述からは、一六世紀末の長崎には、彼のようにマニラから来て商業にたずさわるスペイン人が一定数居住していたことがうかがえる。

❖呂宋助左衛門

こうした一六世紀後半の日本・フィリピン関係を象徴する人物として思い起こされるのが、呂宋助左衛門《るそんすけざえもん》の別名で知られる堺の豪商、納屋《なや》助左衛門であろう。だがその知名度や「ルソン壺」の印象的なエピソードのわりには、正確な生没年も不明であるなど、彼についての具体的な情報は乏しい。助佐衛門は今井宗久《いまいそうきゅう》らとならんで、堺の海外貿易にたずさわる豪商のひとりであった。その名から「納屋衆」の一員であったとも見られる。彼は一五九三年にルソンへ渡り、翌年帰国すると、堺代官の石田木之助（三成の兄）を通じて、秀吉に海外の珍品を献上した。なかでも助左衛門の名を挙げたのは五〇個の真壺、いわゆるルソン壺である（元来は、現地あるいは中国製の生活雑器であったといわれる）。秀吉はこれを大坂城西の丸に陳列し、千利休によって値がつけられた。茶の湯が流行していた折柄、大名・豪商たちは競ってこれを茶壺として買い求め、残った三つも秀吉が引き取って、助左衛門は巨富を得ることになった。しかしのちにその豪奢な暮らしが秀吉の不興を買い、一五九八年に堺の大安寺に財産を寄進してマニラに渡ったとみられる。その後一六〇七年頃には、さらにカンボジアに移ったともいう。

その生涯について不明の部分が多い助左衛門であるが、一九七八年に城山三郎の小説の主人公となり、並行してNHKテレビの大河ドラマで取り上げられた▼03のを機に一般の注目を浴び、一九八〇年には堺市に銅像が建立された。また大安寺の本堂（重要文化財）は一六八三年の建立であるが、一七世紀初頭のいくつかの建物の部材を再利用し、その一部は助左衛門邸宅のものであったと伝えられる。

❖太平洋を渡った日本人

日本人がマニラとの往来から、さらに太平洋を渡ってメキシコに至った例としては慶長遣欧使節（次章参照）が有名であるが、この時代、より多くの日本人が太平洋を渡った足跡が残っている。一六世紀末のメキシコ・グアダラハラの公証人文書には、日本人に関する記録が残っている。さらに一六一三―一四年におこなわれたペルー・リマ市の人口調査では、「インディオ」の範疇に入れられた住民の下位分類として、アジア各地の出身者についての記録があり、ポルトガル領インド（マラッカ・ゴア）出身者（五六名）、中国出身者（三八名）とならんで、日本出身の住民二〇人が記録されている。[04] 彼らの存在は自ら外の世界を目指した人々に加え、大航海時代の負の遺産である奴隷貿易と、戦国の世の人身売買が重なった結果でもあると思われる。いずれにせよ、明治以降の移民に三〇〇年先立って、スペイン領アメリカの土を踏んだ日本人たちがいたことは注目に値する。

3 日本布教をめぐる三つ巴

❖灰色の服、黒い服

南蛮屛風の代表作に数えられる、狩野内膳筆の屛風絵には、南蛮寺とおぼしき建物の近く、往来する宣教師たちが描きこまれている。しかもよく見ると、宣教師は二種類の人々に描き分けられている。和服に黒マント姿、靴あるいは雪駄を履く人物はイエズス会士を描写しており、彼らは日本の高僧にならって絹製の服を着用していた。いっぽうその傍らには、フードの付いた灰色の修道服に荒縄の帯を締めた裸足の人物たちが描かれている。彼らはフィリピン経由で来航し始めたフランシスコ会を筆頭とする托鉢《たくはつ》修道会の人々である（第1章扉および5節参照）。

❖スペインの布教保護権と新大陸宣教

日本を含むアジアへのカトリック布教が、教皇からポルトガル国王に与えられた布教保護権と、そのポルトガル王権の保護を受けたイエズス会の活動によって進展したことは前章でみたが、教皇はスペイン国王へも、一五〇一年と〇八年の勅書を通じて、その征服地域における布教保護権をあたえていた。スペイン王権が領域支配をおこなったアメリカ植民地においても、初期の布教は修道会の役割が大きく、とくに一五二四年に宣教を開始したフランシスコ会の活動が大きかった。前章でふれたコスメ・デ・トーレスも、当初フランシスコ会のネットワークに参加することで新大陸の布教に従事しようとした。ラス・カサスに代表されるドミニコ会の活動も重要である。イエズス会はアリゾナやパラグアイで開拓伝道に従事する一方、都市のスペイン人社会における教育分野で大きな地位を占めた。

対抗宗教改革を制度化したトレント公会議（一五四五―六三年）を機に、スペイン植民地におけるカトリック教会も在俗聖職者が主体となり、布教保護権を背景にしたスペイン国王の管理権も相当程度貫徹するようになった。フィリピン征服は、こうした植民地布教の転換期と相前後していたのである。

フィリピンにおいては、アメリカ植民地における経験が生かされる形で、マニラの総督と各地のアルカルディーア（アメリカにおけるコレヒミエントに相当）からなる行政制度と、マニラに大司教座、各地に教区教会が配置される教会制度が、征服と同時に導入された。しかしながら、遠隔の地でスペイン人行政官が圧倒的に不足し、教区司祭が当該地において植民地行政を代行する人材となった。アメリカに引き続き、托鉢修道会が先住民と、マニラに多く住む華人への伝道に取り組み、またフィリピンを足場に中国や日本への布教も期待された。

❖イエズス会の動向

一五八二年に信長が去った時点のイエズス会日本布教の責任者は、前年に就任したポルトガル人ガスパル・コエーリョであった。彼はA・ヴァリニャーノの日本巡察と布教制度改革を踏まえ日本布教長F・カブラルに代わって任命されたのであり、初代日本準管区長であった。コエーリョ自身は前任者カブラル同様、布教における ヨーロッパ文化優位主義、人事面でのポルトガル人中心主義に近い人物であったが、彼のもとでの布教活動は、ザビエル、トーレスの流れをくむヴァリニャーノの現地文化適応方針・多国籍主義に沿うものであり、オルガンティーノらイタリア人と並んで、カリオン、セスペデスといったスペイン人宣教師の活躍も見られた。

一五八三年、都教区長であったオルガンティーノは大坂に秀吉を訪ね、大坂城の建設と並行して形づくられつつあった城下町の一角に、教会のための土地を与えられた。以後大坂は、都、堺、高槻とならんで畿内における重要な布教拠点となった。蒲生氏郷《がもううじさと》ほか、畿内の武士、有力商人、文化人の改宗も進んだ。八六年には秀吉が大坂の教会を訪ね、翌月にはコエーリョが大坂城で秀吉との会見を果たしている。

❖伴天連追放令

一五八七年、島津氏の攻勢に苦慮した大友氏からの要請に応える形で、豊臣秀吉は九州遠征を開始した。長崎を主な拠点としていたコエーリョは、八代の陣地に秀吉を訪ね、天下人との親密な関係を確認した。島津氏を抑えることに成功した秀吉は博多に入り、小西行長らに命じて博多の町割りに着手する。イエズス会はこの町割りにともなって同地に新たな教会用地を与えられるなど、豊臣政権との関係は引き続き順調であるかに思われた。しかし秀吉の凱旋を歓迎すべく、フスタ船に乗り込んで博多湾に入ったコエーリョ、フロイスらは、箱崎に陣取っていた秀吉からの、いわゆる「伴天連追放令」をはじめとする一連の措置に直面することとなった。まず九州遠征に同行していた高山右近は棄教を迫られ、右近がこれを拒否すると、明石から小豆島に改易された。一五八七年七月二四日(天正一五年六月二九日)の夜には、船内に投宿していたコエーリョのもとに秀吉からの使者が送られ、❶キリシタン布教と強制改宗、❷寺社の破壊、❸肉食、❹ポルトガル商人による奴隷貿易について詰問する文書が伝えられた。

翌日発せられた伴天連追放令は、次のようなものであった。[05]

❶日本は神国であるのに、宣教師が邪宗を広めている。

❷宣教師は日本人の間に信者を増やして宗門を作り、寺社を破壊するなどしている。これは日本の法秩序を乱す。

❸以上の理由から、宣教師は二〇日以内に国外退去するよう命ずる。

❹貿易を目的に来航する南蛮船についてはこれを妨げない。

❺キリシタン布教以外の目的でヨーロッパ人が来日することは、なんら問題とするものではない。

前夜のコエーリョへの詰問と重なる内容であると同時に、キリシタン布教は抑えつつ、南蛮貿易は認め、あるいは促進する姿勢を取っていることがうかがえる。また秀吉は、一五八〇年に大村氏からイエズス会に寄進された長崎港および隣接する茂木・浦上の土地を没収、直轄地とした。

ザビエル以来の宣教師たちは布教の保護と貿易の誘致を結び付けて日本の政治的支配層に働きかけ、この点で各地の大名と利害を一致させながら布教を進めてきたが、秀吉の一連の政策は、両者を分けて対応するという点でひとつの画期をなすものであり、キリシタンと九州大名、およびその背後にある海外貿易を、統一権力者である自らの統制下に置こうという意図が見られる。この政策は、ときに変化を交えながら、一七世紀半ばの徳川幕府による禁教・鎖国政策の完成まで、日本の統一権力によるイベリア両国への基本姿勢となり、布教と貿易を最終的に分離しえなかった両国の当局者と宣教師は苦慮することになる。

伴天連追放令を機に、イエズス会は宣教師を畿内他から撤退させ、布教活動の主力を、豊後・長崎・有馬・天草など九州に集中させる方針をとった。一五七六年に京都に建設された教会堂、いわゆる「都の南蛮寺」もこのとき破却されたものとみられる。

コエーリョらは、武力で秀吉の措置に対抗する方法も模索した。有馬晴信に九州のキリシタン大名を糾合するよう働きかける一方、長崎にフスタ船や大砲を集め、同地の要塞化を進めた。さらにマニラ政庁からの軍事援助をとりつけるべく、一五八九年にはスペイン人メルチョール・デ・モーラ(一五四六?—一六一六、カラバカ出身)を派遣した。モーラは、帰国しようとする天正遣欧使節にともなってマカオまで来ていたヴァリニャーノとこの件を協議すべく、まず同地に向かった。ヴァリニャーノ自身、早くから長崎を周辺の大名から防衛すべく要塞化するよう提案していたのであるが、天下人秀吉を真っ向から敵に回す軍事化には反対の意向を示した。

コエーリョは一五九〇年五月に死去し、同年七月に来日したヴァリニャーノは、後任の日本準管区長にスペイン人ペドロ・ゴメス(一五三五—一六〇〇)を任命した。ゴメスはアンテケーラ出身で、八三年に来日し、イエズス会豊後地区長、府内コレジオ院長を務めていた。彼はコレジオのテキストとして『カトリック教理要綱』(一五九三年)、一五九三年度日本年報、長崎二六殉教者の記録等を執筆したことでも知られている。そのかたわらヴァリニャーノは、コエーリョが準備した大砲やフスタ船を売却して、イエズス会の軍事計画を終了した。

❖托鉢修道士の日本来航

次節でふれるとおり、一五八四年に托鉢修道士が平戸から松浦氏の親書をもちかえると、フィリピンでは日本との修好、また托鉢修道会の日本布教への期待が急速に高まった。だが、これまで日本布教を一手に引き受けてきたイエズス会にとって、こうした動きは脅威と映った。イエズス会は機先を制する形で、一五八五年に教皇庁から日本布教の独占的権利を認める勅書を取り付けた。翌年マニラにこの決定が伝わると、托鉢修道士の不満は大きかった。

在マニラの托鉢修道会にとって、日本布教の契機となったのは一五九一年以降の秀吉―マニラ両当局間の交渉開始であった。マニラ政庁の文官の層の薄さも手伝って、彼らが外交官の役割を果たしたのである。一五九二年、秀吉への返書を携えて来日したマニラ総督使節はドミニコ会士フアン・コボであり、九三年の第二次使節として来日したフランシスコ会士ペドロ・バウティスタは、京都滞在中に自宅用として地所を与えられ、そこに教会施設を建設している。バウティスタらフランシスコ会士たちは、伴天連追放令によってイエズス会宣教師が退去した畿内の信徒たちに働きかけるとともに、サンタ・アナ病院を建設してハンセン病患者の世話にあたった。伴天連追放令後も京にとどまっていたイエズス会士オルガンティーノは、秀吉を刺激しかねない布教活動を自重するよう勧告したが、バウティスタらは聞き入れなかった。当の秀吉は、彼らが大名への働きかけを行わなかったせいか、その活動を当初は静観ないし黙認した。翌九四年に第三次使節として来日した三名のフランシスコ会士も、長崎のサン・ラザロ病院を拠点に布教をおこなっている。来日した托鉢修道士たちは、ヨーロッパの戒律そのままに、麻や木綿の修道服を身にまとい、靴さえもはかず、天下人や大名の前でもこれを貫いた。バウティスタらが名護屋城で秀吉と謁見した際、仲介した長谷《はせ》川宗仁《がわそうにん》から、金銭を送って恭順の意を示すよう忠告されたが断っている。また、貧民や病人を含めた一般民衆への伝道をより重視した。こうした方針は、イエズス会が政治的支配者との良好な関係や現地文化への適応を重視してきたのとは異なっており、事実イエズス会の布教方針への明確な批判を含むものであった。日本の高僧にならった絹服の着用、大名への珍品の献上、これらの資金調達のための生糸取引への関与などは、托鉢修道士からは清貧・貞潔の教えに背くものとして非難された。二六殉教者の一人となったマルティン・デ・ラ・アセンシオンはその代表的な論客であり、ヴァリニャーノはこれに対して『弁駁書《べんばくしょ》』を著した。

修道会間の対立に加えて、大国スペインの存在が日本での布教活動に影響することに対して、イエズス会内のポルトガル人、イタリア人の間に根強い懸念や反発があった。実際、セゴビア出身のイエズス会士ペドロ・デ・ラ・クルス(一五六〇—一六〇六)はフランシスコ会士の来日を進言したし、準管区長のゴメス自身、同国人の托鉢修道士の布教活動に協力的であった。二六聖人殉教後の一五九八年に三度目の来日をしたヴァリニャーノは、イエズス会内のスペイン人・ポルトガル人間の対立の解消に腐心した。年齢と健康を理由に辞意を示していたゴメスの後任には、両国から等距離の立場をとりうるという理由で、イタリア人フランチェスコ・パシオを推薦した。パシオが準管区長に就任したのは、ゴメス没後の一六〇〇年である。

4 国家間交渉の開始

❖スペイン人修道士、平戸に来航

天正遣欧使節のポルトガル上陸と相前後する一五八四年八月、フランシスコ会士二名、アウグスティノ会士二名を乗せ、マニラからマカオに向かっていたジャンク船が暴風雨にあい、平戸に漂着した。かつてポルトガル貿易港として繁栄しながら、その座を大村領の横瀬浦、ついで長崎に奪われていた領主松浦氏は一行をおおいに歓待し、フィリピン総督宛ての親書と進物を託した。スペイン（マニラ総督府）と日本の当局者同士での、初の修交である。一五八六年には、大村領のキリシタン一二名が長崎からマニラを訪れ、布教活動への保護を要請している。翌八七年には、天草崎津にスペイン船が初来航している。

❖秀吉とマニラの交渉開始

一五九一年、秀吉はフィリピン総督G・P・スマリニャスに宛てて、同地を「小琉球」と呼びつつ入貢と通商を要求する親書をしたためた。これに先立、マニラ貿易にたずさわる商人で原田喜右衛門なる人物が、秀吉と懇意の茶人長谷川宗仁を通じて、マニラを防備するスペイン軍は少数であり、したがって秀吉が遠征の意図をちらつかせて威嚇すれば、マニラ当局は容易に屈服するであろうと進言している。

同じ年、秀吉にポルトガルインド副王使節という形でヴァリニャーノと天正遣欧使節が謁見している。すでに半世紀にわたり交流してきたポルトガルも含め、これまで日本各地に入港してくる南蛮船に関心が集中していたものが、この時期になって、船が出港する地にイベリア両国民が作り上げている「国」（権力体）が視野に入ったといえる。それはまた秀吉が九州を基地に、朝鮮への侵攻を準備していた時期に相当する。

原田喜右衛門はパウロという洗礼名のキリシタンで、スペイン側の文献には日本語の音写とみられるFarandaとも、漢音からきているとみられるGuantienとも表記される。また秀吉の親書を携えてマニラに入港したのは、マニラ貿易にたずさわっていた原田孫七郎という商人で、ガスパルという洗礼名のキリシタンであった。彼は喜右衛門の従者とも甥ともいわれる。また両者は同一人物(いずれかが変名)であるとの説もある。

かねてから、日本における統一権力者の登場に警戒感を抱いていたマニラでは、秀吉の書状が届くと緊張が高まった。折から進められていた朝鮮出兵の準備は、じつはマニラ侵攻を目指したものにほかならないという言説も飛び交った。

一五九二年六月、ドミニコ会士フアン・コボ(?—一五九二)、ロペ・デ・リャノ、船長フアン・ソリス、原田喜右衛門からなる使節団がマニラを出発し、薩摩に到着した。コボはラ・マンチャ地方のコンスエグラ出身で、一五八八年フィリピンにわたり、同地在住華人の布教に従事し「羨高茂」なる漢名も得ていた人物である。使節一行は、八月には肥前名護屋城で秀吉に謁見した。この地には、朝鮮出兵の基地として大坂城に匹敵する城郭が築かれており、周辺には各地の大名が招集されて陣屋を築き、商人なども集まって、にわかに一大軍事都市の様相を呈していた。名護屋《なごや》城では、天下人の威光を示すべく移築された秀吉自慢の黄金の茶室にも招かれている。一一月に使節一行は帰路に就くが、コボらは台湾沖で遭難し、原田喜右衛門のみがマニラに帰着した。

コボが携えていた秀吉の書状が届かなかったことを受け、マニラ総督は改めて使節を送ることとし、使節団は一五九三年五月出発した。フランシスコ会士ペドロ・バウティスタを正使とし、船長ペドロ・ゴンサレス・カルバハル、通訳ゴンサロ・ガルシア、他二名のフランシスコ会士という顔ぶれであった。カルバハルと原田喜右衛門の船に分乗し、平戸を経て名護屋城に赴き、同地で秀吉に謁見した。バウティスタらフランシスコ会士は秀吉の許しを得て京に滞在し、カルバハルが九四年四月マニラに戻った。

一五九四年七月には、いずれもフランシスコ会士の、マルセロ・リバデネイラ、アグスティン・ロドリゲス、それにポルトガル人のジェロニモ・デ・ジェズス(他一名が航海中に死亡)からなる使節団がマニラを出発、平戸に上陸後畿内に移り、伏見で秀吉に謁見した。なお、このとき使節団を日本まで運んだのは納屋助左衛門の船であったともいわれる。

この間の秀吉の外交は、天下統一の勢いにのった高圧的なものに見え、同時期の朝鮮出兵に相通じるものがある。だが秀吉といえども、基本的に中華秩序そのものは受け入れた上で、その中で自らの権威を高めようとしていたのである。そもそも東アジア文化圏の外にあり、中華を軸にした同心円では明らかに自分より外側にいる(ゆえに「南蛮」とよばれる)ルソンに対して、より内側にいる自らが朝貢を要求するのは当然のことに感じられたろう。この時代は近代主権国家を前提とした対等な「外交関係」という考えがそもそも存在せず、伝統的な世界秩序(東アジアにおいては中華的世界観)の中での相対的な関係性しか想定し得なかったといえる。

5 花開く南蛮文化

これまで見たように、秀吉の時代、宣教師との関係やスペイン領フィリピンとの外交は緊張をはらむものであったが、反面この時代、ポルトガル人・スペイン人に触発されたいわゆる南蛮文化が、おりからの桃山文化とも響きあって、日本の幅広い層に広がる流行となった。

❖南蛮文化流行の背景

ザビエル来航以来、イエズス会をはじめとする宣教師らによって、キリスト教を中核とするヨーロッパ文化が持ち込まれ、現地文化への適応を図りながら日本社会への定着が試みられてきた。九州の住民を中心にこれを受け入れた日本人は、キリスト教の信仰とそれにまつわる活動以外は、衣食住において同じ身分・職業の日本人とさほど変わるところはなかったであろう。

一六世紀末、信長ついで秀吉が天下を制するにおよび、戦火のおさまった京・大坂・堺、また各地の城下町、港町を中心に、天下人・大名・豪商らによって、絢爛で闊達な桃山文化が開花した。南蛮人のもたらす目新しい文物は(ときには彼ら自身の容姿や服装が)、新奇で異質ゆえに、当時の文化を主導する人々の好奇心を刺激し、新しい時代にふさわしいモチーフとして取り入れられた。この際、モチーフを選択する主体は日本人の有力者にあり、思想の根幹キリスト教の理解・受容の如何に必ずしもかかわらず、むしろそれを超えた流行であったといえる。天下人秀吉や宣教師とも親しく交わり、茶の湯を確立した千利休はその代表的人物である。逆説的だが、伴天連追放令に直面したイエズス会が、日本社会に一定の足場を保つために、「キリスト教」より新奇な西洋文化の魅力を前面に出す戦略をとったことも、こうした動きを後押しした。

また、「南蛮文化」＝「ヨーロッパ文化」にとどまらない点にも注目すべきであろう。「南蛮」という言葉自体が、本来中華的世界観の中でみた南の地域――この時代は東南アジア――を指しているごとく、南蛮文化はポルトガル・スペインが、日本に到達するまでに拠点を築いた諸地域の文物や様式を取り入れた折衷・混合文化の色彩が強い（美術史家坂本満はこの点を強調している）▼06。イエズス会士は日本を含む各地で、現地の言語その他の文化についての体系的な理解を通じて布教を円滑なものにしようとしたし、聖職者であれ俗人であれ、現地で容易に入手できて気候風土にもあった建材や布地、食材によって衣食住を営み、現地の職人に依頼してミサの聖具や日用品をまかなったのである。ポルトガルの拠点ゴアを中心に展開した「インド・ポルトガル美術」、またスペイン統治下のフィリピンで、中国人職人が聖具・聖像や家具・日用品を手がけたのはその一例である。

日本での例でいえば、染織物の更紗《さらさ》は、この時代ポルトガル、後の時代にはオランダによってもたらされたが、それぞれインド、ジャワ産のものである。フロイスはコスメ・デ・トーレスが一五六三年暮れ、滞在先の高瀬で降誕祭のミサを執りおこなった様子を描写しているが、竹を組んで作った臨時の祭壇をシャム製の布で飾り、参列者にはヤシ糖でつくった菓子がふるまわれたという。

❖音楽と演劇

南蛮文化流行のひとつの契機は、天正遣欧使節の帰国であった。インド副王使節の一員という名目で一五九〇年に帰国を果たした一行は、翌年秀吉の招請に応じ、ヴァリニャーノとともに京の聚楽第《じゅらくだい》に秀吉を訪ねた。聚楽第は一五八七年秀吉が贅をつくして建設したもので、現存する二条城などとならぶ桃山建築の代表例であり、天下人の声望を高めるための重要な舞台装置であった（九五年豊臣秀次の失脚により破却）。

フロイスの伝えるところによれば、使節の四少年は秀吉の前で西洋楽器を演奏し、秀吉はいたく満足したという。[07] 使節の少年たちを含むセミナリオの生徒たちは、教養科目の一つとして音楽を学んでいた。使節の一人伊東マンショは、訪れたポルトガルのエヴォラで、大聖堂に設置されたパイプオルガンを弾きこなし、参列した人々を驚嘆させたという。

なおこのとき秀吉からは、インド副王宛ての返書に添えて、甲冑二領、薙刀、太刀などが贈られた。これらの武具はインド副王から、当時ポルトガルにも君臨していたフェリペ二世のもとに送られた。現在マドリード王宮の武器庫に所蔵されている日本甲冑四領のうちの二領、太刀一振りは、このとき秀吉が贈ったものと推定されている。

キリスト教は儀式自体が音楽とともにあり、グレゴリオ聖歌などが歌われ、後述する印刷機で楽譜も印刷された。音楽史家皆川達夫は、長崎県生月島の隠れキリシタンが伝えてきた儀式の詠唱「おらしょ」（羅 oratiō 葡 oração 西 oración「祈り」）を分析し、その原曲がスペインやポルトガルの聖歌であることを解明している。[08]

中・近世のヨーロッパでは、降誕・受難などの聖書物語や聖者伝が劇として上演され、民衆教化の手段とされたが、日本布教においても宗教劇は大いに活用された。西洋音楽と同様、西洋式の舞台芸術が日本に持ち込まれた最初といえる。一七世紀に入って禁教が進むと、逆に日本の殉教物語がヨーロッパにおいて、イエズス会他による宗教劇の題材となった。

この時代のヨーロッパは、教化的・教訓的な宗教劇から世俗的・人文主義的な演劇がひとり立ちし、常設的な劇場施設も整い始めて、近代西洋演劇の基礎が築かれた時期にあたっていた。スペインでもロペ・デ・ベガ、ティルソ・デ・モリナなどの劇作家が健筆をふるい、「黄金世紀」の文化の一翼を担った。この流れの西洋演劇が日本に紹介されるのは、明治以降を待たねばならない。

❖印刷術と出版事業

前章でふれたように、天正遣欧使節は帰国後の出版活動に役立てるため、ヨーロッパで活版印刷機を入手した。使節には金属細工の心得がある日本人同宿コンスタンティーノ・ドラードが同行し、活字の鋳造や印刷術を習得した。いわば印刷のハードとソフトを持ち帰ったわけである。この出版活動は、ヴァリニャーノが布教制度改革の一環として打ち出した、日本人信者の教育制度の整備方針に基づくものであった。

使節帰国後の一五九〇年一〇月、島原半島の加津佐《かづさ》で最初の出版活動が開始された。その後天草、長崎と場所を移しながら、一六一四年の禁教令まで、教理書・祈禱書・辞書・語学書・文学書（『イソップ物語』『平家物語』など）が版を重ねた。これらを総称して「キリシタン版」とよび、内外に三二点が現存している。天正遣欧使節にも会ったルイス・デ・グラナダの著書が『ぎやどぺかどる』『ひいですの経』『さんとすの御作業の内抜書』『ひいですの導師』として出版されたのは前章で触れたとおりである。教育施設のテキストとして作られたキリシタン版であるが、禁教が厳しくなり、宣教師の移動がままならなくなると、各地の信者が信徒会などを通じて信仰活動を維持するのに役立った。またローマ字で書かれた版は、当時の日本語の音韻を知る貴重な資料ともなっている。

❖キリシタン絵画と南蛮美術

イエズス会の教育施設では、宗教画を描くための画家の養成もおこなわれ、油絵、銅版画などの西洋絵画の技法が日本に初めて伝わった。そのひとつ、一五九七年有馬のセミナリオで作成された銅版画『セビーリャの聖母』は、セビーリャ大聖堂の聖母子像Nuestra Señora de la Antiguaを写したもので、当時多数刷られたと思われるが、マニラに渡っていた一枚が、開国後の一八六九年、長崎の大浦教会に収められて帰国を果たした(長崎県指定有形文化財名「セビリアの聖母」)。二〇〇一年には、長崎出身の版画家渡辺千尋(一九四四―二〇〇九)によって復刻され、ローマ教皇に献上されている。

キリシタン時代には祭壇用に板絵や木彫も作られたはずであるが、その後の禁教によってほとんど現存せず、わずかに移動・隠匿が容易な軸絵が現存した。大阪府茨木市の旧家から発見された『聖フランシスコ・ザビエル肖像』『聖母一五玄義図』はその例である。また、聖杯・聖体・二体の天使が描かれた島原・天草一揆の陣中旗が戦利品として獲得され、今日まで伝えられている。

宗教画を描くために伝えられた西洋絵画の技法を用いて、西洋の風景・人物などの非宗教的な題材を描いた、いわゆる「初期洋風画」の作例も残っている。日本画家の側でも、海外の新奇な事物や人々が画材に取り上げられた。後述する南蛮屏風はその代表であるが、この時期ヨーロッパで制作された世界地図や都市図(ブラウン・ホーフェンベルフ編『世界都市図帳』など)も屏風絵のモチーフにとりいれられた。原図そのままに大西洋付近を中心に描くなど、のちの『坤与《こんよ》万国全図』などと異なり、実用的な世界情報というより多分に物珍しい異国の図柄として受け止められたようだ。『世界地図屏風』は、オルテリウスあるいはブラウの世界地図帳をもとに作画されたものが数点現存する。また『世界四都市図屏風』(神戸市立博物館蔵)には左から、大航海時代の二大貿易港であるリスボンとセビーリャ、次いでローマ、さらに「第二のローマ」すなわちコンスタンチノープルが描かれている。

地図帳・都市図集の中に描かれた人物も画家の興味を引いたようで、会津松平家に伝わっていた『泰西王侯騎馬図屏風』には、神聖ローマ皇帝、トルコのスルタン、モスクワ大公、タタール汗（以上神戸市立博物館蔵）、フランス王アンリ四世、スペイン王カルロス一世、エチオピア王、ペルシャ皇帝（以上サントリー美術館蔵）が描かれている。また世界各地の人々の服装などを描写した『万国人図』も複数現存している。

❖広がる南蛮趣味

一六世紀末、南蛮趣味はキリシタンに限らず大名や豪商の間で流行となり、西洋の帽子、マント、上着などが宣教師から大名への進物として人気を博した。一五九二年にマニラ使節が名護屋城に秀吉を訪ねた際も、使節一行が持ち込んだ西洋式の帽子や上着が、従軍していた武将たちの興味を大いにひいたという。加藤清正といえば日蓮宗の熱心な門徒であり、宣教師からは敵として嫌われていたが、彼の菩提寺である本妙寺（熊本市）には、清正に献上されたという南蛮服（上衣）が所蔵されている。同じ熊本市の島田美術館には、細川忠興が使用したとされる和洋折衷の鎧下（前合わせは和風だが、立襟と袖が洋風）が所蔵されている。立襟やボタンは陣羽織にも取り入れられ、「合羽」という語もcapaからきているという。大名の間ではローマ字を取り入れた印の使用も流行し、大友宗麟がＦＲＣＯ（洗礼名Franciscoの略形）の組み合わせ文字を、細川忠興《ほそかわただおき》がtadauoquiの文字を用いた例が残る。忠興の妻はキリシタン（細川ガラシャ）であり、彼は「南蛮」と「キリシタン」の接点にいた人物といえる。

この時代の食文化にも南蛮文化は足跡を残した。味覚の革命ともいうべき砂糖菓子に、カスティーリャのポルトガル読みであるカステラの名がついているのはその象徴であろう。新大陸原産のトウガラシやカボチャが、戦国末期から江戸初期には日本に伝わった。これも大航海時代の所産である。

❖南蛮屏風の世界

南蛮文化が風靡した時代を象徴する遺物の一つに「南蛮屏風」がある。南蛮屏風は、伝統的な宝船のモチーフをもとに、日本の港町に入港する南蛮船、南蛮貿易にまつわる品物や人々を描いている。その代表作の一つである、狩野《かのう》内膳《ないぜん》筆の南蛮屏風（神戸市立博物館蔵）を見てみよう。まず「出《で》船《ふね》」を表す左隻には、極彩色の屋根瓦や外壁の建物によって想像力豊かに描かれた異国の港町から、帆に風をはらんだナオ船が出港する様子が描かれている。かたや「入船《いりふね》」の右隻には、日本の港町に入港した船が帆をたたんで停泊し、さまざまな珍品を荷降ろししている様子、上陸したカピタ

❖狩野内膳筆、南蛮屏風。左隻が空想的に描かれた外国の港から船が出る様子、右隻が日本の南蛮貿易港に船が着いた様子。イエズス会士とフランシスコ会士が描き分けられていることなどから16世紀末以降の作と考えられる。

ンと船員、街並みや往来をゆく人々が描かれている。

右隻の情景を、もう少し詳しく見ていく。画面中央付近、赤色の帽子と上下に身を固め、従者が日傘をさす人物が南蛮船の船長、すなわちカピタンである。彼の背後には帯剣したマント姿の人物が数名つき従い、さらにその後ろからは、荷揚げした品々を運ぶ人々の姿がある。檻で運ばれるトラを含めた珍品の数々は貿易品、あるいは大名への献上品であろうか。

画面右側には、海外貿易でにぎわう街の様子が描かれている。店先には、陶磁器、織物、西洋の帽子、クジャクの羽、トラやヒョウの毛皮など、海外の珍品が並んでいる。店々が面している通りには日本人の老若男女に交じって、3節でも紹介した、黒服姿のイエズス会士と、灰色服姿の托鉢修道士が描かれている。

商店の並ぶ通りの奥、画面右上には、和風建築（木造瓦葺、畳敷き）で建てられた教会施設、いわゆる「南蛮寺」が描かれている。こうした南蛮屏風における描写は、前章で紹介した「都の南蛮寺図」同様、現存しない当時の教会建築を知る上で貴重な情報である。礼拝堂らしい建物は、仏教寺院の本堂を踏襲した作りであるが、入口は本堂（入母屋造り）でいえば側面に当たる位置に開いている。いわば仏教寺院の礼拝空間を九〇度回転させて、ヴァリニャーノが『礼法指針』で力説した、西欧の教会堂の奥行き深い空間に近付ける工夫がうかがえ興味深い。

礼拝堂内部のミサの様子を描写しているのも貴重である。キリストらしき聖画が掛けられた祭壇の前では、司祭と思われる人物が聖餅を掲げ、祭壇上の聖杯とともに聖餐式の準備をしている様子を描写しており、武士と思われる日本人数名がミサにあずかろうとしている。礼拝堂の奥には二階建ての司祭館らしき建物が見え、二階の畳部屋にいるのは司祭と同宿であろうか。建物は全体に和風だが、手すりやカーテンに異国風が見受けられる。

6 文禄・慶長の役とスペイン人宣教師

豊臣秀吉とスペイン（マニラ政庁）との間で使節が往来した時代は、秀吉の朝鮮出兵、すなわち文禄の役（一五九二―九三年）、慶長の役（一五九七―九八年）と同時代であった。キリシタン大名小西行長（一五五八―一六〇〇）を通じて、何人かの宣教師がこの一六世紀東アジアの大事件と接点を持つことになる。その顔ぶれをみると、はからずもスペイン人イエズス会士が多くを占めているのは興味深い。

小西弥九郎、後の行長は、堺の有力商人でキリシタンの小西立佐《こにしりゅうさ》の子として生まれた（洗礼名アゴスティニョ）。一五八〇年ごろには羽柴秀吉の家臣となり、秀吉の台頭とともに頭角をあらわした。海上輸送の管理に能力を発揮し、播州室津や小豆島の管理権も任されている。一五八四年には堺代官に任ぜられている。秀吉の九州遠征に同行して博多の町割りを行うなどしたのち、一五八八年には、前年の肥後国衆一揆の責任をとって切腹した佐々成政に代わり、同様に秀吉の信任厚い加藤清正とともに肥後領主に任ぜられた。清正が隈本に城を構えて肥後北部、小西は宇土に城を構えて肥後南部と天草諸島を領した。伴天連追放令後の情勢下、行長は九州キリシタンの保護者として期待された。

一五九三年一二月末、イエズス会士グレゴリオ・セスペデス（一五五二?―一六一一）は、小西行長の要請に応じて朝鮮南部の熊川《ウンチョン》を訪れ、同地に一年ほど滞在した。行長は同地の高台に日本式の城郭（倭城）を築いて陣地を構えており、長引く従軍に疲れた将兵を鼓舞しようとの目的であった（当初クリスマス前に到着する予定であったが、悪天候でいったん引き返したため遅れる）。記録に残る限り、朝鮮半島にヨーロッパ人が渡った最初であった。

セスペデスはマドリード出身で、一五七四年ヴァリニャーノとともにインドに渡り、七五年ゴアで司祭叙階された。七七年に来日し、当初岐阜、大坂など畿内を中心に活動した。岐阜での活動中に本能寺の変（一五八二年）に遭遇している。八七年には細川忠興の妻・玉（ガラシャ）が大坂の教会を訪ね、セスペデスから教理を学んだ後、侍女清原マリアから洗礼を受けている。伴天連追放令にともない九州に拠点を移すが、小西行長とは畿内時代から面識があり、八六年には行長の要請に応じて小豆島で布教活動をおこなっている。

行長の陣地の周辺には、大村喜前《よしあき》、有馬晴信、宗義智《そうよしとし》ら、九州のキリシタン武将も陣を構えており、相次いでセスペデスを訪れて秘蹟をうけた。セスペデスの来訪は内密におこなわれたが、ほどなく他の武将にも伝わり、行長が秀吉の怒りを買う懸念が生じたので、彼は退去し、日本に戻った。

慶長の役にあたっては、イエズス会士フランシスコ・ラグーナ（一五五二―一六一七、ログローニョ出身）が朝鮮に渡り、キリシタン大名の陣地に従軍している。

これらの出来事を通じて、日本軍の陣地の中ではあるが、朝鮮半島にキリスト教が伝わり、朝鮮人初のキリスト教徒も誕生することとなった。朝鮮軍の将の子であったカウン・ビセンテは一五九二年、一三歳で行長軍の捕虜となり、行長領の肥後に送られ、天草志岐で洗礼を受けた。同じころガヨという朝鮮人も志岐で洗礼を受けている。また、行長の妻（洗礼名ジュスタ）に仕えていた朝鮮人女性おたあ（ジュリア）は一五九六年、宇土で洗礼を受けた。彼らはともに、イエズス会士ペドロ・モレホン（一五六五―一六三六、メディナ・デル・カンポ出身）から洗礼を受けた。彼は天正遣欧使節の帰国に同行して九〇年に来日、当初畿内を中心に活動したが、この時期は九州に拠点を移していた。

その後ビセンテは北京から朝鮮に入国して布教しようとしたが果たせず、長崎・有馬等で布教活動し、一六二五年口之津で捕えられ、翌年長崎で火刑に処せられた。ビセンテとガヨは一八六七年福者に列せられている。ジュリアは行長の死後徳川家康の側室に仕え、一六一二年伊豆諸島に流刑。一五年ごろ赦免され、一七年には長崎、二一年ごろには大坂にいたことが知られているが、晩年は不明である。

セスペデスは、細川ガラシャの縁で細川忠興の信任も厚く、晩年は細川家の庇護を受け小倉で過ごした。モレホンは一六一四年マニラに逃れ、同地で司祭を務めるかたわら、『日本殉教録』を執筆、またアビラ・ヒロンの著書に注記を加えている。

7 サン・フェリペ号事件から二十六聖人の殉教へ

❖サン・フェリペ号の漂着

一五九六年七月、メキシコを目指してマニラを出港したスペイン船サン・フェリペ号は、暴風にあおられ土佐海岸に漂着した。その後浦戸港に向かうが、そこで長宗我部氏の役人によって、慣習に従い積荷を没収された船長の使者が秀吉に積荷の返還を要求すべく京に向かった。京からは五奉行の一人増田長盛が派遣され、没収された積荷を引き取る一方、乗組員の取り調べに当たった。ランディアという航海士は、長盛から、いかにしてスペインがメキシコやフィリピンを征服するに至ったか問われ、自分たちは世界中と取り引きしようと望んでおり、厚遇されれば味方となるが、虐待をうければ領土を奪うと壮言した。長盛が、そのためには修道士が来なければならないだろうとたたみかけると、航海士はそうだと答えたという。帰京後長盛は秀吉に、「スペインはまず修道士を派遣し、これを先兵としてしかる後に征服に着手する」と報告した。

❖日西世界像の出会い

サン・フェリペ号事件は、日西間の情報伝達という観点からも、思わぬ形で興味深い遺物を残した。高知県立図書館蔵の古文書の中には、乗組員への取り調べをもとに作成された世界図（墨書）が収録されている。スペイン側の記録には、増田長盛が海図を示しながら乗組員を尋問したとの記述があり、おそらくその際のものと思われる。その時点で日本人が把握していた海外知識に、スペイン経由の情報を加えて描かれた世界像である。

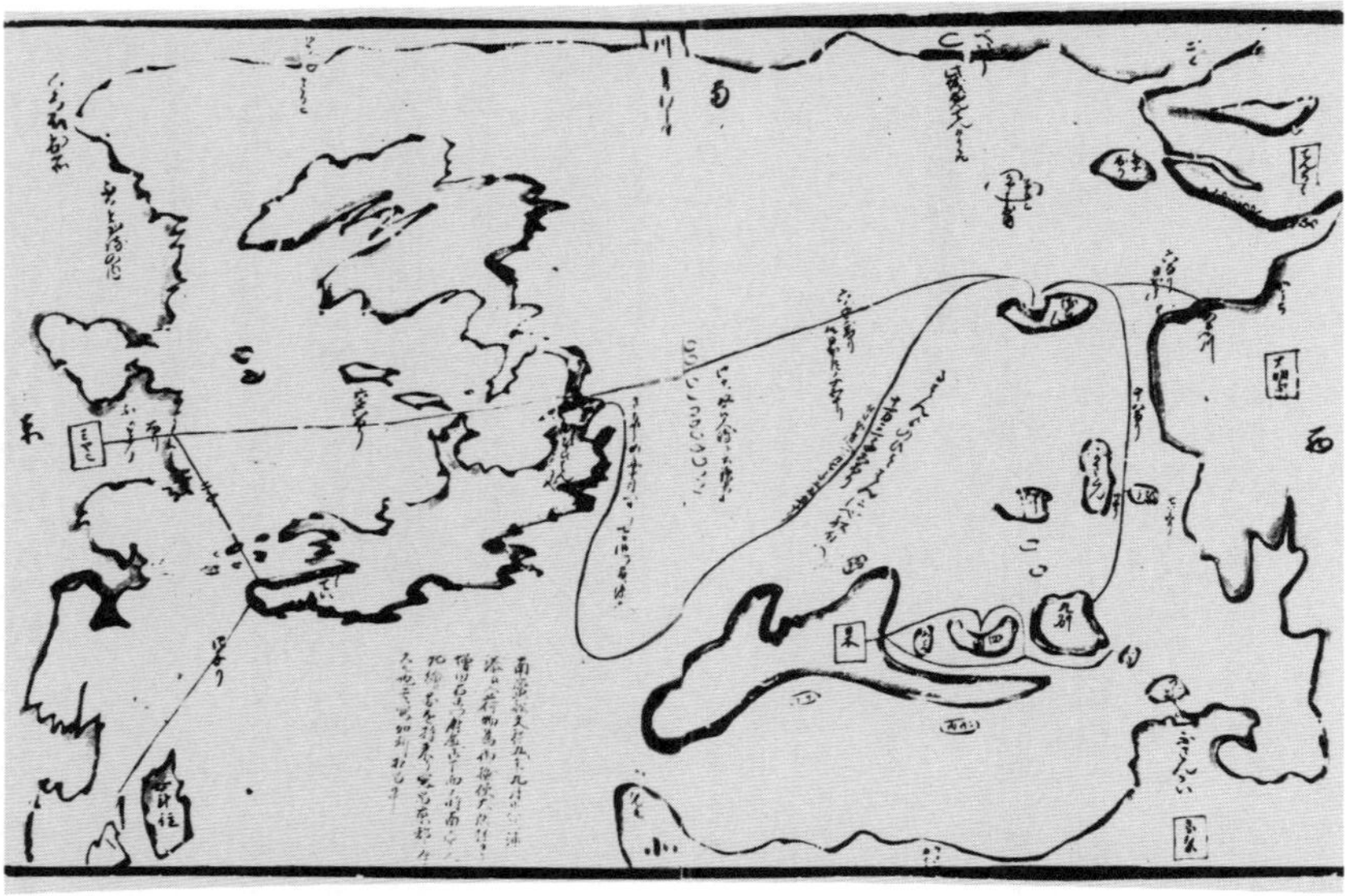

❖サン・フェリペ号乗組員の取り調べをもとに作図された世界地図。太平洋を中心に、南を上にして描かれている。

地図は画面上が南に描かれており、右半分には日本列島（右下）をはじめ中国沿岸部、朝鮮、琉球、台湾、東南アジア等、いわば日本人にとって既知の世界が、左半分には太平洋、南北アメリカ、イベリア半島、西アフリカ沿岸等、いわば未知の世界が描きこまれている。スペイン船乗組員から聞き書きしたにふさわしく、日本―マニラ間航路、太平洋往復の航路、大西洋の航路が書き込まれ、航行距離、日数などを付記している。

北アメリカと思われる陸地には「かしていら（カスティーリャ）」との書き込みがある。ポルトガルが拠点を築いていたアフリカ西海岸付近（画面左上）に「ふると加流（ポルトガル）の内」との書き込みがあるので、これもカスティーリャ王国領であるという意味であろう。イベリア半島の内陸部に「ミヤコ」の書き込みがあり、マドリードを表していると思われる。▼[09]

❖二六名の殉教事件

さきのサン・フェリペ号乗組員の発言に激怒した秀吉は、京、大坂を中心に布教活動をしていたフランシスコ会士、日本人キリシタンら二四名を捕え、長崎に護送した。護送の途中でさらに二名が捕えられ、計二六名が、一五九七年二月五日、長崎西坂で磔の刑に処せられた。京から長崎までの道は、関門海峡と大村湾の横断以外は陸路を踏破しており、当時の一般的な長距離移動(海路)とは異質である。

この二六名のうち、スペインおよび植民地出身者は次の通りである(いずれもフランシスコ会士)。

フェリペ・デ・ヘスス――生年不詳。メキシコ出身。一五九五年来日。

フランシスコ・ブランコ――一五六九年生まれ。ガリシア地方モンテレイ出身。一五九三年来日。京都で布教にあたるが一五九六年捕えられる。

フランシスコ・デ・サンミゲル――一五四五年生まれ。バリャドリード近郊ラ・パリリャ出身。一五九三年来日。

ペドロ・バウティスタ――一五四六年生まれ。アビラ地方サン・エステバン・デル・バリェ出身。マニラ総督使節として一五九三年来日。サン・フェリペ号事件により一五九六年京都に謹慎、ついで入牢を命じられ死刑宣告。

マルティン・デ・ラ・アセンシオン――一五六六年生まれ。ギプスコア地方ベルガラ出身。一五九六年来日。大坂で捕えられる。

サン・フェリペ号は一五九七年四月に浦戸を出港し、翌月マニラに帰着した。これをうけマニラからは七月にルイス・デ・ナバレテ・ファハルドを正使とする使節が送られ、八月に平戸に上陸、大坂と伏見で秀吉に会見した。秀吉は乗組員の引き渡しと殉教者の遺体の引き取りは認めたものの、没収した積荷の返還には応じなかった。秀吉とマニラ政庁の最後の外交交渉はこうして終わった。

❖二十六人殉教者の列聖

二六人の殉教者は教皇庁により一六二九年に列福、一八六二年には「日本二十六聖人」として列聖された。列聖一〇〇周年にあたる一九六二年には、刑が執行された西坂の地に日本二十六聖人記念館が開館し、セビーリャ出身のイエズス会士ディエゴ・パチェコ（のち結城了悟）が初代館長に就任した。この記念館と、隣接する聖堂（殉教者の一人F・デ・ヘススにちなんで「聖フィリポ記念教会」）の建築を手がけたのは今井兼次（一八九五—一九八七）である。教会の二本の尖塔には、今井が傾倒していたA・ガウディの様式が反映している。記念館前の広場には、舟越安武（一九一二—二〇〇二）が手掛けた二十六殉教者の銅製の群像レリーフが建てられている。

一五九八年九月一三日、スペイン帝国の全盛期を体現したフェリペ二世はエスコリアル宮で没した。その五日後の一八日（慶長三年八月一八日）には、豊臣秀吉も伏見城で波乱の生涯を閉じたのである。

二年後の一六〇〇年には、秀吉死後の政治の主導権をめぐって関ヶ原の戦いが起き、宣教師の後ろ盾の一人であった小西行長は西軍方について敗れ、石田三成らとともに京の三条河原にて斬首された。勝利した徳川家康が新たな統一権力の担い手となり、スペインとの関係についても決定権を握ることになる。

▼01——松田毅一『慶長遣欧使節』、二八—三二ページ。

▼02――伊川健二、交流史一部二章、六七ページ。
▼03――城山三郎『黄金の日日』新潮社、一九七八年。NHK大河ドラマ『黄金の日々』、一九七八年一―一二月放送(全五一回)。出演＝六世市川染五郎(現・九世松本幸四郎)、栗原小巻、丹波哲郎、川谷卓三、根津甚八、緒形拳他。
▼04――『「日本」とは何か』、七一ページ。『インカとスペイン―帝国の交錯』、二一四ページ。
▼05――五野井隆史『日本キリスト教史』、一四五―一五六ページ。
▼06――『南蛮美術と洋風画』、一九五―六ページ。『「ポルトガルと南蛮文化」展』、二四―三〇頁。
▼07――『洋楽渡来考』、二三―二六ページ。
▼08――『洋楽渡来考』、三三七―六〇二ページ。
▼09――『豊臣秀吉と南蛮人』、二三七―二四一ページ。

第3章　徳川幕府とスペイン――関係の断絶へ

1　一七世紀初頭の情勢

一六〇〇年の関ヶ原の戦いに勝利した徳川家康は、一六〇三年には征夷大将軍となって統一権力者としての地位を確立しつつあった。その家康のもとに一六〇〇年に来航したオランダが、ポルトガル、スペインに続く第三のヨーロッパ勢力として参画し、最終的に前二国を駆逐して対日貿易を独占するに至る。とはいえ、オランダ人の登場によって直ちに日本とスペインの関係が悪化したわけではない。一七世紀初頭には、豊臣秀吉の晩年に悪化していた両国関係はむしろ改善され、スペイン系修道会の日本布教、マニラとの朱印船貿易も前にもまして盛んになったのである。

❖徳川政権初期の対外政策

徳川家康、および一六〇五年に将軍職を引き継いだ秀忠の対外政策は、❶秀吉の朝鮮出兵で悪化した東アジア関係の修復、❷対ヨーロッパ関係の多角化、❸南方貿易の促進と統制、といった特徴がみられる。

❶について見ると、一六〇五年には朝鮮の使者が京に入り、一六〇七年には江戸で徳川秀忠に謁見している。朝鮮からの使者来訪はその後「朝鮮通信使」として定着している。江戸時代を通じて、徳川政権が国家間の正式な関係を維持したのはこの朝鮮との関係のみであり、唐船は来航したものの、中国王朝（明のちには清）との関係は築かれていない。朝鮮との通交も、日本側からすれば、日本の支配者（正式には朝廷、実質的には幕府）への臣従の礼にこたえるという形であった。

❷は後述するオランダ・イギリスがよく知られているが、スペインについても、秀吉の晩年に停滞していた関係が再び活発化する。関東近海がマニラからメキシコへの帰路にあたっていたことも、幕府の関心を促したと思われる。

❸は朱印船貿易に集約されるが、この時期、西国大名が南方征服の動きを見せたことも注目に値する。有馬氏による台湾征服の試み（一六〇九年）は不成功に終わるが、同年の島津氏による琉球征服は成功し、その琉球支配は江戸時代を通じて持続する。

当時の日本の統一権力は、中華的世界秩序を基本的には受け入れつつ、これを、自らが中心に位置するような形に、いわば自己流にアレンジし、対外関係の基本をなす価値観とした。今日の研究において「日本型華夷秩序」と評価されるものである。▼01 日本が中国王朝と正式な関係を取り結び、本来の華夷秩序に組み込まれれば、この秩序観は矛盾をきたす。そこでは日本が中心に位置しないばかりか、朝鮮は中華との関係で日本より上位に位置づけられるし、台湾、琉球との関係も、日本が独断で臣従を強いることはできなくなる。いずれにせよ、この時代の日本にとっては、ヨーロッパ人は琉球、台湾という東アジア世界の南縁（4章でみる西川如見のいう「外国」）に接しつつ、東アジア世界の政治的・文化的秩序に属さない空間（「外夷」）から来航する人々、という位置づけである。秀吉がフィリピンを「小琉球」と形容していたことはそれを象徴している。端的にいえば、文化圏を異にする「国」との関係を築くことは当時の価値観を超えることであり、「船」「バテレン」「カピタン」に対して許可、禁止、保護などの対応がなされるにとどまった。同時期のヨーロッパ人たちも、異なる文化圏と今日的な意味での国家間関係を築きえなかった点は同様であった。中・近世ヨーロッ

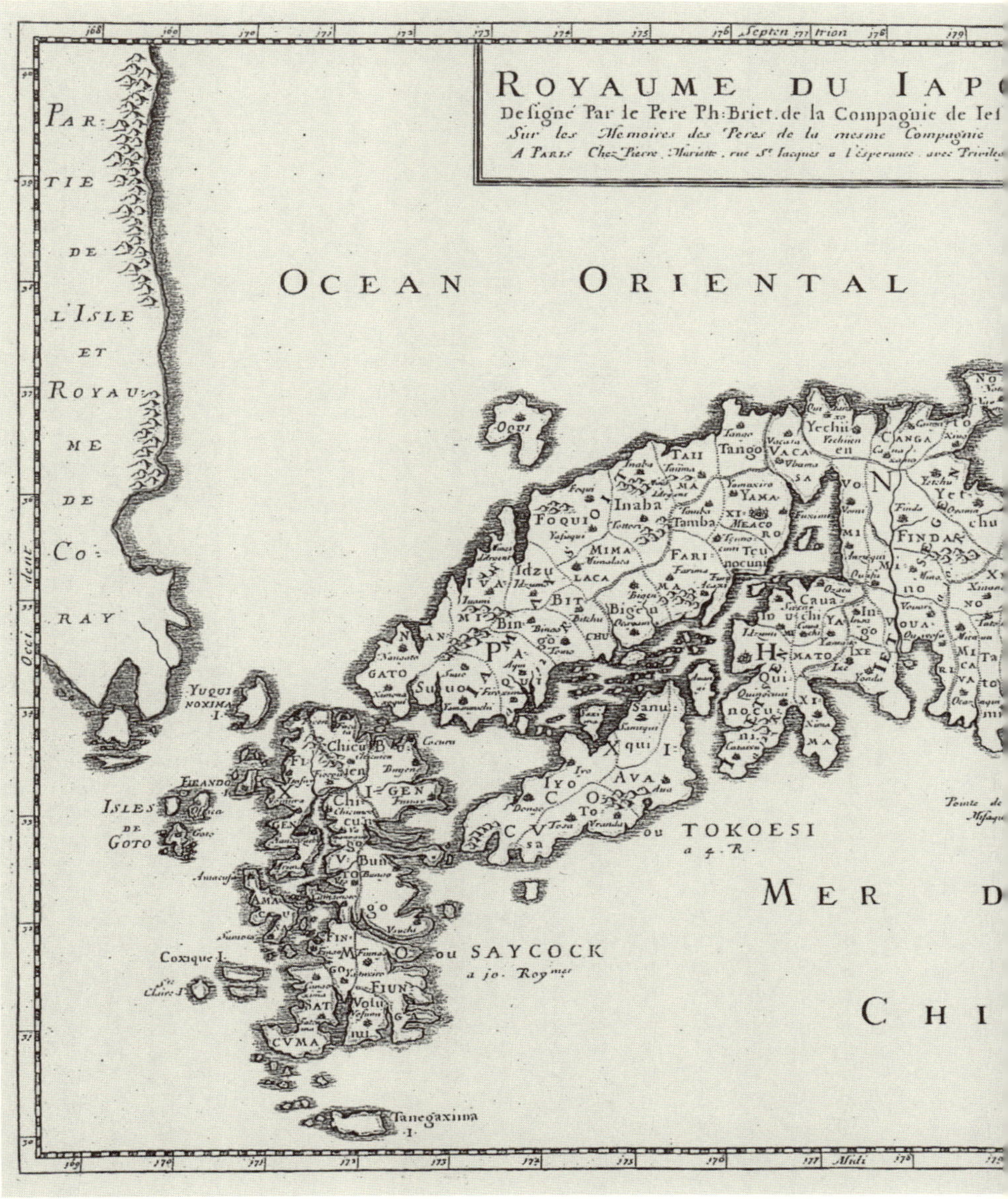

❖ブリエ日本図。1650年、フランスで出版。17世紀初頭から鎖国前に得られた情報が反映している。三陸海岸をはじめ東日本の地形が詳細となり、蝦夷地の南端も描かれている。

パ社会内部では、各身分・団体・都市などが国王や領主から権利を付与されることで秩序が維持されていたので、各地でヨーロッパ船・商人・宣教師・居留者が在地権力(オスマン帝国、ムガル帝国、中国王朝、日本の大名や統一権力など)から、一定の権利を与えられて関係を取り結ぶというあり方は、これはこれで十分理解可能であった。グローバル化の端緒とされる大航海時代、伝統的文化圏を超えた人間や国家の関係を築くには程遠かったが、それぞれの他者意識の前近代性は、具体的な現場においては奇妙に「かみ合って」いたといえる。

❖オランダ、イギリスの来航

関ヶ原の戦いから家康が将軍職につくまでの「日本史」から「世界史」の年表に目を移すと、「イギリス東インド会社設立(一六〇〇年)」「オランダ東インド会社設立(一六〇二年)」という項目が目にとまる。

スペインからの独立戦争の影響で、一六世紀末のオランダ商人は、リスボンやアントウェルペンなど、スペイン王権下にある港町から締め出され、とりわけ大きな利益商品であった香料の取引が困難となった。オランダ各地の貿易商人たちは状況を打開すべく、独自に海外貿易路を開拓する必要に迫られた。北極海航路の開拓が試みられた後、東廻りでのアジア航路の開拓が本格的に着手され、一五九五年四月アムステルダムを出港した船団が、翌年六月ジャワのバンタムに到達、九七年八月に帰国した。旅行家リンスホーテンが、ポルトガル領インドでの見聞をもとに著した『東方旅行記』の刊行(九六年)もアジア航路開拓の気運を後押しした。香料貿易は当初、オランダ各地に設立された会社が個別におこなっていたが、各社の競合で香料の価格が下がり、また一六〇〇年にはイギリスも東インド会社を設立して、単一の東インド会社を設立する動き

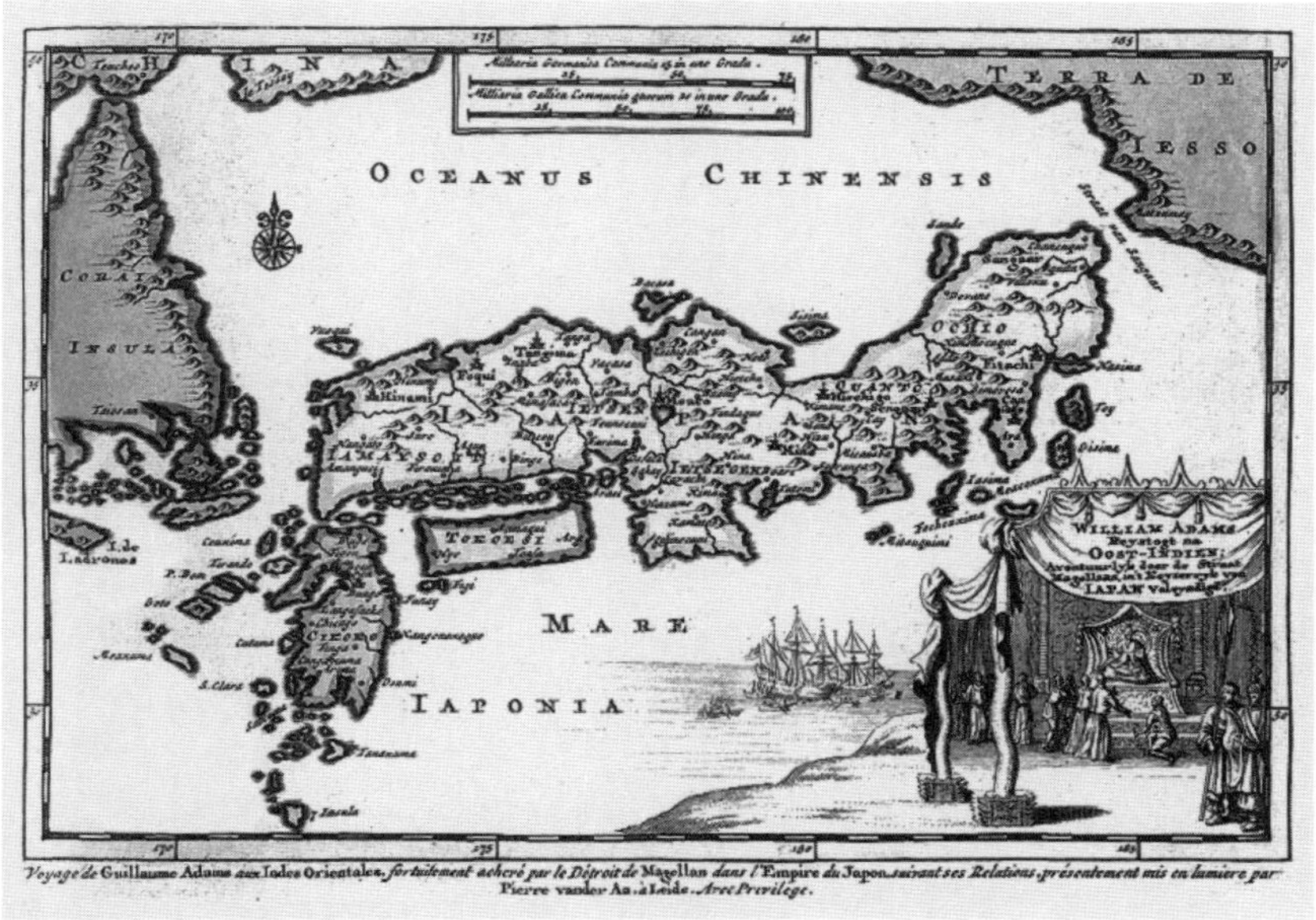

❖1707年の日本の地図と将軍との謁見の図。

につながる。一六〇二年、有力都市の六社を対等な支社という形で統合して「連合東インド会社（VOC）」が設立された。

オランダにとってアジア貿易への進出は、スペインとの同君連合下にあるポルトガルの勢力圏に踏み込むリスクを伴ったが、反面、各地のポルトガル拠点を奪い、スペインの軍事的負担を増すことで、直接・間接にスペインへ打撃を与える効果をもたらした。ポルトガル領インドの重要拠点ゴア、マラッカの攻略は容易ではなかったが、一六〇五年にはモルッカ諸島のアンボン島に拠点を築き、一九年にはジャワ島のバンテン王国の港町ジャカルタを占領、これをバタヴィアと改称して東インド総督府を置き、アジアにおけるオランダの要とした。

イギリス（イングランド）でも一六世紀後半に海外貿易への関心が高まり、一五五五年にモスクワ会社、八一年にレヴァント会社と、王権から特許状を得た貿易会社が設立された。一五七七―八〇年のフランシス・ドレークによる世界周航もこうした機運のもとでおこなわれた。はやくも一五八〇年には、イギリス船が平戸に来航したとの記録がある。一五八八年の無敵艦隊との対決に象徴されるスペインとの対立も、独自の海上貿易路を開拓する必要を痛感させた。

一六〇〇年、オランダ船リーフデ号が、豊後臼杵《ぶんごうすき》近く佐志生《さしう》に漂着した。一五九八年、大西洋―太平洋ルートでアジア貿易路を切り開こうとした六隻の船団のうち、唯一日本までたどり着いたのである。リーフデ号は徳川家康の命により大坂、次いで浦賀に曳航されたが、浦賀に着く前に沈没したという。乗組員、とくにヤン・ヨーステン（一五五七―一六二三、日本名耶揚子《やようす》）とイギリス人ウイリアム・アダムス（一五六四―一六二〇、日本名三浦按針）は家康の厚遇を受け、江戸に屋敷を与えられた。ヤン・ヨーステンの屋敷は、東京・八重洲《やえす》の地名に名残を残している。またアダムスは三浦半島に知行を与えられている。両名とも日本で後半生を過ごし、家康の海外事情顧問の役割を果たした。ビベロ来航と同年の一六〇九年には平戸にオランダ商館が、一三年には同地にイギリス商館が設置されている。

❖スペイン帝国の動向

一五九八年、フェリペ二世の跡を受けてフェリペ三世が即位した。彼は一六二一年に没し、二四年にはスペイン船の来航が禁止されているから、徳川時代の日西関係は概ねフェリペ三世時代に展開したといえる。この時代のスペインは、国際政治においてはフランス、オランダの台頭に直面し、経済・社会面でも衰退局面に入った時代と評価されている。

スペイン帝国の統治は、国王の宮廷を中心に顧問会議等の行政機構を通じて運営されていたが、宮廷内では国王の信任を得た「寵臣《ちょうしん》」とよばれる人物が重要な役割を果たした。この時代の政治を、別名寵臣政治ともいう。寵臣の活躍は、絶対主義成立期のヨーロッパ諸国に共通した現象で、ルイ一三世時代のフランス宮廷で活躍したリシュリューなどが著名である。スペインでは、フェリペ三世時代にレルマ公、フェリペ四世時代（一六二一―六五）にはオリバーレス伯公が活躍した。とくにレルマ公は、慶長遣欧使節とも接点を持つことになる。王太子時代からフェリペ三世の知遇を得ていた彼は、王の即位とともに侍従長に就任。この時期、個別の問題を処理する臨時機関として盛んに設置された「評議会juntas」の人事権を掌握した。従来の顧問会議に法学部出身の文官が登用されていたのに対して、評議会のメンバーには主として大貴族出身者が任命され、貴族勢力の回復という側面もあった。

帝国の政策を財政面で支えていたカスティーリャをはじめ、スペイン帝国を構成する諸王国の不満も増大した。フェリペ三世とレルマ公は、諸王国との関係をも含んだ統治のあり方に大きな変更を加えることはしなかった。次のフェリペ四世時代に実権を握ったオリバーレス伯公によって、カスティーリャの統治機構にならってスペイン全体の統治機構を再編する諸政策が着手され、かえって帝国と諸王国の軋轢を激しく表面化させる結果となった。

スペイン帝国内部の葛藤は、モリスコ（改宗ムスリム）追放という形でもあらわれた。中世のレコンキスタ、とりわけ一五世紀末のグラナダ征服後、スペイン内部に残留したムスリム住民（モーロ人あるいはムデハル）は、一六世紀前半の強制改宗策によって公式にはキリスト教徒とされ、モリスコと通称された。しかしかれらは独特の言語、衣食住をもつエスニック集団として存在し続け、スペイン国内での強制移住・同化政策を経て、一七世紀に入るとモリスコの国外追放が主張されるようになる。一六〇九年のバレンシアを皮切りに各地で追放令が出され、一六一三―一四年までには、スペイン全土からモリスコが追放された。あたかもビベロ、ビスカイノの来航、徳川幕府の禁教令、慶長遣欧使節の出発と同時期であった。

政治・社会面では衰退や危機に直面したこの時代のスペインは、文化面では「黄金世紀」とよばれるように、各方面で後世に残る傑作を世に出した。作家ミゲル・セルバンテス(一五四七―一六一六)が『ドン・キホーテ』前篇を世に出したのは一六〇五年、『模範小説集』は慶長遣欧使節が出発した一六一三年、『ドン・キホーテ』の後篇は、使節一行がスペイン各地を訪れていた一六一五年に出ている。この年にはキリシタン大名高山右近がマニラで客死、翌一六年、すなわちセルバンテスの没年には徳川家康も世を去っている。

セビーリャ出身の画家ディエゴ・ベラスケス(一五九九―一六六〇)が、マドリードで宮廷画家の地位を得たのは一六二三年、近世初期の日西関係が断絶する前の年であった。

一五世紀末以来イベリア両国が植民・征服をおこない、一五八〇年のポルトガル併合以降はあわせてスペイン王が君臨していた南北アメリカに、一六世紀末以降オランダ・イギリス・フランスといった他のヨーロッパ勢力が挑むようになる。これらの諸国が進出したのは、主としてスペイン支配の及ばない北アメリカ北部、スペイン領とポルトガル領の境界域(今日のガイアナ・スリナム・ブラジル南部)、そしてカリブ海域であった。オランダでは一六〇二年に西インド会社が設立され、三〇年にはペルナンブコ地方を占領してレシフェを拠

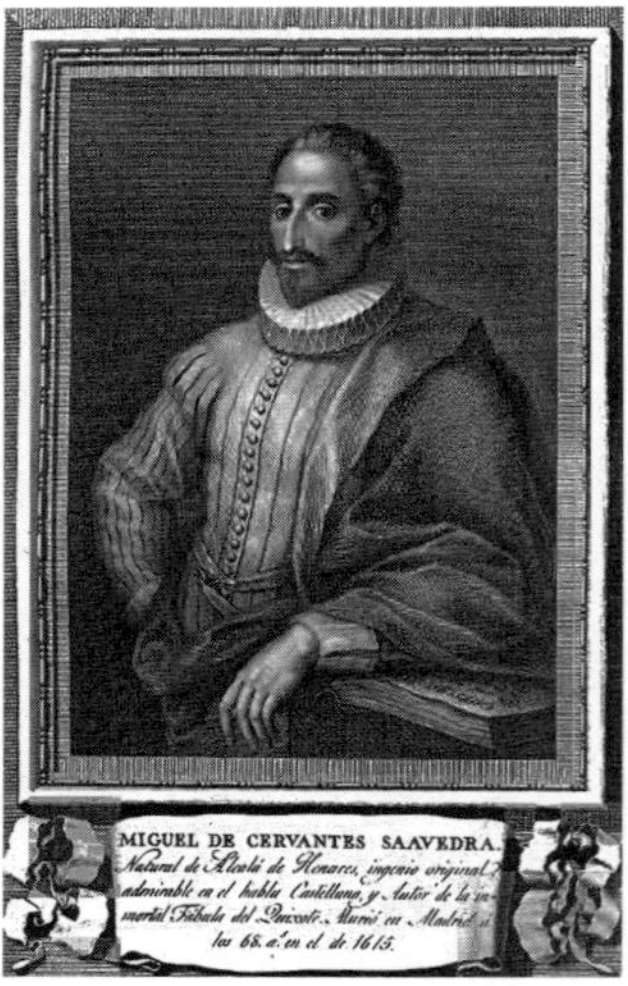

❖ミゲル・セルバンテスの肖像。

点とし、三六年には総督も派遣されて、五四年までオランダ領ブラジル(ニウ・ホラント)が存続した。カリブ海では、銀を運ぶスペイン船を攻撃目標としたイギリス・オランダの私掠船が活動を活発化させた。地球の裏側で、日本との関係をめぐりスペイン・ポルトガルとイギリス・オランダが競合していたころである。

2 スペイン系修道会の日本布教

関ヶ原の戦い、オランダ・イギリスの来航の年として知られる一六〇〇年は、日本布教にとっても節目の年であった。教皇クレメンス五世の勅書によりすべての修道会に日本布教が許可され、ここに、ザビエル以来の実績を一五八五年の勅書で追認された、日本布教におけるイエズス会の独占的地位は否定されたのである。秀吉の死と徳川政権の成立という動きも見ながら、スペイン系托鉢修道会の布教活動が再び活発化することになる。

托鉢修道会の活動により、日本におけるスペイン人(ひいてはヨーロッパ人)の行動半径は、一六世紀半ば以来イエズス会布教の実績があり、マニラとの海路も開けている西日本(九州—畿内)に加え、東海、関東さらには東北にまで広がった。その背景には、次のような事情がある。

❶今述べた事情ゆえに、畿内までの地域においては先発のイエズス会との競合が予想され、托鉢修道会としては新たな地域の開拓が必要とされた。

❷スペイン船がマニラから北米に戻る航路が日本近海の太平洋を北上するため、太平洋に面した東日本へ

の寄港、貿易と引き換えの布教保護を引き出すことが期待された。貿易の誘致と布教活動の保護を結び付け、これを接点に大名など政治的支配者層との関係を取り結ぶというのは、過去半世紀間イエズス会が日本布教においてとってきた手法と共通している。イエズス会の布教方針を様々な点で批判した托鉢修道会ではあるが、ここではイエズス会を踏襲したといえる。慶長遣欧使節を企画したフランシスコ会士ソテロは、その際立った例である。

こうした行動半径の拡がりを反映して、一七世紀前半にヨーロッパで作成された日本地図には、一六世紀中のものに比べ、北陸・関東以北が大きく、詳しく描かれている。特に、房総半島や三陸の海岸線が詳述されているのは、本章で紹介する交流のエピソードを念頭に置くと興味深い。

秀吉の最晩年にあたる一五九八年、ポルトガル人フランシスコ会士ジェロニモ・デ・ジェズスが来日、秀吉没後の九九年に家康に会見、浦賀港からのメキシコ貿易の仲介を条件に江戸での布教と教会建設の許可を得た。教会の正確な位置は不明だが、東京駅八重洲口から二〇〇三年にキリシタン墓地が出土しているので、その近くと推定される。また一六〇二年には浅草鳥越に施療院が建設されている。

一六〇二年には島津家久の招きに応じて、フランシスコ・デ・モラーレス(一五六七―一六二二)ら数名のドミニコ会士が甑島《こしきじま》に上陸。同島のちには京泊《きょうどまり》に教会を建設して、薩摩を拠点に布教を開始した。モラーレスはマドリード出身で、父は財務顧問会議の検査官などを務める官吏であった。一五九七年マニラに到着。モラーレスは一六〇八年には駿府で家康に、江戸で二代将軍秀忠に会っている。しかし〇九年に島津氏はドミニコ会士の追放に転じ、モラーレスは解体した京泊教会堂の建材とともに薩摩を退去、長崎に移る。長崎では代官村山等安から与えられた土地(長崎県勝山町)に京泊教会を移築した。この「サント・ドミンゴ教会」は二〇〇〇年に発掘され、現在保存公開されている。他方ホセ・デ・サン・ハシント・サルバネス(一五七四―一六二二)は畿内を目指し、京・大坂に拠点を築くことに成功する。

アウグスティノ会は一六〇二年平戸に上陸。ディエゴ・デ・ゲバラは家康から豊後での布教の許可を得て、臼杵で活動を開始した。一六一一年ごろには長崎でも布教を開始している。

一六世紀末から、従来の大名や有力者の入信を重視した布教政策に対して、民衆や貧者、病人への布教が重視されるようになった。その契機は伴天連追放令と、イエズス会の布教方針に批判的な托鉢修道会の活動開始であった。一七世紀にもその流れは引き継がれ、日本人信者が自ら組織運営する信徒会(こんふらりあ)がキリシタン活動の主体となっていき、「慈悲の組」「ロザリオの組」などの名をつけた信徒会が各地に形成された。フランシスコ会が組織した信徒会は「勢数多講《せすた》」とよばれ、その名は、ポルトガル語の「金曜日 sexta feira」(スペイン語ではviernes)に由来する。スペインと密接なかかわりをもつ托鉢修道会も、過去半世紀にわたるイエズス会宣教の蓄積を踏まえ、ポルトガル語がキリシタン用語として定着していたことを認めていたことがうかがえ興味深い。一六一四年以降宣教師が追放され、潜伏した宣教師も各地の信者を巡回することが困難になったため、信徒会の役割はますます大きなものとなった。イエズス会の教育機関において印刷された宗教書が、各地の信徒会においてテキストとして活用された。

3 朱印船貿易とマニラ

一七世紀日本の海外貿易は、幕府から朱印状と呼ばれる許可状を得た船(朱印船)により、西国大名、豪商らを出資者としておこなわれた。これを朱印船貿易という。朱印船制度は一五九三年豊臣秀吉によるものが最初とされ、徳川政権下であらためて制度化された。この時代日本に来航したヨーロッパ船も、朱印状を得ることで往来が許された。いわゆる「鎖国」時代に先立って、その対極ともいえる積極的な海外渡航の歴史が存在したことは、一見奇異にすら感じる。しかし貿易を促進しつつこれを統制下に置こうという統一権力＝幕府の姿勢という点では、それはある連続性をもった動きの諸段階ともいえる。

いずれにせよ、日本人の行動半径は、モルッカ諸島からジャワ、スマトラを経てビルマ沿岸にいたる弧の内側いっぱいに広がった。アユタヤでシャム王室に仕えた山田長政(一五八〇?—一六三〇)、カンボジアのアンコールワットを訪ね、帰国後その平面図を「祇園精舎図」として作成した肥後藩士森本長房(生没年不詳)はその例である。

一六〇四年から三五年までのあいだに、各地に渡航した朱印船の累計は三五六隻を数える。うちルソンを目指した船は計五四隻を数え、コーチ(七一隻)、シャム(五四隻)につぎ、以下カンボジア(四四隻)、トンキン(三七隻)、台湾(三六隻)がつづく。両国関係が断絶する一六二四年までは、ほぼ毎年(一六〇八年を除く)一隻から三、四隻、多いときは五隻(一六一五年)の船がルソンに渡航している。断交後の一六三〇年、三二年にも各二隻が渡航している。▼02 この時代にマニラとの往来で活躍した人物には、前章でふれた原田喜右衛門や納屋助左衛門のほかに、メキシコを往復した田中勝介や、禁教政策とのかかわりで足跡を残すことになる平山常陳《ひらやまじようちん》らがいた。また肥後の船乗り池田与右衛門は、ポルトガル人マヌエル・ゴンザルヴェスの船に同乗してルソンに渡り、そこで得たヨーロッパ航海術の知識をもとに『元和航海書』を残している。

日本・フィリピン間の交通の活発化にともなって、マニラの日本人社会も順調に発展を遂げた。彼らはサンミゲル街区に日本人街を形成して、一七世紀前半その人口は三〇〇〇名を超えるにいたった。[03]

マニラの都市社会はスペイン人人口が慢性的に不足した状態で先住民社会と向き合い、これを補う形で華人労働力が流入した。この時期、マニラの華人人口は一万人とも、三万人ともみられる。[04]日本人はこれには及ばないものの、マニラの有力な住民集団であったことには変わりない。しかも華人のスペイン化＝カトリック化がなかなか進まなかったのに対し、日本人の中にはキリシタンも少なくなく、いわばスペイン人社会と華人・先住民の中間的存在だったともいえる。ただ一六〇八年にはマニラで大規模な日本人暴動が起きているように、日本人住

❖マニラに渡航した日本船船長山下七左衛門一行。17世紀、オランダで出版された地理書の挿絵。

民とマニラ当局との関係も常に円滑だったわけではない。暴動の背景には、活発化するマニラ貿易にスペイン人商人も参加し、日本人商人との間に激しい競合が生じたこともあるとみられる。なお、この際マニラ臨時総督として暴動の処理にあたったのが、翌年日本に漂着するR・デ・ビベロである。彼は暴動にかかわった日本人を送還し、あわせて関係者の処罰と日本からの貿易船の制限を求める書状を送り、秀忠からの返書を受けている。

日本宣教の前線基地となったこと、市内に日本人が多く住んだことで、この時期のマニラは、日本に関する情報をスペイン語で文字化し、出版物とする拠点となった。禁教が進み、日本国内でのキリシタン出版活動が困難になったことも結果としてこれを後押しした。アビラ・ヒロンの著作やオルファネルの教会史、コリャードの辞典などはその所産である。

4 アビラ・ヒロンの見た日本

一六世紀末から一七世紀初頭にかけて、長崎を中心に活動したスペイン人商人ベルナルディーノ・アビラ・ヒロン(生没年不詳)は、その際の見聞をもとに『日本王国記』を著した。この時代のスペイン人による日本情報の発信は、大多数が宣教師によるものであるが、『日本王国記』は、次節で触れるビベロ、ビスカイノの記述と並んで、俗人の手による記録の代表例である。大航海時代、日本にまで足をのばしたスペイン人航海士、商人の記録としては、最初期のペロ・ディエスの証言と好一対をなし、いわば最終期を代表するものである。

だがこの間に蓄積された情報と認識を反映し、その分量と詳細さ（全二三章、邦訳書で四五〇ページ強）において、ディエスをはるかに凌駕している。

彼自身の記録からうかがえるところでは、アビラ・ヒロンは一五九二年ごろに来日、長崎を拠点に商業に従事したとみられる（それ以前の生い立ち、経歴については不明である）。二六聖人の殉教事件などを目撃した後、一五九八年いったんマニラに戻った。その後カンボジア、シャム、中国、マラッカなどで活動したのち、一六〇七年再来日した。その後幕府による禁教令を経て、一六一九年ごろ日本を離れたとみられる（その後の消息は不明）。

『日本王国記』は、離日後にマニラで書き上げられ、長く日本布教にたずさわったイエズス会士P・モレホン（第2章6節参照）が、詳細な注記を加えている。一―三章がいわば日本概論にあたり、四―二三章は、一五五〇年前後から一六一五年ごろまでの日本の出来事が、政治的事件や日西関係、キリシタン史関係を中心に記されている。うち四、五章はアビラ・ヒロンが初来日する一五九二年以前、六章以下は彼が来日して以降の時期に対応している。

❖日本概論（一―三章）

一章は一〇節にわたって、❶日本の位置、国土、気候、産物、❷日本人の外見や習慣、❸日本人特有の衣服、❹家屋、❺市町村の制度、❻国の統治、❼紀年法、❽貨幣と度量衡、❾食事、❿盃の礼儀について述べられている。

❶では、日本人はもともと南中国沿岸の住民が移住したものとしている。また金銀の豊富さを述べたうえ

で、日本こそがビスカイノをはじめヨーロッパ人が探索する「金銀島」にほかならないと主張している。

二章では日本の宗教について述べている。

三章では、元来一人の国王によって統一的に統治されていた日本が、戦乱のあげく、各地の領主が支配する六六か国に分かれた経緯が述べられ、ついで各地方の国名が、国ごとの郡の数を添えて紹介されている。肥前のうち有馬、大村を別国とみなして、九州を計一一か国としているのは興味深い。

❖来日前の日本情勢（四、五章）

四章は、三章で述べた六六か国の分立状態が天下統一にむかう最初の動きとして、三好長慶が京を制した出来事から筆を起こしている。以下、羽柴秀吉の人となり（一節）、信長の上洛（二節）、信長の中国攻め（四節）、本能寺の変（五節）、秀吉が中国遠征から取って返し、明智光秀を滅ぼすまで（六、七節）と、畿内を主な舞台にした政治情勢が記されている。三好の入京（一五四九年）と同時期の日本「発見」やザビエル来航は触れられず、キリシタン関係では三節で高山右近に触れるにとどまっている。

五章は概ね豊臣秀吉の動向を中心に記されている。冒頭で彼が信長死後の権力争いの主導権を握り、関白に任ぜられるまでが述べられ、以下九州制圧（二節）、秀頼の誕生と朝鮮出兵（三節）、秀次の切腹（四節）が記されている。

一節全体および二節の前半では、秀吉の九州遠征の前提となる九州の政治情勢が語られる。四章以降の編年体記述で、畿内以外の地域が言及される最初である。また二節では、複数のキリシタン大名誕生に至る九州布教の出発点として、ようやくザビエルに言及している。日欧・日西関係史、キリシタン史関係の記事としては、二節で伴天連追放令、高山右近が秀吉から棄教をもとめられ拒んだこと、三節でヴァリニャーノがポルトガル領インド副王使節として秀吉に謁見したこと、秀吉とマニラの交渉（原田、コボの往来）、フランシスコ会士の来航が記されている。四節ではM・デ・リバデネイラ他フランシスコ会士数名が一五九四年に来日したことに触れ、自分が同じ船に乗って来日したと述べている。

その他四節では、一五九五年の出来事として、畿内一帯を荒らした盗賊の首領が京で手下とともに油で煮られ、妻子も処刑されたと記している。石川五右衛門のモデルとなった人物と推定される。

❖来日後の日本情勢（六―二三章）

六―九章は、サン・フェリペ号事件から二十六聖人の殉教に至る経緯を中心に述べられている（六章でサン・フェリペ号の漂着、七章でP・バウティスタらの捕縛、八章で長崎西坂での殉教、九章で遺体引き取りを求める使節の来日）。一〇章では、一五九八年の秀吉の死に触れたくだりで、彼はキリスト教への迫害者であったが、外国人にも公正な対応をおこなった人物だったと偲んでいる。その後家康が天下を制し、一七世紀に入ると禁教も緩和されて、従来のイエズス会、フランシスコ会にくわえ、ドミニコ会、アウグスティノ会も布教を開始したことが記されている。あわせて、自身が一五九八年離日、一六〇七年に再来日したことが記されている。いわば六―一〇章は、第一次来日時の見聞をもとにした記述といえる。

一一、一二章は一六〇九年の出来事を中心に記述されている。一一章ではポルトガル船マドーレ・デ・デウス号が長崎沖で撃沈された事件、一二章ではビベロ漂着と平戸オランダ商館の設置、その他一六一〇―一一年のいくつかの出来事について述べられている。

一三章以降は、一六一二年に始まる幕府の禁教策と、各地の殉教事件を中心に記されている。一三章で一六一二―一三年、一四、一五章で一六一三年、翌一四年については、一六―二二章と二三章の大半を費やして記述されている。一五章の末尾で慶長遣欧使節の出発に触れ、二三章の末尾で、一六一五年三月一八日付、長崎での執筆と記して筆を置いている。

アビラ・ヒロンの記録は、のべ二十数年にわたる日本滞在中の見聞をベースに、文献から得た知識を加えて、一五五〇年前後から六〇年あまりの日本の歩みを描いている。その構成は既にみたように独特のものであり、たとえばフロイスの『日本史』が、ザビエルの鹿児島上陸に始まり、その後イエズス会布教の進展にそって、山口、九州一帯、さらに畿内その他へと舞台を広げながら筆を進めていくやり方――本書をふくめ、この時代の日欧関係史を語る際の一般的な構成でもある――とも趣きを異にする。それは一六世紀末のマニラ・日本関係の緊密化という環境のなかで来日し、一七世紀初頭までを過ごしたスペイン人が、自らの実感と関心にもとづき、いわば彼の遠近法によって描いた近世初頭の日本像である。この時代の日西関係に、為政者や宣教師とは違った立場で立ちあった当事者の声として興味は尽きない。

5 ビベロとビスカイノ

❖ロドリゴ・デ・ビベロの漂着

一六〇九年、フィリピン臨時総督ロドリゴ・デ・ビベロ（一五六四―一六三六）は、離任してマニラからメキシコに向かう途中、乗船サン・フランシスコ号が暴風雨にあい、房総海岸に漂着した。ビベロはメキシコ生まれのクリオーリョであり、スペインの世襲領主であった父方の家系からは第二代ヌエバ・エスパーニャ総督も輩出している。一六〇八年フィリピン臨時総督となり、翌年新総督フアン・デ・シルバの着任を受けてメキシコへ帰還する途中、冒頭に述べた海難に遭遇したのである。ビベロの漂着は、結果として徳川政権とスペイン(スペイン国王、ヌエバ・エスパーニャ副王、マニラ総督)との交渉の端緒を開いた。なおビベロ艦隊のうちサンタ・アナ号は豊後臼杵に漂着、残るサン・アントニオ号はメキシコへの航海を続けた。

話をビベロ一行の漂着にもどすと、彼らが上陸したのは上総国岩和田(千葉県御宿町)で、地元民によって救出され、大多喜藩主本多忠朝の歓待を受けた。忠朝の父が徳川家の重臣本多忠勝であったこともあり、ビベロの事は将軍秀忠の知ることとなり、一行は江戸を目指すことになる。一行が救出された御宿町では、一九二八年に「日西墨三国交通発祥記念之碑」がたてられ、一九七八年にはロペス・ポルティーヨメキシコ大統領が訪問、二〇一三年には、御宿町とメキシコ・テカマチャルコ市の間で姉妹都市協定が締結された。

ビベロは徳川秀忠の保護を受けて日本に約一年間滞在し、江戸で将軍秀忠に、駿府で大御所家康に謁見している。

家康との謁見に際して、ビベロは関東(具体的には浦賀)へのスペイン船来航に意欲的な徳川政権と折衝をおこなった。その際彼が提示した条件は、次のようなものであった。▼05

❶フランシスコ会他の布教活動を保護する。
❷マニラ総督府を対等な外交関係の相手として扱う。
❸オランダの勢力を排除する。

この三点には、近世初期日西関係の基本的性格、両国関係の進展にあたって常に存在した障害、両者の価値観の根本的なギャップといったものが集約されている。

ビベロ一行は家康から、三浦按針の協力で建造された安針丸を譲り受け、これを「サン・ブエナベントゥーラ号」と改名して、一六一〇年八月、改めて浦賀から出港した。なおこれには田中勝介(生没年不詳)という日本人も同乗していた。彼は京の商人で、フランシスコ・ベラスコという洗礼名を持つキリシタンであった。徳川家康が田中のメキシコ行きを許可したことから、家康らはメキシコ貿易の可能性をさぐっていたことがうかがえる。田中勝介は翌一六一一年、ビスカイノに同行して帰国し、ビスカイノの駿府での家康謁見に同席した。彼はこの際、家康にラシャと葡萄酒を献上したと伝えられるが、その後の消息は不明である。

メキシコ帰還後のビベロは、ティエラ・フィルメの総督兼司令官、パナマのアウディエンシア議長などを務め、一六二七年にはフェリペ四世からバリェ・デ・オリサバ伯の称号を受けている。

❖ビスカイノの来日と金銀島探検

ヨーロッパ人の間では古くから、アジアの沖合に金銀に富む島が存在するという伝説があった。もとは一、二世紀ごろ、インドの地理情報がギリシャ・ローマの地理書にとりいれられたのに起源を発するといわれ、アラビア地理書のシーラやワークワーク、マルコ・ポーロのジパングに関心が集まったのもこの流れに属する。ポルトガルがアジアに拠点を築いた一六世紀初頭には、金銀島はジャワ、スマトラ付近に想定された。一六世紀半ばに日本との交渉が始まり、日本銀の存在が伝わると、金銀島は日本に同定されて落ち着いたかに見えた。だが、日本の実態情報がある程度把握された一六世紀末には、日本東方沖の太平洋上に想定される伝説の島として、再び金銀島が関心をかき立てるようになった。

こうした気運を受けて、一六〇八年、メキシコ副王はセバスティアン・ビスカイノ(一五四八―一六二八)に太平洋探検と金銀島探索を命じた。ビベロの遭難と救出、帰還の報がメキシコに届いたのは、ビスカイノがこの準備を進めていたさなかであり、ビスカイノはスペイン国王およびメキシコ副王の答礼使を兼ねる形で、一六一一年三月、サン・フランシスコ号でアカプルコを出港した。

ビベロが現地生まれのクリオーリョだったのに対し、ビスカイノは本国生まれのスペイン人(ウエルバ出身)であった。一五八三年メキシコに渡ったとみられ、一五八六―八九年にはフィリピンに滞在した。九六―七年には副王の命でカリフォルニアを探検し、一六〇二年にはふたたび北米太平洋岸を探検してメンドシノ岬、さらに北上して北緯四三度のセバスティアン岬に到達した。一六〇四年にはマニラ・ガレオン船の司令官を務めている。このようにビスカイノはヌエバ・エスパーニャ副王領の探検・航海活動で活躍し、まことに大航海時代を体現するような経歴の人物であった。

一六一一年三月、ビスカイノは、田中勝介ら二二名の日本人を含む乗組員とともにアカプルコを出港し、六月浦賀に到着。江戸で秀忠に、駿府で家康に謁見した。フェリペ三世がお抱え時計師に製作させ、家康への贈物としてビスカイノが携えてきた機械時計は、久能山東照宮の宝物として今日まで伝えられている。

ビスカイノ一行は一六一二年九月まで滞在し、この間日本各地の沿岸測量をおこなうなどしている。とくに一一年一一―一二月には、伊達政宗の後押しを得て三陸海岸の測量をおこなった。一六一二年には西日本沿岸の測量に着手、駿府―京―大坂―堺まで来て、別行動して長崎まで測量をおこなったロレンソ・バスケスと合流、図面を完成させて家康に献上しようとした。だがその直前に起きた岡本大八事件により幕府の態度は硬化し、家康への面会はかなわなかった。

一六一二年九月、ビスカイノ一行はもう一つの目的である金銀島探索のため浦賀を出発したが、目的を果たすべくもなく、暴風雨で乗船が破損したことも手伝い、一か月あまりで浦賀に帰港した。彼らは江戸に留め置かれた。ビスカイノがメキシコへの帰途に就いたのは、一六一三年一〇月、伊達政宗の慶長遣欧使節（次節参照）に同行してであった。メキシコ帰還後のビスカイノは終生同地ですごし、その間アカプルコ市長を務めるなどしている。

❖ビベロ、ビスカイノの見た日本

ビベロによる来日の記録は『ドン・ロドリゴ日本見聞録』（以下『見聞録』）として、ビスカイノの記録は『ビスカイノ金銀島探検報告』（以下『探検報告』）として残されている。

『見聞録』は、前半でビベロ自身の遭難と漂着、家康、秀忠への会見、日本を出発するまでの経緯が述べられ、後半で彼が滞在中に見聞きした日本の事柄のうち、とくに興味をひいたことが記されている。いわば紀行文と日本人論の二部構成である。

ビベロは前半部分でも、随所で日本についての興味深い観察をおこなっている。たとえば江戸については、他の都市（その後訪れる京、大坂、堺）ほど大きくないが、それでも一五万人をかかえ、川から引き込まれた運河が縦横に走っている。街路が広くまっすぐにのび、かつ清潔である点はスペインの都市にまさっているとしている。

江戸から家康のいる駿府を経て京にいたる東海道については、沿道は四分の一レグア以上人家がとぎれる場所がないと驚き（一レグア＝五・五キロメートル）、街道の両側には松並木が植えられ、旅人に木陰を提供してすこぶる快適であると称賛している。

京では社寺の庭園を見物。人工美においてはアランフェス宮の庭園がまさるものの、自然美においては日本の庭園が優れていると評している。

前半を締めくくるにあたり、彼が認識した日本島の先端（東端）である房総半島、あるいは江戸湾の入口にある浦賀を、太平洋を渡ってメキシコに向かう船が食料・水を補給するための寄港地とし、あわせて金銀島探検の拠点とするよう提案している。

後半では、まず日本の位置、地勢、政治制度について述べている。ビベロは日本を、六六の州provinciaに分かれた国とし、日本人はこの州を（薩摩、豊後などの）「国」reinoとよぶ、としている。また、中国の王の系統に属する神武天皇が紀元前六六三年に統治をはじめ、ながらくその子孫であるダイリ（内裏）によって統一的に治められていたが、今から四五〇年前、内裏の血を引く二つの武士の家系（平氏と源氏）が代わる代わる実権を握り、内裏は名目化して軍司令官のクボウ（公方）の支配するところとなり、各地に領主が割拠する状態に至ったとしている。

女性に関して、一定の行数を割いているのは興味深い。まず日本では厳重に管理された公娼制度があり、男性が女性の件でトラブルを起こすことはまれである。また一般の女性が、男性と不適切な関係に陥ることもまれであると述べている。ビベロが特に強調しているのは、女性が結婚にあたって持参金を持たないことが、結果として家庭円満につながっている点である。彼の念頭には、スペイン人社会における持参金の弊害を批判する意図があったものとみられる。

中国人と比較して日本人は勇猛果敢であり、戦場のみならず日常生活でも、たとえば死刑の宣告を受けた場合は、刑吏の手にかかるよりは自ら死を選ぶとしている。

『見聞録』がビベロ自ら語る形式になっているのに対し、全一二章からなる『探検報告』では、ビスカイノは「大使」として三人称で登場する。

一―三章で、使節一行がメキシコを出発して太平洋を横断し、浦賀港に到着するまでを記述している。以下、浦賀港到着―江戸へ出発(四章)、江戸到着、秀忠への謁見(五章)、駿府行き、家康への謁見(六章)、駿府から浦賀に戻り、奥州に出発するまで(七章)、伊達政宗に謁見、奥州沿岸の測量(八章)、西日本の測量、家康と秀忠に離日のあいさつをし、浦賀に戻るまで(九章)が記されている。

一〇章で日本の統治のあり方について述べた後、一一章で金銀島の探検、一二章でこれに失敗して日本に戻り、慶長遣欧使節に同行して日本を出発するまでが記されている。

うち一〇章では、日本では政治権力者は皇帝(徳川家康)といえどもその地位は安泰でなく、近い将来彼が死ねば、太閤の子(豊臣秀頼)やその他の勢力によって最高権力者の地位が争われ、再び戦乱に陥る可能性があると予想している。その根底には、政治権力が武力にのみ依拠し、下は上に対し、信義ではなく恐怖によって服従していること、武士から一般人まで、戦闘を通じて自己実現する価値観を持つことがあるとみている。これに関連して刑罰の厳しさを指摘し、一〇マラベディ(中・近世カスティーリャの貨幣)盗んでも斬刑に遭うとしている。また弁護士・検察官の類がおらず、役人は判決・刑の執行・釈放をその場で行うので、司法手続きのための紙もいらないと皮肉交じりに述べている。家においては家長が領主のようであるとも述べている。

ビスカイノも日本の都市、とくに長く滞在した江戸の街路や家屋の清潔さを称賛している。また奥州路を記した八章では落成間もない松島の瑞巌寺《ずいがんじ》にも触れ、木造建築としては世界有数の傑作であり、ヨーロッパ世界のサンティアゴ・デ・コンポステーラ、エルサレムに匹敵する巡礼地になるだろうと賞賛している。

両者とも異口同音にオランダ人の「陰謀」「讒言《ざんげん》」を非難している。日本人の気質・性格に対しては、概してビベロよりビスカイノのほうが手厳しい。滞在中に日本側の態度が硬化したことが影響しているのであろう。

八章はまた、ビスカイノ一行が三陸海岸測量の際、折からの慶長三陸地震にともなう津波に遭遇した際の様子を伝えている。一六一一年一二月二日（慶長一六年一〇月二八日）午後、船が越喜来《おきらい》村（岩手県大船渡市）に着岸しようとすると、村人が大挙して山手に逃げる様子がうかがえた。自分たち異国人の姿に驚いたのか（他の地ではたちまち好奇の目にとり囲まれることが多いのだが）とおもっていると、実はそれは、その少し前に発生した地震と、それに伴う津波から逃れようとする人々であった。一ピカ（約一メートル）の津波が襲い、三度進退を繰り返して、人家が流され、多くの人命が失われた。沖合にいたビスカイノの乗船は沈没を免れたが、同行していた二隻の船は大破沈没した。▼06

この出来事からちょうど四〇〇年後にあたる二〇一一年三月に発生した東日本大震災は記憶に新しいところであるが、近年地震等自然災害についての歴史的記録の検討、いわゆる「歴史災害学」の重要性が説かれている。『探検報告』に記された津波の記事も、あらためて注目されている。

6 慶長遣欧使節

一六一三年一〇月二八日（慶長一八年九月一五日）、伊達政宗の家臣である支倉《はせくら》六右衛門《ろくえもん》常長《つねなが》（一五七一頃—一六二二）らが、洋式船「サン・ファン・バウティスタ号」に乗り奥州月之浦（宮城県石巻市）を出航した。常長はスペイン国王フェリペ三世、教皇パウルス五世らに謁見して、一六二〇年九月初め（元和六年八月初め）に長崎港に到着、九月二二日（同八月二六日）仙台に帰着した。いわゆる「慶長遣欧使節」である。

序章からの流れでいえば、それはコロンブスが大西洋を西にジパングを目指してから約一二〇年後に、日本側からスペインの西廻り航路をさかのぼってヨーロッパに到達した出来事であった。使節実現に大きな役割を果たしたのは、セビーリャ出身のフランシスコ会士ルイス・ソテロ（一五七四—一六二四）であり、メキシコとの貿易と奥州での布教許可、ソテロの司教就任を目的とした。約三〇年前の天正遣欧使節（第1章参照）が、イエズス会の

❖支倉常長とサン・ファン・バウティスタ号（1617年）。

日本（特に九州）での布教成果を踏まえ、ポルトガルが切り開いた東廻り航路を利用して実現したのとは好対照をなしている。

❖フランシスコ会士ソテロの活動

ソテロは、セビーリャの寡頭支配層を形成する有力市民の家に生まれた。父方の祖父ディエゴ・カバリエロは、西インド諸島征服に貢献した功により、ときのカルロス一世からエスパニョーラ島の軍事・行政職を与えられた。その後彼はセビーリャに移住して市参事会員職を得、彼の子孫が同市の有力家系となる基礎を築いた。他方母方の祖父ルイス・ソテロは、異端審問所の大警吏を務めている。ソテロはこの母方の姓を名乗っており、彼自身の名も祖父にちなんでいると思われる。ソテロの兄ディエゴ・カバリエロ・デ・カブレラはセビーリャにいて、市参事会員を務めていた。

ソテロの家系がたどった経歴は、新大陸征服、カトリックの理念による国家統合、新大陸の窓口セビーリャと、大航海時代のスペイン社会を集約した感がある。当時の貴族や都市寡頭層は、おおむね長男が財産や地位を継承し、次男以下は官吏、軍人、コンキスタドール、あるいは聖職者となって、スペイン帝国を支える人的ネットワークの一翼を担ったが、ソテロの前半生もその例にならうものであった。知的な環境に育ち、若くして才能を発揮したソテロはサラマンカ大学に学ぶが、在学中にフランシスコ跣足修道会に入会し、聖職者への道を歩み始めた。その後フィリピンに渡り、一六〇三年に来日した。一六〇九年には、ロドリゴ・デ・ビベロが家康、秀忠に謁見するにあたり通訳を務めた。つづいて一六一一年にビスカイノが来日した際も通訳を務めている。両使節の通訳を買って出るにあたり、ソテロはより踏み込んで日西間の交渉に関与し、

❖慶長遣欧使節のローマでの様子を描いたフレスコ画。支倉常長（前列左）とルイス・ソテロ（前列右）。ローマ・クイリナーレ宮殿の王の間（1615年）。

それとフランシスコ会布教をからめる形で、自らが両国間の外交使節および、日本における司教に任命されることを画策した。

ソテロのこうした言動は、貿易などに関与することがフランシスコ会士の清貧の規則に反するとの批判が同会内部からも出たし、ましてソテロのあからさまな野心に警戒感をもつ者は少なくなかった。こうしたことは、のちに慶長遣欧使節の動向にも影響を及ぼすことになる。政治権力者と良好な関係を取り結び、貿易の誘致を条件に布教活動にとって有利な環境を整えるという手法自体は、ザビエル以来イエズス会を中心にとられ、一定の成果を挙げてきた。豊臣秀吉とマニラ総督府の通交にあたっても、J・コボらフランシスコ会士が使節の役割を果たしている。そのようにみると、ソテロの行動も日本布教における伝統的方針の踏襲ともいえるが、イエズス会宣教師が個々の思惑はありながらも組織の方針に従い、他のフランシスコ会士がマニラ総督の意を呈して行動したのにくらべると、彼の単独行動という側面は否めない。ソテロ個人への評価とは別に、日本から太平洋を横断してメキシコに到達し、両者に直接交易が成立することには、マニラを拠点に日本との貿易にたずさわるスペイン人商人、ひいてはマニラ当局からも反発が根強かった。

❖伊達政宗とスペイン人

政宗がいつごろから南蛮国の情勢に関心をもつようになったかは定かではないが、一五八九年、北条氏照《ほうじょううじてる》から「南蛮笠」(ヨーロッパ式の帽子)を贈られたとの記録があり、その前後には異国情報や文物に触れたであろう。また一五九二年に秀吉の命で肥前名護屋城に陣をかまえ、翌年朝鮮に出兵するまで滞在しているので、秀吉に会うべく同地を訪れた使節、またキリシタン大名に同行していた宣教師らの動きは目に留まっていたと想像される。親交のあった堺の商人、今井宗薫《いまいそうくん》からの影響もあったとみられる。

徳川政権下に入ると、政宗は江戸の秀忠や駿府の家康のもとにたびたび赴くようになり、スペイン人に接する機会も生じた。一六一〇(慶長一五)年春、政宗は仙台から江戸に上って秀忠に謁見し、七月(和暦五月)駿府で家康に謁見したのち江戸にもどり、一年ほど同地に滞在した。当時京都で布教活動をおこなっていたドミニコ会士サルバネスは、同時期駿府を経て江戸に赴き、秀忠に謁見した。六月下旬(和暦四月下旬)、サルバネスは江戸屋敷で政宗と会見した。政宗はドミニコ会の自領での布教を許し、その際は仙台城下の土地を教会建設のために提供すると約束した。ビベロ漂着に始まる経緯は政宗の耳にも届いていたはずであり、托鉢修道会を保護することで、太平洋に面した自領の貿易促進につながると考えたとしても不思議ではない。

翌一六一一年七月、政宗は江戸屋敷を発って奥州への帰路につくが、その際、彼の列はビスカイノ一行と遭遇している。ビスカイノらは、洗礼者聖ヨハネ（スペイン語でSan Juan Bautista）の祝日ミサに出席するため、フランシスコ会が江戸に建設した教会に向かう途中であった。ビスカイノは政宗の希望にしたがって小銃の試射を披露し、いたく喜んだ政宗は自ら馬を下りて謝辞を述べ、奥州を来訪した際の歓待を約束したという。その年の七月、ビスカイノとソテロは奥州に向け江戸を出発、九月には仙台城で政宗に謁見した。その後一一月から一二月にかけて三陸海岸を測量している。

一六一二年に入ると、キリシタンやスペインへの幕府の態度は硬化、幕府直轄領での禁教令が出され、ビスカイノも江戸に留め置かれた。一六一三年三月、江戸の布教再開に努めていたソテロは浅草鳥越に教会を再建するが、他の数名とともに捕えられて小伝馬町の牢に入れられ、江戸キリシタンの中心人物笹田ミゲル、ソテロの宿主であった日本人ホアキンは処刑された。ソテロとビスカイノを救ったのは、再び江戸に上っていた政宗であり、ひいては慶長遣欧使節が実現する契機となった。

❖使節派遣の決定と造船

幕府の動向を見ながら、政宗はメキシコへの使節派遣と、そのための船の建造を準備した。岡本大八事件以前には、幕府自身がメキシコ渡航のための船の建設を進めていた。伊東で三浦按針の助言を受け、ビスカイノの乗組員も協力して建造された船はサン・セバスティアン号と名付けられ、一六一二年一〇月に出港したが、船体の大きさや積み荷の影響でその日の内に座礁し、幕府のメキシコ使節派遣計画は断念のやむなきに至った。なおこの船にはソテロが秀忠の使者として乗り込んでおり、他に政宗の家臣二名が同乗していたとみられる。

一六一三年の政宗の江戸参府はソテロにとって命拾いであっただけでなく、いったん挫折したスペイン使節実現の機会ともなった。さっそく二月にはビスカイノとともに江戸屋敷を訪ねており、その際、ビスカイノの出国と使節派遣について協議したものと思われる。政宗は一六一三年九月一日（慶長一八年七月一七日）仙台に帰着したが、仙台藩の記録には「楚天呂《そてろ》」、「阿牟自牟《あんじん》」（＝按針、ビスカイノとみられる）と称する南蛮人が、この年の九月から一〇月（和暦八、九月）にかけ、数度にわたり政宗に謁見したとあり、ソテロらも同時期に仙台入りし、政宗と接触を重ねたことがうかがえる。政宗は幕府の了解のもと、メキシコとの太平洋貿易の実現を目指し、メキシコおよびスペインへの使節派遣を計画した。しかしビスカイノ自身は、自らの主導権で事を運ぼうとするソテロに対し反発と警戒心を募らせ、そのことは使節の運命にも影響することになる。

この使節の正使として選ばれたのが支倉常長であるが、彼は遣欧使節関連の文書では「長経《ながつね》」という名で登場する。スペイン語文献ではFaxicura Rocuyemon（支倉六右衛門）と表されている。支倉家は長く伊達家に仕える家門の一つで、常長はその分家である山口家から養子入りした人物である。彼は政宗の奥州制覇に向けての活動、朝鮮への出陣（一五九二年）にもはせ参じるなど、政宗の忠実な家臣としての道を歩んできた。だが使節派遣の前年には、常長の実父である山口常成が不祥事の責めを負って切腹、常長もその影響で改易されている。彼が海のかなたの「南蛮・キリシタン国」への使節の任を負ったのも、あるいはこうした身辺をめぐる状況が影響しているのかもしれない。

伊達領の三陸海岸では、メキシコに渡るための船の建造が着手された。横約一〇メートル、長さ三五・五メートル、高さ二八メートル、帆柱三二・四メートル、五〇〇トン級、当時の日本では千石船に匹敵する規模であり、八〇〇人の大工、六〇〇人の鍛冶、三〇〇〇人の雑役人を動員したという。建造にはビスカイノの部下、三浦按針、徳川家の重臣で造船の名手として名高い向井忠勝も協力し、工事は使節出発の直前まで続いた。完成した船は、政宗とビスカイノの邂逅にゆかりの聖人にちなみ、サン・フアン・バウティスタ号と名付けられた。乗船したのは常長、ソテロの他、スペイン人フランシスコ会士二名、仙台藩士、向井忠勝家人がそれぞれ約一〇名、ビスカイノ一行四〇名、他日本人キリシタン、商人を加え、総勢一八〇名ほどに達したとみられる。

宮城県では一九九三年にサン・フアン号を復元、九六年には石巻市の入江にこれを係留し、慶長遣欧使節についての展示を併設した「サン・フアン館」を開館した。二〇一一年の東日本大震災に伴う津波には、同館とサン・フアン号も被害にあったが、二〇一三年秋に、船は修復、館も再開した。

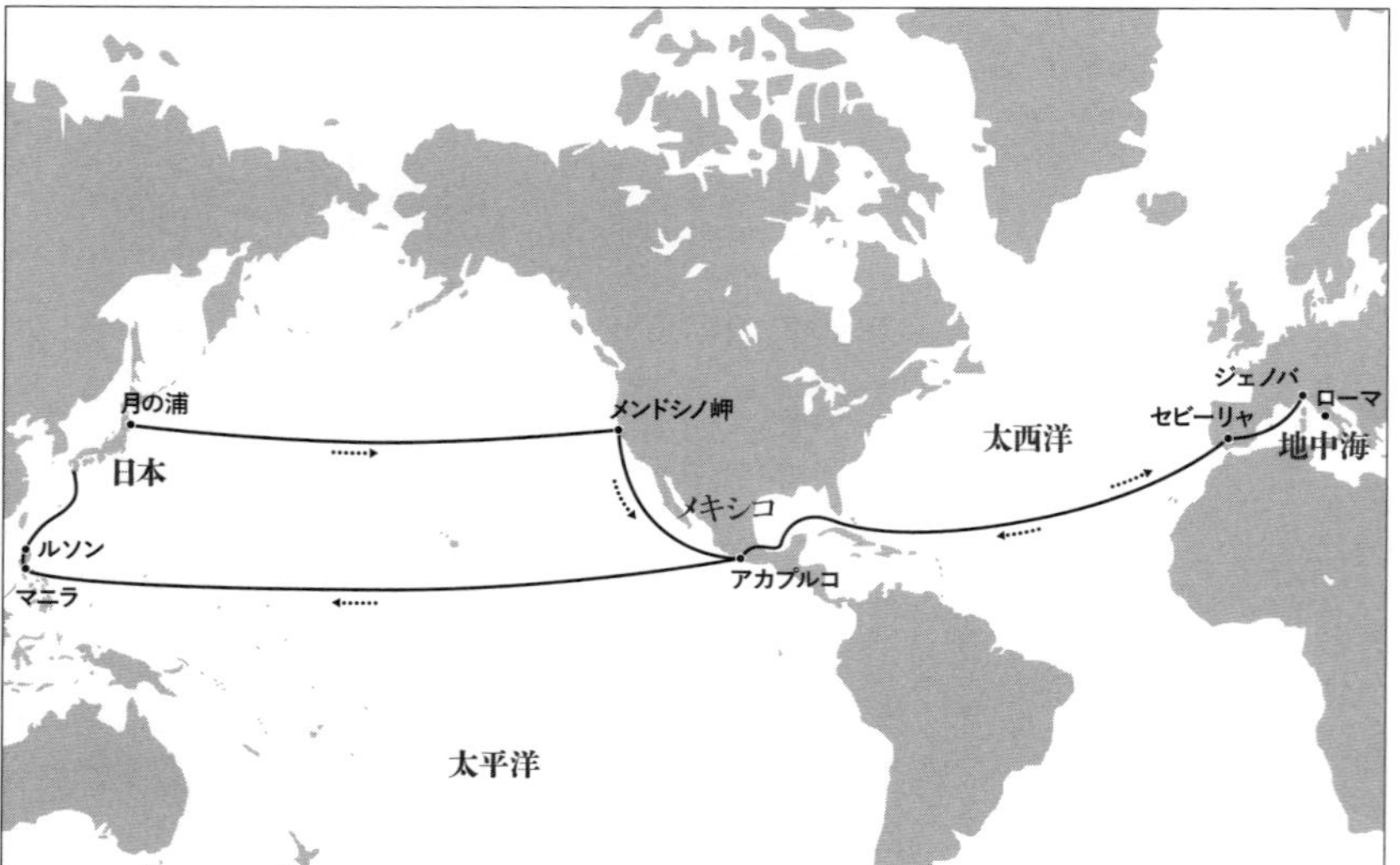

❖慶長遣欧使節の行程図。

❖太平洋から大西洋へ

月の浦を出航して二か月後の一六一三年末、使節一行はカリフォルニアのメンドシノ岬に到達、さらに南下して、明けて一六一四年一月下旬、ガレオン貿易の要港アカプルコに到達した。

アカプルコに三月初旬までとどまった一行は、陸路メキシコ市に移動。約二か月の滞在中、使節一行の約四〇名が洗礼を受けたとみられる。常長、ソテロをはじめとする約三〇名（うち仙台藩士約一〇名、キリシタン、商人など十数名）は五月下旬メキシコ市を出発、プエブラを経て大西洋貿易の要港ベラクルスに到着し、七月に同港を出発した。ハバナ（八月出港）を経て、スペインを目指す大西洋の航路に出たのである。

使節のメキシコ市滞在中の動向にもどると、一行は同市のフランシスコ会関連施設に滞在した。到着翌日には副王に謁見して、常長から政宗の、ソテロから家康、秀忠の副王あて親書が手渡された。一方使節に同行したビスカイノもメキシコ副王に帰国報告をおこない、幕府の対外・対キリシタン政策が悪化していることを伝えた。使節ことにソテロの主張とは矛盾するその情報はスペインの宮廷にも伝えられ、スペイン渡航後の使節の行動も制約することになる。一行の大部分は常長、ソテロらと別行動をとり、日本への帰国を望んだが、さらに一年近くメキシコに留められ、一六一五年四月二八日（慶長二〇年四月一日）になって、スペイン国王使節とともにサン・フアン・バウティスタ号でアカプルコを出港した。

❖アンダルシアのサムライたち

約二か月の航海を経て、一六一四年一〇月五日、使節一行はスペイン南部グアダルキビル河口のサン・ルーカル・デ・バラメーダに到着した。日本人による初の大西洋横断である。一行はグアダルキビル川をさかのぼり、河畔の町コリア・デル・リオで、セビーリャ市参事会員ペドロ・ガリンドの接待を受けた。常長らはコリアに二一日まで滞在したが、同地には、今日「ハポン（日本）」姓をもつ住民が六〇〇人ほどおり、慶長遣欧使節との関係が取りざたされている。[07] 真相はさだかではないが、このエピソードのおかげで日本への関心も高く、河畔の広場には一九九二年に支倉常長像（佐藤忠良《さとうちゅうりょう》作）が建てられている。

一〇月二一日、使節一行はトリアナ橋を渡って形でセビーリャに入城、市当局、市民の歓迎を受けた。一行は国王の離宮アルカサルに滞在することになった。セビーリャのアルカサルは一二世紀のイスラム支配時代に起源をもつが、一三世紀のレコンキスタ（カスティーリャ王フェルナンド三世による征服）を経て、一四世紀後半のペドロ一世により、同時期のアルハンブラ宮殿と共通するイスラム様式で改築された。中世イベリアのキリスト教諸国においてイスラムの様式・技術を取り入れた、いわゆる「ムデハル様式」の代表例である。

先述したようにセビーリャはソテロの出身地であり、その兄は市参事会員をつとめていた。市参事会では、使節の受け入れ、接遇、そのための費用の支出について協議を重ね、盛大な歓迎行事を行うことを決定した。一七世紀後半、ディエゴ・オルティス・デ・スニガが著した『セビーリャ年代記』は、一三世紀のレコンキスタによる征服から同時代までの出来事を記述し、中・近世セビーリャ史を知るうえでの重要史料であるが、約半世紀前、新世界の窓口を自認する町にはるか東方から（航路からいえば「西方」なのだが）王の使節が訪ねてきたこと、それに地元出身のソテロが深くかかわったことにも多くの行を割いており、わが国では慶長遣欧使節の基本史料として早くから紹介されてきた。

一〇月二七日、セビーリャ市の議事堂に招かれた常長とソテロは、伊達政宗からセビーリャ市宛ての書状を携えていた。政宗の書状はスペイン語訳をソテロが読み上げたうえ、進物の刀、脇差とともに市当局に手渡された。この書状は、セビーリャのインディアス総合文書館に所蔵されている。この建物は一五七二年、商品取引所として建てられたものであり、一七八五年に文書館となった。

一行はソテロの案内でセビーリャ大聖堂を訪れ、翌日には晩禱にも参加している。大聖堂はもとセビーリャの大モスクとして建てられ、一三世紀の再征服によって教会に転用された。一五世紀から約一〇〇年をかけた改築工事の結果、一五〇六年には、五つの身廊をそなえたヨーロッパ最大級のゴシック教会建築として生まれ変わった。一二世紀末に建てられたモスクのミナレットは、一六世紀半ばに鐘楼が追加され、「ヒラルダの塔」とよばれてセビーリャのランドマークとなっている。内部の「オレンジのパティオ」も、モスクの沐浴用中庭の名残である。

慶長遣欧使節にそれぞれの形でかかわる、セビーリャ大聖堂、アルカサル、インディアス文書館は、一九八七年ユネスコ世界遺産に登録された。

使節一行は一一月二五日にセビーリャを出発してコルドバに到着、かつての大モスクの名残を残し、スペイン・イスラム建築の代表的な遺産としても評価の高い大聖堂を訪れている。その後カスティーリャを北上してマドリードを目指した。

❖フェリペ三世と会見、支倉常長の洗礼

トレド、ヘタフェを経て、一二月二〇日マドリード入りした一行は、同地のフランシスコ会修道院に逗留した。明けて一六一五年一月三日には常長とソテロは国王フェリペ三世に謁見、二月には、支倉常長は国王臨席のもとで洗礼を受け、「フェリペ＝フランシスコ」の洗礼名を授かった。国王の名と、ソテロが属する修

道会の始祖アッシジのフランチェスコにちなむ名である。代父として常長の洗礼式に立ち会ったのはレルマ公であり、この時点では、使節の受け入れは宮廷の中枢が了解する事項であったことをうかがわせる。

使節がマドリードに滞在していた八か月の間に、日本では一六一四年一二月二六日(慶長一九年一一月二六日)大坂冬の陣、次いで一六一五年には大坂夏の陣がはじまり、六月四日(慶長二〇年五月八日)には大坂城が落城して豊臣家は滅亡した。

使節出発と前後して徳川政権が禁教政策を鮮明化したことは、すでにスペインにも伝わっていた。スペイン王権の高官の間では、日本と通交することの有効性、さらに使節そのものの信ぴょう性に対する疑念が強まった。インディアス顧問会議はマドリードに到着したソテロから、使節の意図について聴取している。ソテロはこれに応えて、次のことを請願した。❶ローマへの渡航許可と、渡航のための費用の援助、❷四托鉢修道会もイエズス会同様、各々日本司教を持つ、❸より多くのフランシスコ会士を日本宣教に派遣する、❹聖具の提供、❺同宿の住居とセミナリオに必要な物の援助、❻「奥州の王」との通商関係、同国からメキシコへの入船許可。これに対し顧問会議は、❸を除いて拒否したうえ、一行のローマ行きを許可しないよう国王に上申したが、カトリック世界の保護者を自任する国王は、日本宣教の成果を体現する使節の教皇への謁見を妨げるのは適切でないと判断したのである。▼08

❖ローマへの旅

結局使節一行は八月までマドリードに滞在し、二二日にアルカラ・デ・エナーレスに移動した。その後グアダラハラを経てアラゴン王国領に入り、ダロカに滞在後、八月末にアラゴンの都サラゴサに入った。さらにカタルーニャに入り、レイダ、モンセラットを経て、九月一〇日にバルセロナに到着。同港からイタリアに向けて出航したのは、九月下旬から一〇月初旬にかけてであったとみられる。使節一行を乗せた船団は悪天候のためサントロペに寄港、日本人初のフランス訪問であった。

ジェノバを経てローマに到着した使節は、一一月一五日教皇パウルス五世への謁見を果たした。ローマ市会からは、滞在中常長にローマ市民権が与えられた。この際の市民権証書は「慶長遣欧使節関連史料」の一部となっている。また使節一行が上陸した、ローマの外港チビタベッキアに建つ「日本殉教者教会」の壁面には、日本人画家長谷川路可(一八九七―一九六七)によって、日本二十六聖人の殉教の様子と並んで支倉常長が描かれている。

❖帰路に就く一行、状況の悪化

フィレンツェ経由でジェノバ港に戻った一行は、一六一六年三月バルセロナに到着、往路と同じルートをたどって、四月にマドリード、同下旬―五月初めにセビーリャに到着した。セルバンテスがマドリードで死去したのは一六一六年四月二三日、使節一行がマドリードからセビーリャに移動する前後ということになる。

一行は六月末に同港を出航したが、徳川家康がその生涯を閉じたのは、使節のセビーリャ滞在中の一六一六年六月一日(元和二年四月一七日)であった。一方サン・フアン号はスペイン国王使節を乗せて日本に渡っていたが、帰船の派遣を求めたソテロの要請に応えるかたちで、政宗の家臣横沢吉久らを乗せて一六一六年九月三〇日(元和二年八月二〇日)日本を出港、ふたたび太平洋を渡り、翌一七年三月ごろにはアカプルコ港に到着した。一行は政宗のメキシコ副王宛て書状を携え、また商人も同乗していたことから、このときのサン・フアン号には公貿易船としての性格があり、政宗はこの時点ではメキシコ貿易を前むきに考えていたことがうかがえる。

使節一行がローマとの間を往復している間、スペイン当局の使節、ことにソテロに対する疑念ないし反感はますます強まり、帰路をゆく使節はこれに直面して苦境に立たされた。一行のマドリード入りに先立つ一六一六年三月、インディアス顧問会議は使節一行について、彼らはマドリードには立ち寄らずにセビーリャに直行し、六月に同港からメキシコに出航する船に乗って出国すべき(ソテロはスペインに留め置き、真意を問いただす)旨、国王に上申している。マドリード入りを強行したソテロに対する反感が増したのは想像に難くない。使節一行の大半は、一六一六年六月二二日にセビーリャを出港する船で帰国の途に就いたが、ソテロ、常長とその従者数名は、フェリペ三世の政宗宛て書状を待つため、セビーリャ近郊の修道院に滞在を続けた。

国王の書状はこの年の七月に作成され、大使(常長)の来訪によって政宗の良好な統治、同地での宣教活動が保護されていることを知り、これに満足と謝意を述べたうえで、今後も宣教が保護されるよう望むとしているものの、メキシコ貿易の件については言及されていなかった。書状の内容に不満を持つソテロは常長の体調不良を理由に、さらに一年ほどセビーリャにとどまったが、事態を変えることはできなかった。禁教策を強める幕府、ましてその臣下である伊達氏が、布教活動の承認と引き換えにメキシコやスペインとの通交を進めはしないこと、使節派遣が多分にソテロの単独行動であることを、スペインの当局者は看破していた。日本人使節団の太平洋・大西洋横断という壮挙とは別に、ソテロの企図の実現という観点からすれば、慶長遣欧使節は失敗あるいは「敗北」であったと言わざるをえない。

ここでソテロの「敗因」を、三〇年前の天正遣欧使節と比較して考えてみたい。慶長遣欧使節の場合、天正遣欧使節に比べ客観的な条件が厳しく、かつ悪化していたことは事実である。太平洋を渡る航路は長く、しかも往路と復路が異なっていたし、使節出発後間もなく徳川政権は禁教政策に転じた。ただ後者の点は伴天連追放令後の秀吉も同様である。問題はこうした厳しい情勢とソテロが語る楽観的な情勢とのギャップであり、しかもそのギャップにメキシコ・スペインの当局者たちが早くから気づいていたことであろう。天正遣欧使節の時点では、スペインはマニラ征服を達成したとはいえ、日本と直接通交するには至っておらず、日本についての具体的な情報は、スペイン王権下にあったポルトガルの東廻り航路をたどってもたらされた。中でもとりわけ詳細な日本情報をもたらしていたイエズス会が、ほかならぬ使節派遣の当事者であった。

だが慶長遣欧使節の時代には、スペイン当局、なかでもインディアス顧問会議には日本情報の蓄積があり、しかも使節が太平洋、大西洋を渡るごとに、日本の最新情勢も海を渡り、時として使節に先立って本国に伝わった。この点、ソテロが早くからビスカイノを敵に回したことは大きかった。こうした西廻りの情報に加え、必要とあらば東廻りの情報(イエズス会からの情報も含む)を参考にすることもできただろう。むろんスペインの高官やまして国王が、遠い日本の国についてどの程度具体的なイメージを抱いていたかは知る由もない。しかしながら、日本の権力者がキリシタン問題で妥協しても自国との通交を望んでいるかどうかについて、的確に判断することは可能だったのである。

結局常長、ソテロらは一六一七年七月にセビーリャを出発、メキシコに到着した。アカプルコ港にはサン・フアン・バウティスタ号が停泊しており、一行が同船で出港したのは一六一八年四月のことであった。情勢の悪化もあり日本を直接目指さず、ガレオン船の通常の航路にしたがいマニラに入った。サン・フアン号はマニラ到着後スペインに払い下げられ、使節船としての使命を終える。

❖帰国後の支倉とその後

使節一行は一六一八年の八月にはマニラ港に到着したが、日本ではキリシタン禁教に加えて日西関係も悪化しており、常長らが長崎に到着したのは二年後の一六二〇年八月(元和六年七月)、仙台への帰着と政宗への謁見は九月下旬(同八月下旬)であった。常長は帰国翌年の一六二一年に病没したとみられるが、その晩年については詳しいところは明らかでない。仙台藩では常長帰国の同年からキリシタンへの取り締まりを強化、支倉家の類族・家人にも処刑者が出た。一六四〇(寛永一七)年には当主常頼(常長の子)が責任を問われ斬首、支倉家は一時改易された。常頼の子常信が知行を与えられ支倉家が再興したのは、三〇年後の一六七〇(寛文一〇)年であった。

一方ソテロは、一六二〇年支倉常長をマニラで見送ったのち、日本潜入の機会をうかがっていたが、一六二二年中国沿岸から薩摩に上陸した。ただちに捕えられて長崎に護送され、大村の牢に入れられたのち、一六二四年、大村城下放虎原《ほうこばる》で火刑に処せられた。『セビーリャ年代記』の慶長遣欧使節関係記事は、同時にセビーリャ出身のソテロの生涯についての記述であるが、それもソテロの死によって完結する。

開国と明治維新、日西の復交を経た一八七三年、岩倉具視ら明治政府の海外使節団は、訪問先のヴェネツィアで慶長遣欧使節の足跡に接し、使節に対する関心が高まるきっかけとなった。それに先立つ一八七一年、伊達家が所蔵していた使節関連資料は、同年の廃藩置県で成立した宮城県に移管されていた。一八七六年の明治天皇の東北巡幸の際、仙台で開催された博覧会に、常長やローマ教皇の肖像画が出品されて天覧に供され、さらにその様子が『東京日日新聞』に掲載されて、広く関心を呼ぶにいたった。

一八八二年には、駐仏公使(スペイン公使を兼務)であった井田譲がセビーリャを訪れ、同市庁舎で伊達政宗の書状に対面した。さらに一八九九年から三年間、村上直次郎がスペイン他ヨーロッパ各地の文書館を調査。その成果は、一九〇九年刊行の『大日本史料』一二編之一二(慶長遣欧使節関係史料)に結実したのである。「慶長遣欧使節関係資料」は、一九六六年に重要文化財、二〇〇一年には国宝に指定された。また同資料のうち、「支倉常長像」「ローマ教皇パウロ五世像」「ローマ市公民権証書」が、使節出発四〇〇周年にあたる二〇一三年、ユネスコ記憶遺産に登録されている。

7 日西関係の途絶から鎖国体制へ

❖禁教政策の強化とスペイン

禁教策の契機となったのは一六一二年の岡本大八事件であった。一六〇九年に有馬晴信がポルトガル船マードレ・デ・デウス号を長崎港外で焼き打ちした件への恩賞を仲介すると、幕閣本多正純の家臣でキリシタンの岡本大八が申し出、晴信から多額の賄賂を受けた。事件が明るみに出て岡本は火刑、晴信は改易の上切腹となった。

一六一二年、幕府は直轄領にキリシタン禁令を発布、一四年にはこれを全国化した。宣教師は追放令に従って国外に去るか、潜伏して布教活動を続けるかの選択を迫られた。

日本人信者の中にも、国外に去って信仰生活を続ける者がいた。キリシタン大名高山右近が一六一四年暮れフィリピンに渡り、翌年同地で死去したのはその一例である。一六世紀以来、日本人がアジア海域にネットワークを築き、各地に日本人コミュニティが形成されていたことが、一面こうした行動を後押ししたといえる。その際、カトリックが支配文化である都市空間、すなわちマニラやマカオといった場所が重要な目的地となったことは容易に想像される。キリシタン住民を加えることで、マニラの日本人社会は数的にも発展し、スペイン人社会との親和性も深まったが、その後鎖国政策によって日本人の供給が絶たれたため、順次現地社会との同化を進めていった。

この時期、スペイン人宣教師からも多くの殉教者が出た。慶長遣欧使節の立役者ソテロについては既にみたとおりであるが、その他、代表的な人物を数名紹介しよう。

ハシント・オルファネル（一五七八―一六二二）は、カステリョン・デ・ラ・プラナ地方ジャナの出身。一六〇〇年、ドミニコ会入会。一六〇七年に来日し、薩摩、肥前、豊後の各地で布教した。一四年逮捕されるが脱走し、肥前を中心に潜伏し布教を続けた。一六〇二年から二〇年までの布教史を綴った『日本キリシタン教会史』を潜伏先の大村で書き上げるが、同年長崎近郊の矢上村で捕えられ、翌年長崎で殉教した。教会史の原稿はマニラに持ち出され、ディエゴ・コリャード（一五八九？―一六四一　カセレス地方ミアハダス出身）によって補遺を加えられ出版された。コリャードは『羅日西辞典』を編纂したことでも知られる。

フランシスコ・モラーレスは一六〇一年、ドミニコ会日本布教長として来日、上陸地の薩摩を拠点に布教を進めるが、一六〇九年には長崎に移り、同地にサント・ドミンゴ教会を移築。一四年追放されたが再潜入、布教を続けたが、一六二二年捕えられ長崎で殉教した。「日本二百五福者」のひとりである。

アウグスティノ会士ペドロ・デ・スニガ（？―一六二二）はセビーリャ出身で、メキシコ副王を務めたビリャマンリケ侯の子である。一六一八年来日。一九年離日するが、翌年、フランドル生まれのスペイン人宣教師ルイス・フローレス（生没年不詳）とともに再来日を期し、商人に変装して平山常陳（生没年不詳）の船に同乗し、マニラ港を出発した。平山は堺出身の商人で、マニラを拠点に貿易に従事していた。京で洗礼を受けたキリシタンであり、常陳の名も、ポルトガル語の洗礼名Joaquimから来ているといわれる。だが船は長崎港に向かう途中、イギリス・オランダ連合艦隊に拿捕され、長崎奉行に引き渡された。取調べののちスニガ、フローレス、平山は火刑、他の乗組員は斬首された。スニガがセビーリャ出身だったため、ソテロと並んで彼らの殉教の顚末も『セビーリャ年代記』に記された。

ザビエル以来、来日宣教師はマラッカ、マカオを基地にポルトガル船に乗って渡ってきたという印象が強いが、一六一〇年代以降の禁教・潜伏期に来日した宣教師は、イエズス会士も含め、マニラから長崎、または薩摩に上陸する者が多数を占めた。その際、平山常陳のようにマニラ貿易にたずさわる日本人商人が関わる場合が多々あり、このことが幕府にスペインとの断交を決断させる要因ともなった。

❖スペインとの関係断絶と鎖国の完成

禁教政策と並行して、幕府はヨーロッパ人来航の統制、いわゆる鎖国政策を進めた。カトリック国のスペイン、ポルトガルは来航以来、布教活動と貿易・外交が密接にむすびついており、禁教策の進展に直面して、この一体性を最終的に解消できず苦境に陥る。これに対して、プロテスタントのイギリス、オランダは信仰を個人の問題とし、非ヨーロッパ人のキリスト教化にも関心を払わなかったため、日本との関係において貿易と布教の問題を分離でき、したがってより有利な立場に立つことができた、と理解される。最終的にオランダが残り、以後二〇〇年にわたり対日関係を維持してきたことが、こうした見方に説得力を与えている。

ただ実際の流れを見ると、イギリスがスペインに先立って日本を去る一方、ポルトガルは日西関係の断絶後も一五年にわたり関係を維持している。徳川政権が対ヨーロッパ関係を、❶相手国と、❷接触の地点を限定しながら、❸大名、豪商から主導権を奪い、独占的な管理下に置く動きが基本にあり、キリシタン問題はそれに強い影響を与える一要因とみるべきだろう。最終的に❶はオランダ、❷は出島に収斂する。❸の動きとしては、一六〇九(慶長一四)年、西国大名の五〇〇石以上の船を淡路島に集め没収した政策が挙げられる。また対日関係でどの国が残るかは、広くアジア方面の海上交通においていずれが覇権を手にするか、という動向とも関連していた。

一六一五年四月、慶長遣欧使節に同行しながらメキシコから折り返し帰国する人々を乗せて出発したサン・フアン・バウティスタ号は、その年の八月一五日(慶長二〇年六月二一日)浦賀に到着した。同船には、フランシスコ会士ディエゴ・デ・サンタカタリナ(一五七七—一六三六)がスペイン国王使節として同乗しており、駿府で徳川家康に謁見し、日本・メキシコ間の貿易について幕府と交渉したが、宣教師の保護をめぐって折り合いがつかず、交渉は不成立に終わった。家康没後の一六一六年、将軍秀忠はヨーロッパ人の来航地を平戸、長崎に限定することを定めた。それまで日本の統一権力はヨーロッパ諸国に対し、貿易を促進しつつ布教は制限するという二面的な対応を基調としてきたが、これを機会にヨーロッパ人の来航そのものを制限する姿勢が明確になった。

一六二三(元和九)年、徳川秀忠は将軍職を家光に譲る(一六三二年に没するまで、引き続き大御所として幕政には関与する)。この年、いわゆる元和の鎖国令が出され、日本に定住するポルトガル人とその子弟が追放され、日本人のマニラ渡航が禁止された。同年平戸イギリス商館も閉鎖されている。他方アジア海域では、この年香料諸島の一角アンボイナで英蘭両勢力が衝突し、オランダの勝利に終わっている。

この一六二三年、フェルナンド・デ・アヤラ(生没年不詳)を代表とする使節団がマニラから薩摩に上陸、さらに長崎まで歩を進めて、一六一五—一六年の使節以降途絶えていた貿易関係等の再開交渉に乗り出した。だが、翌二四年には幕府より謁見を拒絶する旨が伝えられ、あわせてマニラとの公貿易も停止された。つづく二五年には、私貿易船もふくむスペイン船の来航禁令があらためて発せられた。この時点で日本との交渉を続けるヨーロッパの国は、カトリック国のポルトガル、プロテスタント国のオランダを残す形となった。その後一六二八年にはシャム沖で、長崎の商人高木作右衛門の船がスペイン艦隊の襲撃を受け、幕府は処理にあたっている。なお、日本船のマニラ往来は一六三二年のキリシタン追放船が最後である。

こうした一連の流れの中で、通説では一六二四年をもって日西の関係断絶とするわけだが、一六一五—一六年の段階で、すでに両国関係は凍結していたという見方がある[09]一方、二五年の私貿易もふくめた来航禁止が通達された時点を断交とするべきという意見もある。[10]当局同士の接触という観点からは、二八年の事態をめぐる対応までを視野に入れるべきという考えも成り立つ。両国の断交時期についてこのように諸説があるのは、「断交」ひいては「通交」の基準が多様であることが背景にある。その根底には、東アジア文化圏に属する日本とスペインをふくめたヨーロッパ諸国の間で、国家間関係についての共通した価値観が存在しないということがある。いずれにせよ、以後一八六八年までの約二四〇年間、両国の関係は断絶することになる。

スペインとの断交後の動きであるが、秀忠の没後本格的に幕政を専断することになった徳川家光によって、一連の禁教・海外貿易統制策がおこなわれる。島原・天草一揆(一六三七—三八年)は、民衆統制にあたってのキリシタン対策の重要性を改めて認識させた。一六三九年にはポルトガル船の来航が禁止され、種子島以来約一世紀続いたイベリア両国と日本の交流史も、ここでいったん幕となる。四一年には平戸のオランダ商館がポルトガル人の去った出島に移され、鎖国体制は完成する。

8 一つのサイクルの完結

日本で鎖国体制が完成するのと同時期の一六四〇年、スペインではカタルーニャの反乱、ポルトガルの再独立(ブラガンサ家の即位宣言)と、帝国を揺るがす大事件が起きている。前者は鎮圧されるが、後者は独立を回復し、一六六八年にはスペインもこれを承認した。この日西双方での出来事は別個の動きではあるが、あながち無関係でもない。再独立後のポルトガルは、スペイン領アメリカの銀を原資にアジア貿易を基盤にした体制から、大西洋を軸にし、ブラジルに基盤を置いた植民地経営にシフトする(主力産品はサトウキビ、のちには金)。これは、アジア海上交通の覇権がポルトガルからオランダに移ることと軌を一にしていたのである。この動きを、ヨーロッパから地球を周回する形で俯瞰して、本章および第1部の結びとしたい。

ヨーロッパでは、三〇年戦争の決着を付けた一六四八年のウエストファリア条約以降スペイン覇権の時代は終わりをつげ、ヨーロッパの覇権はフランスに移ることになる。このウエストファリア条約によって、オランダの独立が正式に認められた。

インド洋・アジア方面では、ポルトガルはゴアを確保するものの、一六三六年にマラッカを奪われる。これに先立つ一六一九年にはジャワ島にバタヴィア市が築かれ、また五二年には喜望峰にカープスタット(ケープタウン)が築かれて、一五世紀以来ポルトガルが切り開いてきた東廻り航路の要所をオランダがおさえることになる。西廻り航路の終着点フィリピンはスペインの拠点として維持されるが、こうしたアジア海域での勢力交替に影響されずにはいられなかった。

東アジアも大きな政治変動期をむかえる。北方に新たな勢力として後金(一六一六年建国)が台頭し、三六年には国号を清と改め、中国の統一王朝として明にとって代わる(一六四四年、明滅亡)。台湾では一六二三年、オランダが台南付近にゼーランディア城を築き、一方スペインは二六年、基隆、淡水に拠点を築く。両者の争いは一六四二年オランダの勝利に終わるが、そのオランダ勢力も六一年には平戸出身の明の遺臣鄭成功《ていせいこう》(一六二四—六二)によって駆逐され、台湾は八三年に清朝の支配下にはいるまで鄭氏政権下にあった。

一方南北アメリカでは、一六四五年にオランダ支配下のブラジルで大規模な反乱が起き、これに乗じて反撃に転じたポルトガルは、五四年にはオランダ勢力をブラジルから駆逐することに成功する。一六六七年には北米のニューアムステルダム(現ニューヨーク)をイギリスに譲り、南北アメリカにおけるオランダ勢力は、カリブ海と南米のスリナムにかぎられた。

大航海時代は、今日まで続く「世界の一体化」「グローバル化」の端緒を開いたといわれる。「鎖国」という言葉は、この「グローバル化」からもっとも距離感のある、いわば反対語と理解される。だが一七世紀半ばの日本における対外関係・貿易の政策決定は、実はこうした全球規模の動きと連動していたのである。

▼01——『近世日本と東アジア』九—一一、三二—四〇、五三—六二ページ。『江戸幕府と東アジア』、一六一—四、一七二—三ページ。
▼02——『対外関係史事典』、六四ページ(項目「朱印船貿易」、執筆＝岩生成一)。

▼03——伊川健二、交流史一部三章、六七ページ。

▼04——『スペイン帝国と中華帝国の邂逅』、二七七—二八一ページ。

▼05——『日本見聞録』、三八—四一ページ。『イダルゴとサムライ』、一八二—三ページ。

▼06——『金銀島探検報告』、一一〇—一一一ページ。

▼07——『ヨーロッパに消えたサムライたち』、八—九、二三五—二四一ページ。

▼08——五野井隆史『支倉常長』、一二〇、一二三ページ。

▼09——『イダルゴとサムライ』、四六二—七ページ。

▼10——清水有子、交流史一部8章、『近世日本とルソン』、二五三—九ページ。

第4章 鎖国時代のスペイン情報

一六二四年にスペイン船の来航が禁じられてから、一八六八年に日西修好通商条約が締結されるまで、両国関係は約二四〇年間の断絶期にはいる。

だが一六世紀半ば以降現在までの日西関係史のなかでこの二四〇年あまりは最も長い期間であり、単なる空白期間として看過しがたいものがある。ちなみに一六二四年以前の関係史は最も長く、P・ディエスやザビエルの来航からとって八〇年前後、一八六八年以降現在までが一五〇年弱である。

また両国の関係史を、国家間関係や人物往来から、イメージや情報の伝達といった分野にまでひろげると、この関係断絶期も、明治以降のスペインへの理解・関心の基礎が築かれた時代として、さらに積極的な意味づけがなされるだろう。

一般に鎖国の時代とされる江戸時代は、日本と海外との関係が全く断たれた時代ではない。統一政権＝徳川政権に統制された形で海外貿易は続いており、長崎に琉球、対馬、松前を加えたいわゆる「四つの口」を通じて対外関係も成立していた。幕府が対外関係・貿易を管理下におく流れの中で、逆説的だが鎖国下においてこそ、海外事情を文字情報として蓄積する営みが本格化した。こうした幕府による「海外情報の文字化」の代表例が、1節で取り上げるオランダ風説書である。

幕府が体系的に情報を収集しようとする一方、在野の学者・文人の間にも海外事情を知りたい欲求は高く、彼らの営みは、幕府当局と時には問題意識を共有し、あるいは緊張をはらみながらおこなわれた。当初は漢書を通じて、その後蘭学が普及するとオランダ語書物やその翻訳を通じて情報が摂取され、時代が下るにつれてその情報量・精度も増すことになった。2節では、その代表的な例をいくつかとりあげる。

1 オランダ風説書のスペイン記事

❖オランダ風説書の成立

一六四一年に平戸から長崎に出島オランダ商館が移され、鎖国体制が整うと、幕府はオランダ商館長に、毎年入港するオランダ船がもたらす海外情報の報告を義務付けた。これをオランダ風説書（和蘭風説書、阿蘭陀風説書とも。以下「風説書」）という。以後、一八五七年にその役割を終えるまでの約二〇〇年間、風説書は日本が入手したリアルタイムの海外、とくにヨーロッパについての情報源となった。

風説書は、来着した新任の商館長から、長崎のオランダ通詞《つうじ》が過去一年の海外情勢を聴き、これを書き留める（前任の商館長が出港前だった場合は、彼も立ち会わせる）。作成された風説書は長崎奉行に提出され、吟味の上老中に送られた。

このように最終的には文字情報として仕上げられる風説書だが、作成の第一の手順は、オランダ商館長と通詞のオーラルなコミュニケーションを基盤にしている。そこでは、幕府の海外事情に対する関心や欲求を背負いながら、長崎に南蛮・キリシタン時代から蓄積された知識を傾けて、商館長がもたらす情報の解釈や取捨選択がなされたものと思われる。取捨選択ということでいえば、通詞自身が(日蘭関係の媒介者という自分たちの存在意義の保全、その他の利害関係により)、自らの判断で情報を操作した要素も大きかったようである。[01]

一九世紀に入ると、日本周辺の情勢を受けて、幕府が自ら情報の収集・判断力を高めようとする動きがみられるようになる。一八一一(文化八)年、幕府天文方に蕃書和解御用《ばんしょわげ》の局が設けられ、その後洋学所、蕃書取調所に発展していったのはその表れである(空間的に見れば、海外情報分析拠点の長崎から江戸への移動でもある)。それ以前、一七二〇(享保九)年に洋書輸入の禁が緩和されたのも、おもに蘭学発達史の観点から注目されるが、幕府にとっても情報源の多様化は意味のあることだったろう。むろんリアルタイム情報源として風説書は重要性を保ち続けたが、幕末に至って、海外情勢についてのより多様な情報源を手にすることになる。

❖風説書におけるスペイン関係記事の概観

現存する風説書には、何らかの形でスペイン(メキシコ、フィリピンを含む)に言及した記事が七一件存在する。うちフィリピンに言及した記事が九、ヌエバ・エスパーニャの記事が二(ともにフィリピンと同時に言及)、独立後のメキシコに触れた記事が一あり、他はスペイン国内およびヨーロッパ諸国との関係に関するものである。

風説書の記事数を国別にみると、当然随所に登場するオランダ(オランダ人・オランダ船含む、以下同)を別にすれば、フランス（一八〇）とイギリス（一五八）が、風説書の全期間を通じて多くコンスタントに登場する。スペインの記事数はこの両国にはおよばないものの、ロシア（五三）、オーストリア（三五）、トルコ（二九）などとならぶ。以下プロイセン（一九）、ポーランド（一七）、デンマーク（一四）、スウェーデン（一四）、イタリア（九）、ハンガリー（九）といったところが続く。

なお、近世初頭にスペインとともに日欧関係史の立役者であったポルトガルの記事は二九件、同国のアジア拠点であるマカオは一七件、ゴアは九件である。また、「南蛮」「南蛮人」「奥南蛮」という表現は四二か所あり、そのうち、スペイン（人）をさすと思われる個所が一三、ポルトガル（人）と思われる個所が一五、双方を指すかどちらかに特定していない、あるいはカトリックヨーロッパ全体をさしていると思われるものが一四件見うけられる。

風説書におけるスペイン関連記事が、他の諸国と比較してどのように位置付けられるかについてはのちほどあらためて考察するとして、以下、その特徴と思われる点をいくつか挙げていきたい。なお、西暦のみを記している場合はその出来事の年代、和暦を併記している場合は、当該記事が掲載されている風説書の作成年度である。

❖意外に少ないフィリピン・メキシコ関連記事

近世の日欧関係史は、実質的にはアジアに来航したヨーロッパ人・ヨーロッパ船との関係史である。別の言い方をすれば、アジアにおけるヨーロッパ人のプラットホーム（ゴア、マカオ、ジャカルタ、スペインとの関係ではマニラ）との関係である。このような前提に立てば、風説書においてもマニラ、さらに太平洋をはさんでその奥にあるメキシコ関連の記事が多くを占めるかと思われるが、実際には、フィリピン、メキシコ関係記事は以下のものに限られている。

・ポルトガルのユダヤ商人(?-)の活動に触れたくだりで、彼らがマニラにも寄港。延宝四(一六七六)年。

・フィリピンのバターン島の住民が日本に漂着、オランダ船に乗せてバタヴィアに送り返す。天和一(一六八一)年、二(一六八二)年。

・フィリピン当局・教会による住民教化。貞享三(一六八六)年。

・メキシコから銀を積んだガレオン船貿易がマニラに着き、マカオなどで商品を買い付ける。元禄八(一六九五)年、九(一六九六)年。

・マニラから日本潜入・宣教を企てたイタリア人宣教師シドッティへの取調べ。宝永五(一七〇八)年、「異人申口覚」。

・イギリス軍によりフィリピン占領されるが、一七六三年の和約でスペインに返還される。明和一(一七六四)年。

・ロシア軍の捕虜となったポーランドの軍人ベニョフスキらが、カムチャッカの流刑地から脱出し、マニラに立ち寄る。安永一(一七七二)年。

本章で扱う時代、日本人にとってアジアにおけるヨーロッパ人のプラットホームは、いうまでもなくオランダ人の拠点ジャカルタ(バタヴィア)であり、風説書にはオランダと同様、随所に恒常的に登場する。当時の幕府にとってマニラやメキシコは、先に触れたマカオ、ゴアともども、そこから南蛮人が来航することを封じ、もはやプラットホームとしての重要性を失っており、関心があるとすれば、彼らが再び来航する可能性であったということであろうか。その他アジアの地名としては、シャム(六〇)、ベンガル(三六)が比較的多く登場する。

❖「イスパニヤと申す国、呂宋と申す所」

とはいえ、次節で取り上げる『呂宋覚書』にみられるように、一七世紀中は、日本から海をへだてた異国としてのフィリピンに一定の関心が持続したようである。ただ同世紀末になると、かつて濃密な交渉の舞台であった地点について、「イスパニヤと申國」「ゴワと申所」「呂宋と申所」「ノウヘ・イスパンヤと申所」と、あたかも初めて聞く地名のように表現している。おそらくこのあたりが、直接交渉があった時代の記憶が継承されている最後の時期であったろう。一八世紀に入るとこうした表現は消え、交渉の記憶が地理上の知識にとって代わられたことが見て取れる。

❖王朝外交・戦争への関心

風説書に掲載されているスペイン関連記事の大多数は「ヨーロッパの中のスペイン」に関するものであり、スペイン王室の動向とそこから派生する王朝外交・戦争、および国内の政局・反乱等の記述が中心を占める。まず一七世紀後半、ルイ一四世の外交・戦争政策とのかかわりで一定数の記事がみられる。同王のもとフランスはヨーロッパの軍事・外交の主導権を握り、風説書にも多くの記事を残した。スペインとの関係でも、フランドルやフランシュ・コンテの帰属をめぐって攻勢をかけ、遺産相続戦争(一六六七―八年)、オランダ戦争(一六七二―八年)、ルクセンブルク戦争(一六八三―四年)、九年戦争(一六八八―九七年)について、スペインとのかかわりが言及されている。

ついでスペイン継承戦争とその後の展開についても一定数の記事がみられる。言うまでもなくスペインは、この全ヨーロッパ規模の戦争の発端で、各地が戦場にもなった。戦争全体についての関心に比例して、風説書のスペイン記事中でもいわばハイライトをなしている。その後、ともにブルボン朝をいただく仏西の同盟にイギリス、オーストリア等が対抗するという形に、国際関係の構図が変化したことも強い関心を引いたことが見受けられる。その他、一七五五年、ポルトガルのリスボンに壊滅的な被害をもたらしたことで有名な地震の影響がスペインに及んだことも伝えられている。

ヨーロッパ諸国の興亡は、幕府にとっては日本近海に来航する潜在力を持った国を見極めるためにも重要であった。一八世紀末以降、「近代」の論理を備えた国々が近海に登場してからは、その関心はいっそう現実味を帯びたはずである。[02]

加えて、国王や諸侯の「家」が統治の主体であり、通婚関係などを通じて外交や戦争にも影響を与えるという構造は、幕藩体制に生きる人々にとっても理解しやすいものだったようである。そしてその中で、スペイン王室(ハプスブルク家、のちブルボン家)は、衰えたりとはいえ、その動向がヨーロッパ情勢に影響を与える存在としてとらえられていたことがうかがえる。

❖近代スペインの激動、風説書の空白期間

天明四(一七八四)年の風説書で、フランス・スペインとイギリスとの間に戦闘が起き、オランダにも累がおよんでいるという記事がみられた後、次に現れるのは、文政六(一八二三)年の風説書における、スペインとポルトガルの間に紛争があるという記事であり、両記事の間には約四〇年の隔たりがある。つまり、ナポレオンの侵攻に始まるアンシャン・レジームの解体過程、およびこれと並行して進展したラテンアメリカの独立という、近世・近代転換期スペインの一連の出来事が、風説書のスペイン記事において最大の空白をなしているのである。

ナポレオン戦争はいうまでもなく全ヨーロッパ規模の大事件であり、風説書にも豊富な記事がみられるが、出来事が多岐にわたりオランダ自身も当事者として巻き込まれている状況では、オランダ側からすれば「スペイン情勢どころではない」という感覚があったであろう。一七九五年には親仏のバターフ共和国、ついで一八〇六年にナポレオンの弟ルイが即位してホラント王国がつくられ、一八一〇年にはフランスに併合、一八一四年オランダ王国として再独立している。

加えて、フランス革命に際して国王ルイ一六世とその家族が処刑された事実が、発生から五年を経て風説書に反映されたように、戦争による興亡や王朝の交替と異なり、政体の変革や植民地の独立といった概念は、当時の日本人の理解を超えることであったようだ。▼03

また、ラテンアメリカの独立について風説書には具体的な記述がないにもかかわらず、天保一〇(一八三九)年の風説書では、前年にフランス軍がベラクルス港を攻略した事件を伝えた文面で「メキシコ南アメリカ州之内人等……」と、独立なったメキシコが既知の地名としてあつかわれている。蘭書のもたらす世界情報の普

及により、風説書が欧米についての唯一の情報源ではなくなっていたことがうかがえる。

❖スペイン記事の消失、風説書の終焉

弘化元(一八四四)年の風説書に、イサベル二世の親政が開始され、過去数年間の政情不安が収束に向かっていると伝える記事が、風説書におけるスペイン記事の最後である。[04] それにさきだつ一八二〇―四〇年代にかけては、いくつかの国際戦争にスペインが参戦した記事をのぞくと、スペイン国内の情勢が主になっている。フェルナンド七世の死去とイサベル二世の即位から第一次カルリスタ戦争(一八三三―三九年)へ、エスパルテーロ将軍の摂政(一八四一―四三年)をへて、イサベル二世の親政開始(一八四三年)に至る流れである。

風説書においてスペイン記事が姿を消すのと相前後する一八四〇年から、バタヴィア政庁が作成した「別段風説書」が幕府に提出されるようになった(五七年まで)。一八四五年度まではもっぱらアヘン戦争とその事後経過を伝えるものであったが、同年度以降は他の世界情勢も伝えられた。うちスペイン関連記事(フィリピン含む)は次のとおりであり、おおむね、その直前の風説書における記事の方向性を引き継いでいる。末尾[ ]内の年代は、記事が掲載された別段風説書の発行年である。

一八四六――第二次カルリスタ戦争発生(―四九)。イサベル二世の妹ルイサ・フェルナンダ、フランスのモンパンシエ公爵家に嫁ぐ[一八四七年]

マニラ政庁、海賊討伐のためスールー諸島のバラギンギ島に遠征隊を送る。ポルトガルの内戦にスペイン介入[一八四八年]

一八五一――イサベル二世の暗殺未遂事件[一八五二年]

一八五四——マドリード近郊でオドンネル将軍らの蜂起。エスパルテーロ将軍は宰相に、王母マリア・クリスティーナはフランスに亡命［一八五五年］

一八五五——カルリスタ戦争が各地で蜂起するが鎮圧。フィリピンの三港開放［一八五六年］

スペインの政情不安続く。イサベル女王派優勢［一八五七年］

一八五三年のペリー来航を機に、欧米各国と日本が通商条約を結び、日本各地の港が開港されて、幕末・開国の時代に入っていったのは周知のとおりである。幕府当局、蘭学者に加え各藩の間にも、海外情勢に関する関心はかつてなく高まったが、皮肉にもこうした時代の流れが、風説書の存在理由を失わせた。オランダが単独で日本との関係をもち、その地位を維持するために海外情報を提供し続ける前提条件がなくなり、風説書本体は事実上一八五七年に終了、別段風説書も五九年を最後に作成されなくなった。この間、一八五五年に日蘭通商条約が締結され、出島在住のオランダ人に日本国内の自由な居住が許可されて、出島の特別な空間としての役割は終了した。一八五九年横浜にオランダ領事館が開設され、翌年出島オランダ商館は閉鎖。長崎にもたらされたオランダ経由の情報によって海外事情を知るという時代が、名実ともに終わりを告げたのである。

❖スペイン記事の位置と特徴

風説書に一定数の記事がみられる国々の顔ぶれをみると、そこにはつぎのような傾向がみられる。

❶南蛮国・キリシタン国

❷オランダのライバル・敵性国

❸ヨーロッパの情勢に影響を与える国
❹とくに一八世紀末以降、日本近海を騒がすようになった国

このうち❷にはオランダ側の事情が反映し、他は主として日本（幕府）側の関心を反映したものといえるが、これらの要素は互いに影響し合っている。とくに❶と❷は密接に関連し合って風説書の成立にかかわっているし、その後もオランダが❷とみなす国について、日本側の❶への関心・懸念に沿う情報を送ることで、自国の対日関係を維持しようとする意図がみられる。[05] イングランド王家とカトリック王女の婚姻やルイ一四世によるナントの勅令廃止、フランス人によるアジア布教などは、そうした意図が反映した記事の選択と解釈できるし、スペインについても、享保一八（一七三三）年から二〇（一七三五）年にかけての風説書で、武装したスペイン艦隊がインド洋を航行中との記事がみられる。[06] 実際にはそういう事実はなく、この時代、太平洋をつなぐ年一回のガレオン船がかろうじて維持されている状況であった。すでに一七世紀後半、オランダにとってスペインは「普通の国」になり、より差し迫った英仏の脅威を前に同盟すら結ぶ対象となっていたが、日本側に残る❶のイメージは有用と感じられたようである。

各国ごとに見れば、記事数の多い二国のうち、イギリスは❶をのぞく三要素を兼ね備えた国といえる。他方フランスはカトリック国ではあるが❶の要素は薄く、もっぱら❸の中核的存在であり、状況によって❷となる可能性をはらむ国であった（幕末まで❹の要素は薄い）。他に❸に当てはまる国としては、オーストリア、トルコ、スウェーデン等が挙げられる。ロシアは一七世紀末から一八世紀に入るあたりから❸としての存在感を増していたが、一八世紀末からイギリスと並んで❹の主要な対象国となった。

スペインは、いうまでもなくポルトガルと並んで❶❷の中核的存在であった。しかもポルトガルと異なっ

てひきつづき❸の対象ともなり、ここで挙げた四つの指標のうち、❹をのぞく三つにあてはまる存在であった。

スペイン記事を時代の流れに即してみると、つぎのようにまとめられる。

一．スペインは、ポルトガルとともに風説書の成立動機にかかわる存在であり、風説書の初期（一七世紀中）における情報の中核であった。脅威ゆえに関心の対象であり、かつその点で日蘭の関心が一致していたといえる。

二．一八世紀にはヨーロッパは脅威から知的関心の対象になり、スペインもその中で引き続き一定の位置を占めた。関心の対象はいまや「ルソンにいる南蛮人」ではなく「ヨーロッパの中のスペイン」であった。

三．一九世紀にはいると、近代の論理をともなったヨーロッパ国家が新たな脅威になる。とくにアヘン戦争後、朝野を挙げて海外情報熱が高まるわけだが、奇しくもこの時期に、スペイン情報が風説書から姿を消すのは興味深い。海外情報への切実な関心の高まりの中で、スペインは無関心、あるいは埋没の対象となった感がある。

2 地理書におけるスペイン認識

❖『呂宋覚書』

『呂宋覚書』は、かつてフィリピンに渡航した経験を持つ川淵久左衛門なる人物が、その際の見聞を口述したもので、記録・編纂した人物は不明だが、一六七一(寛文一一)年の作とある。日西関係の断絶から約半世紀、鎖国体制が固まって三〇年が経過しており、南蛮貿易の時代に得られた海外情報・認識が、記憶・経験のみによる継承が困難になり、文字による記録にとどめる必要が痛感されたことがうかがえる。

同書は、比較的短く簡潔な文章を、全八三項におよぶ箇条書き形式でつづっている。これは久左衛門からの聞書きという事情が反映している。内容は、日本からマニラに至る航路、都市の景観、建築、フィリピンの気候、動植物、作物、都市景観・建築、住民の衣食住・慣習・宗教・婚礼・葬儀、官職、海事など多岐にわたっている。

マニラは「マネイラ」、そこに住むスペイン系住民は「マネイラ人」と形容され、外見や服装、その他の生活習慣は、当時日本人が実見できたオランダ人との比較で語られる。

マニラには日本人が「唐人」「モウル人」などとともに住み、店を構えている。一六一四年に亡命した高山右近の子、長房(ジョアン)と思われる人物についての記事もあり、そのとき彼は二四、五歳であり、市内のサンミゲル街区に住み、スペイン風の服装をしていたという(第四八項)[07]。一六二三年には日本からマニラへの渡航が禁じられているので、久左衛門のフィリピン記事は一六一五―二三年の時期の見聞をもとにしていることになる。

マニラの「城内」(城壁内の地区)の住民は、皆「侍」であるとされる。「城主(総督?)」がおり、「軍大将」は「サルゼントマヨウル(sargento mayor)」という(第五一項)。また「鉄砲の者」を「ソルダアト(soldado)」(第三五項)と称する。[08]

第八三項はスペイン船乗組員についての記事で、呼称ごとにさらに一一項目がたてられている(これを別に数えれば全九四項)。うち「船の主」を「カヒタン(capitán)」(第八四項)、「あんしん(按針)」を「ヒロウト(piloto)」(第八五項)と形容している。[09]

これ以降、海外の地理や情勢についての情報は、漢文、のちにはオランダ語の地理書およびその翻訳によって補完されることになる。

❖『華夷通商考』

西川如見《にしかわじょけん》(一六四八―一七二四)は、長崎の町役人の家に生まれた。二十代で学問に志し、儒学者南部艸寿《なんぶそうじゅ》に学んだほか、長崎の南蛮系洋学をも吸収した。四九歳で隠居して著述に専念、名声は江戸にまで知れわたって、晩年の一七一九年には将軍吉宗に召しだされて学問を講じるほどであった。『華夷通商考《かいつうしょうこう》』は、まず一六九五年に二巻二冊で刊行されるが、一七〇八年になって、如見自らこれを大幅に加筆した『増補華夷通商考』が出された。『華夷通商考』として広く知られるのは後者である。

彼はまず、一・二巻で「中華一五省」について記述したのち、三―五巻で他の各国をとりあげている。三巻冒頭の概説では、諸国を「外国」と「外夷」に大別している。前者には朝鮮、琉球、台湾、東京《トンキン》、交趾《コーチ》が挙げられ、「唐土の外たりと云いえども、中華の命に従ひ、中華の文字を用、三教通達の國也」とされ、今日流にいえば東アジア文化圏に属する国々である。対する後者はそれ以外の文化圏に属する国々というわけで、「唐土と差ひて皆横文字の國也」とある。そのうち日本(長崎)に入港している国として一一か国(チャンパー、カンボジア、パタニ、モルッカ、シャム、マラッカ、ムガール、ジャカルタ、ジャワ、バンタン、オランダ)が挙げられ、さらに、オランダを通じて産物がもたらされる国々が三一か国挙げられた上で、日本への入港が禁じられている

「御禁制の國」として、マカオ、ルソン、「イスハニヤ（カステラ、ホルトガル）」、イギリスが挙げられている。[10] このように、如見はいわゆる「華夷秩序」を援用しつつ、日本（具体的には彼のフィールドである長崎）への入港、通商の有無に着目しながら世界を説明している。『華夷通商考』と題するゆえんである。その一方で、二・三巻の間に「地球万国覧之図」と題した、日本近海の太平洋を中心に置いた世界地図を挿入、アジア、ヨーロッパ、リミア（アフリカ）、北アメリカ、南アメリカ、メガラニカ（南方に想定された未知の大陸）の六大陸から成る世界像を紹介している。[11]

以下、スペインを中心に関連記事を見ていく。[12]

まず、「イスパニヤ」の項目では、この地名がポルトガルとカスティーリャの両国を

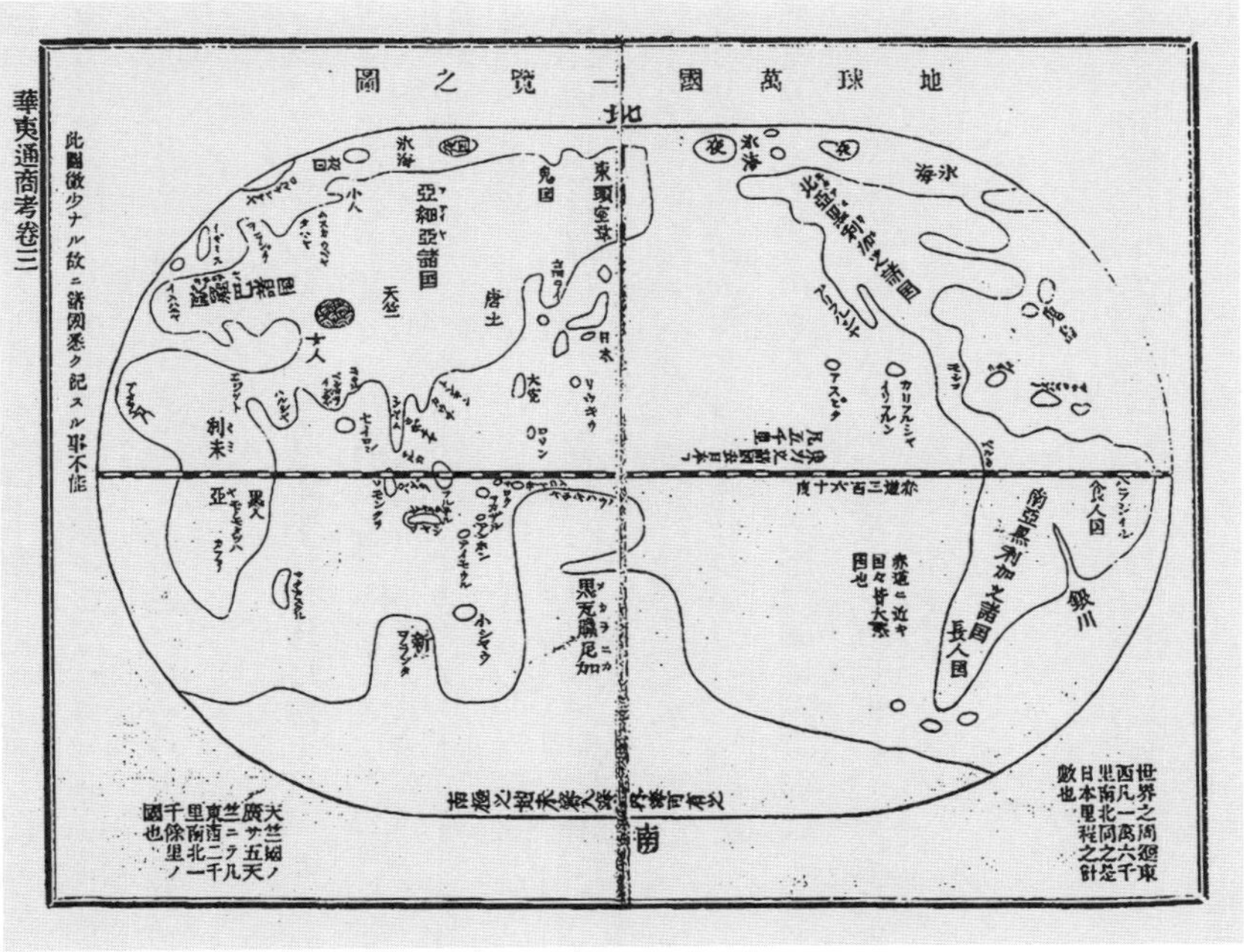

❖『華夷通商考』に掲載された万国地図。日本付近の子午線を中心に、メルカトル図法で6大陸が描かれている。

含めた呼称とされ、かつ、「南蛮国」とはこの両国のことであるとされる。日本から見れば西方にある両国が「南蛮」と称されるのは、これらの国がマカオ、マニラ等東南アジアに拠点を築いたためで、単に南方から来航したためではない——その点は同様の国が他にもある——と論じられる。人種的にはオランダに共通しているとされている。

ローマ属州ヒスパニアHispania(ロマンス語読みイスパニア)の領域はイベリア半島全体におよび、のちのポルトガルの領域も当然含まれていた。一五世紀末以降、半島の大部分に君臨した王権を「スペイン王」とよぶことも普及してきたが、ポルトガルを含めたイベリア諸国の総体——ポルトガルとカスティーリャ、アラゴン等が同列に理解される——を「イスパニア」とする発想も根強く存在した。実際一五八〇—一六四〇年にはスペイン王がポルトガルにも、すなわち「イスパニア」全土に君臨したのであり、江戸期の地理情報にも、このような考えに立った記述がたびたび見られる。

マカオ——広東の南、日本から海路九〇〇里あまりで、南蛮人がすむとされる。

ルソン——台湾の南、日本から海路八〇〇里あまりのところにある。住民が内発的に国家形成することのないまま、いつとなく南蛮人の植民するところとなった。気候は暖かく、住民の民度は低い。周辺に無数の島々がある。

❖新井白石とスペイン

一七〇八年、イタリア・シチリア出身のカトリック司祭ジョヴァンニ・バッチスタ・シドッティ(一六六八—一七一四)がマニラから日本への渡航を企て、屋久島に上陸。ほどなく捕えられて江戸に送られ、新井白石の尋問を受けるところとなった。

白石がこの尋問にその後の考察を加えて執筆したのが『西洋紀聞』である。同書は上巻――シドッティが上陸して捕えられ、白石を含む幕府の取り調べを受け、その後　江戸のキリシタン牢で死去するまでの経緯・中巻――「五大州」の地誌、最近のヨーロッパ情勢（スペイン継承戦争）・下巻――諸宗教とくにキリスト教論（その教義への反論）からなっている。とくに下巻がキリシタン記事を多く含むことに、白石自身がおもんぱかったため、彼の死後長く日の目を見ず、幕末になってようやく多くの人の知るところとなったが、ともかくも同書は、鎖国下の日本人がヨーロッパ人から直接情報を摂取し、これに既存の知識を加えて体系的な海外理解を試みた名著である。

そのうち中巻では、ヨーロッパについて述べた箇所が、まずシドッティからの聞き書きらしく、教皇庁の所在地であるローマの記事にはじまり、ついでヨーロッパを西から順に概観。最初にポルトガル、次にスペインについて述べられている。ポルトガルのくだりでは、かつてこの国が日本に来航した「南蛮国」に他ならないことはもとより、一時スペイン王が六〇年にわたり（一五八〇―一六四〇年）同国の王位についていたことにも言及されている。また、ポルトガル船の来航とともにわが国に「天主の教」が伝わったこと、天文年間に「フランシスクス・サベイリウス」（フランシスコ・ザビエル）が豊後（実際は薩摩）に来航したのがその端緒であると述べられている。[13]

続くスペインについては、「ポルトガル・フランスイヤ等と、地を接て、其属国一八あり。またソイデ・アメリカ（南米）の地を併せて、新たに国を開き、ノーワ・イスパニヤ（ヌエバ・エスパーニャ）と号す。（中略）また、アジア地方、ロクソン（ルソン）をも、併せ得たりといふ」とある。そのうえで、慶長年間にルソン、ヌエバ・

エスパーニャ経由で交易がはじまったが、寛永一(一六二四)年の春に関係は断たれた、としている。またスペインの中核的地域であるカスティーリャについて、「イスパニアの東南にありて、共にこれ与国也といふ」としている。またザビエルを「此国の人也しといふ」としている。▼14

中巻の最後を占めるスペイン継承戦争記事では、一七〇〇年に没したカルロス二世を「イノセンチウス・トーデシムス」と、同時代の教皇インノケンティウス一二世(在位一六九一―一七〇〇)と取り違えているものの(宣教師シドッティ経由の情報ゆえであろう)、「フランスヤの君(ルイ一四世)の孫」フィリップ、すなわち「ピリイフス・クイントス」(フェリペ五世)が即位するものの、「ゼルマニアの君の第二の子」「カアロルス・テルチウス」(ハプスブルク家のカール大公。「カルロス三世」を名乗る)を推す一派との対立が生じ、その後ヨーロッパ各国を巻き込んだ国際戦争に発展していった過程が的確におさえられている。▼15

『西洋紀聞』が長く人々の目に触れなかったのに対し、白石がシドッティとの問答をきっかけに著したもう一つの書『采覧異言《さいらんいげん》』は、日本初の体系的な世界地理書として早くから高く評価され、その知識も共有された。『采覧異言』ではまずスペインについて、ヨーロッパ西方の大国であり、約一八か国を従え、大いに繁栄し、勢いをかって北アメリカ(「ノバイスパニア」または「新伊斯把你亜」)を開拓し、ついにはフィリピンにまで到達した。住民はことごとく「天教」の信者である、としている。これにポルトガルについての記事が続き、それに続いて、スペイン諸地域のうち、アンダルシア、グラナダ、カスティーリャ、ナバラについての記事が並ぶ。西川如見と同様、「イスパニヤ」をポルトガルも含めたイベリア全体の意味に使っている可能性がある(『西洋紀聞』とはポルトガルの位置づけが異なる)。なおポルトガルについては、セバスティアン王が世継ぎを残さず死去したため、縁続きのスペイン王が六〇年にわたり君臨したこと、初めて来日した「西番」(西洋人)であり、ザビエル来航や長崎の開港につながったこと、天正年間に豊後から使者が送られたこと、等が述べられている。

アンダルシアについては、ポルトガルの東、地中海に面した国で、習俗はポルトガルに共通し、アメリカ州にも領土を有すると述べられている。グラナダはアンダルシアの東方、地中海に面した富強の国とされ、アメリカにも領土を有すると述べられている。

❖『訂正増訳采覧異言』に掲載されたヨーロッパ西部の地図(部分)。西ヨーロッパ7国(ポルトガル、スペイン、フランス、イタリア、ドイツ、スイス)地図の左側部分。

カスティーリャはスペイン南部の国とされ、シドッティの言うところによれば、ザビエルはこの国の出身であるという。最後にナバラについて、北は大洋、南はスペインに面した小国とされる。寛永年間（一九三六年）に来航した、同地出身の「マルセイロ」なる宣教師についての言及がある。[16]

❖『泰西輿地図説』

『西洋紀聞』から七〇年あまりをへた一七八九年、丹波福知山藩主で、蘭学に造詣の深かった朽木昌綱《くつきまさつな》は、オランダ地理書からの訳出をもとに『泰西輿地図説《たいせいよちずせつ》』を編集・出版した。同書では巻之三でスペインが扱われ、以下の項目をたててスペインを紹介している。地名人名などはオランダ語の影響を受けている。[17]

「濱海」（周辺海域）――北に「ビスカアイセ」、ラテン語で「カンタビリクユム」（カンタブリア海）、南に「ミツテルランドセ」（地中海）があり、「アトランチセ海（大西洋）」から地中海への入り口は、「ギブラルタルノ出崎」とセウタの間、「其の間ワヅカニ三里本朝の凡六里」とある。

「隣界」（陸上の国境）――東を「「ペレ子イセ」ト云ヘル大山（ピレネー山脈）」でフランスと、西は「大河」でポルトガルと接する。ただ後者については、スペインからポルトガルへは自然の障壁がなく交通が容易で、しばしばスペイン側からの侵入を受け、ポルトガル人の反感を買っているとある。

「幅員」――東西・南北ともに「一五〇里我方の三〇〇里」とある。

「諸川」――主要河川として、「タギユス」または「タヨ」（タホ川）、「シユリユス」または「ドウロ」（ドゥエロ川）、「アナス」または「ギユアジヤナ」（グアディアナ川）、「バチス」または「ギユダルクヱイヒル」（グアダルキビル川）、「イヘリユス」またはエブロ川に言及されている。各々ラテン語名と現在の地名が併記されている。

「風土」――気候は温暖で様々な果物を産し、とくにオリーブ、柑橘類、麻の生産が盛んである。ただ人口密度は希薄で、とくに西北部は荒蕪地が多い。したがって住民は、本国の土地改良に努めるより外に新天地を求める気風が強く、四大州に広大な領土を得るにいたったという。またしばしば宣教師が、各地で領土拡張の露払いとなったとされる。さらにスペイン継承戦争が起き、「ヲイトレキトの和睦」(ユトレヒト条約)の結果「ヒリピユス」(フェリペ五世)が君臨するにいたった経緯が紹介されている。

「分州」(地域区分)は以下のように分けて諸地域を紹介している。❶北方沿岸(「ガツリシヤ」、「アスチユリヤ」「ピスカヤ」)、❷西部、ポルトガルとの国境沿い(「レヲン」「エステレマジユラ」「カステルラ、ペチユス(旧カスティーリャ)」)、❸中央部(「ニイウウェ、カスチリイン(新カスティーリャ)」)、❹東部、フランスとの国境沿い(「ナハツラ」「アラゴニア」「カタロニヤ」)、❺南部地中海岸(バレンシア、「アンダリユシヤ」、「ガラナダ(グラナダ)」、「ミユルシア(ムルシア)」)、❻地中海内の諸島(バレアレス)。

「属国」は以下のように分けて紹介されている。❶ヨーロッパ内(「ナアペルス(ナポリ)」「シシリイン(シチリア)」「サヲイエン(サヴォイア)」、マルタ、「バルギクユム、ヒスパニクユム」または「ヒスパニヤ、子デルランデン(スペイン領ベルギー)」)、❷アフリカ(セウタ、カナリア)、❸(「ヒリピインセ(フィリピン)」または「リユソン(ルソン)」、「ラドロニセ(ラドロン)」諸島、「サロモニセ(ソロモン)」諸島)、❹アメリカ(当該箇所で詳述)。

❖『訂正増訳采覧異言』

山村才助《やまむらさいすけ》(一七七〇―一八〇七)は、土浦藩士の子として江戸に生まれた。一九歳で蘭学者大槻玄沢に師事、早くからその才能を認められ、玄沢の弟子四天王の一人に数えられた。彼が洋学を志したそもそものきっかけが白石の『采覧異言』を読んだことであり、その意味では、一八〇二年に書きあげられた『訂正増訳采覧異言』は彼の原点ともライフワークともいえるものであった。同書は当時から評判が高く、一八〇四年には幕府に献上されている。その後幕命によりロシアについての訳書『魯西亜国志《ろしあこくし》』『魯西亜国志世紀』を著すなどしたが、三七歳の若さで亡くなった。

『訂正増訳采覧異言』は書名の通り、白石の文とそれに対する「訂正」次いで「増訳」で構成されている。事項ごとに白石の原文(漢文)を掲載し、これに「昌永(才助の名)按スルニ」で始まる文で、現在(才助の時代)の知識・情報に照らして、適宜注釈と修正が加えられる。次いで「増訳」に始まる個所で、当該地に関する詳細な地理情報が紹介されている。スペイン関連記事に対応した個所の記述は以下のとおりである。▼18

スペイン——原文への注釈では、同地のラテン語名「ヒスパニア」の「ヒ」は「喉音(h音)」であって「唇音(f音)」ではないと説かれる。古く日本語のハ行音はf音に近く、一六世紀のヨーロッパ人は平戸をFirando、羽柴をFaxibaと音写しており、日本語の音韻学上も興味深い記述である。「一八国」とされるスペインの「属国」はヨーロッパ内に一四あり、地中海のいくつかの島を支配下におくほか、アジア・アフリカ・アメリカの三大州に領土を持つ。とくにアメリカ州の領土が最も多い、とされる。「増訳」では以下の事が述べられる。スペインはヨーロッパの西端に位置する。先住民はアジアから渡来したと言われる。三方が海に面し、北はピレネーをはさんでフランスと隣接している。気候は温暖で土地は肥沃、オリーブ、イチジク、ブドウ、かんきつ類、その他の果物、香草に恵まれ、美酒も産する。国内は一二の行政区画に分けられ、行政長官が任命される。海外にも多くの領土を持ち、ここでも多くの官吏が任命され、通常の統治は彼らに委ねられ、重要事項については本国にはかられる。大司教座が一〇、司教座が五〇あまり置かれている。「イスパニア」は本来、カスティーリャ、アラゴン、ポルトガルの三王国があるが、このうちポルトガルは中世から別国となり、残るカスティーリャとアラゴンは一四七四年に連合した（イサベルのカスティーリャ即位の年）。国内には一四地方がある。すなわち、ガリシア、アストゥリアス、ビスカヤ、ナバラ、アラゴン、カタルーニャ、バレンシア、ムルシア、アンダルシア、グラナダ、新カスティーリャ、エストゥレマドゥラ、旧カスティーリャ、レオンである。かつてはヨーロッパ屈指の大国であったが、オランダ、フランスとの戦争で疲弊し、カルロス二世に世継ぎがなかったため、その没後フランス王ルイ一四世の孫、アンジュー公フィリップがフェリペ五世として即位するが、神聖ローマ皇帝レオポルドは息子カール大公の継承権を主張、一七〇三年ウイーンにて「カルロス三世」として即位、ここに両陣営の間に戦争が開始した。

ポルトガル——原文への注釈では、「ポルトガル」の音韻解釈、古名が「リユシタニア」であること、セバスティアン王の死とスペイン王による統治の経緯についての典拠の補足がされている。「増訳」では以下の事が述べられている。ポルトガルはカスティーリャ、アラゴンとならぶ「イスパニア」の三大国の一つで、その最西端に位置する。ヨーロッパの中でも歴史の古い王国の一つである。西は大西洋に面し、南も海に面する。東はスペインのエストゥレマドゥラとレオン、東南は同じくアンダルシア、北はガリシアに接する。ポルトガル本国は、狭義のポルトガルと、南部の一国アルガルヴェ（事実上はポルトガルの一地方）から成る。前者は、アレンテージョ、エストゥレマドゥラ、ベイラ、エントレ・ドウロ・エ・ミーニョ、トラゾス・モンテスの五地方から成る。三つの大司教座、一〇の司教座がある。アフリカのギニア、アメリカ州のブラジル、またインド方面にも領土を持ち、交易の拠点としている。その利益は、年額二〇〇万ドゥカードにおよび、国は栄えている。山地が多いが、良質な牧地があり、土地も豊かで、ワイン、オリーブ油、その他の品を産する。

首都はリスボンで、テージョ河畔にあり、美しく賑やかな町である。

本来スペインの一部であったが、中世には独立した一国となった。ポルトガル人は、自国は「エンリケで興り、アフォンソで尊く、マヌエルで繁栄した」という。だがセバスティアン王は世継ぎを残さず没し、一五八〇年にスペイン王フェリペ二世が母方の縁でポルトガル王位を継承。スペインともどもオランダ勢力と対決し、海外領土の多くを失った。一六四〇年に至り、ブラガンサ公が即位して再独立。スペインの政治混乱も幸いして国力を回復した。

アンダルシア――原文への注釈では、アメリカ州の「ヌエバ・アンダルシア」について、スペイン領の一角に、やはりスペインの一地方であるアンダルシアにちなんだ地名がつけられたのであって、白石が言うようにアンダルシアという国が独自に海外領土をもったわけではないとされる。「増訳」では以下の事が述べられている。スペイン内の一国であり、その中でもカスティーリャ王国に属する。西はポルトガル、北は新カスティーリャ、東はムルシアとバレンシア、南はグラナダとジブラルタルに接する。険しい山地が多いが、気候が温暖、作物が豊富なことはスペイン随一である。金・銀・水銀の鉱物、また名馬の産地として知られる。コルドバ、セビーリャ、メディナ・シドニア、カディスの四地方に分かれる。セビーリャ市はグアダルキビル河畔の大都市で、アメリカとの間に船が出入りし、金銀の取引を一手に引き受けて繁栄し、宮殿、大寺院など豪奢な建物が林立する。

グラナダ――原文への注釈では、地名がガリシアと混同されがちなこと、また「ヌエバ・グラナダ」は地名が由来しているにすぎないとされている。「増訳」では以下の事が述べられている。西・北はアンダルシア、東はムルシア、南は地中海に接する。山がちの地形であるが作物は豊富であり、絹織物、絨毯は特産品。温泉が多く、湯治客を集めている。「主郡」（グラナダ市）は、❶「大寺観」（大聖堂）、❷「王者の宮殿」である「亜尓杭勃剌《アルハンブラ》」、❸丘の上、「黒人所居ノ府」である「亜尓抜乙心《アルバイシン》」、❹平地の「諳低格魯蝋《アンチクユリユラ》」の四地区に大別される、などと書かれている。❷ではグラナダ征服の顚末も紹介されている。

カスティーリャ――原文への注釈では、スペイン南部に位置することが訂正され、中央部に位置する国とされている。「増訳」では以下の事が述べられている。スペイン第一の王国にして国王が居を構える。北はアストゥリアスとビスカヤに、東はナバラ、アラゴン、バレンシアに、南はムルシアとアンダルシアに、西はレオンとポルトガルに接する。山地が多いが、良質の羊毛と毛織物を産する。中央部の山脈を境に北を旧カスティーリャ、南を新カスティーリャと称する。旧カスティーリャの都はブルゴスで、他に有力都市としてはバリャドリードがあり、またサラマンカにはスペイン随一の大学がある。一方新カスティーリャの都はタホ河畔のトレドで、マドリードに次ぐ繁栄を誇り、建物は美しく、城塞も堅固である。その北にはマドリードがあり、国王が恒常的に宮殿を構えている。その近くにはエスコリアル宮とサン・ロレンソ修道院がある。マドリードはマンサナーレス河畔の都市で、新旧二重の城壁に囲まれ、パリには及ばないもののスペイン随一の都市である。マンサナーレス川は夏場には水量が減り、歩いて渡れるほどである。王宮は高台にあり、郊外には「ブエン・レティーロ」とよばれる一角があり、美しい場所である。

ナバラ――原文への注釈では、事実上スペインを構成する一四地域の一つであり一国ではないと述べられている。「増訳」では、「ナバラ王国」と「低地ナバラ」が区別され、スペイン王権下の地域は前者で、南はアラゴン、西は旧カスティーリャ、北はビスカヤ、東はピレネー山脈に接するとされる。パンプローナ、エステーリャ、オリテ、トゥデラ、サングエサの五地方に分かれる。スペイン王は、在地の有力者層から国王の代理人を任命し、統治にあたらせている。後者はフランス王の統治下にあり、ガスコーニュ地方に組み込まれている。

❖大槻玄沢と慶長使節関連資料

一八一二(文化九)年、山村才助の師でもある蘭学者大槻玄沢(一七五七―一八二七)は、仙台城下の評定所で、伊達家が秘蔵していた慶長遺欧使節の関連資料三〇数点を観覧した。使節の出港からはや二〇〇年が経過していた。玄沢が慶長使節関連資料の閲覧にあずかれたのは、彼が当時すでに高名な蘭学者であっただけでなく、奥州一関出身であり、仙台藩の江戸詰医師として仕えていたためでもあった。

彼が慶長使節関連資料を観察した記録は、著書『金城秘韞《きんじょうひうん》』に書かれている。同書は上下二部構成で、まず上巻では藩政記録にあたって、使節派遣の事実関係についての確認と検討がおこなわれている。「楚天呂《そてろ》」と「志如呂《しによろ》」(señor＝ビスカイノ)なる南蛮人が伊達政宗に謁見、ついで支倉常長らが「楚天呂」の手引きで南蛮国を訪れ、国王と「波亜波《はあは》」(papa＝ローマ教皇)に謁見した記事を確認している。玄沢は彼の時代の地理学の知識に照らして、南蛮とは当時ゴア、マカオ、マニラから来航していた人々の故国、すなわちスペインおよびポルトガル、あるいはキリシタンの都ローマにあたるとしているが、使節の行き先(スペイン)までは特定していない。[▼19]

下巻では、使節遺品の紹介と所見が述べられている。閲覧は評定所内で一日だけ、二時間ほどにかぎられたものであった。遺品は大別して、「天帝像」(実際はマリア像)、支倉肖像などの絵画資料、司祭のガウン、俗人のマント、シャツなどの服飾資料、馬具、ロザリオや受難節の苦行用の鞭といったキリスト教関係の道具である。また、現在は支倉へのローマ市民権証書として知られる羊皮紙の文書にも接し、「ハセクラロクエモン」の文字を確認しているが、玄沢にラテン語の心得がなかったため、内容の詳細は不明としている。[20]
キリシタンに関する遺物のあつかいが緊張感をともなうものであったには違いないが、玄沢の筆致には、キリシタンの切迫した脅威の意識は感じられず、今日でいう美術品・文化財鑑賞のコメントに通じる「珍奇の遺品」に対する感嘆、また伊達政宗の南蛮国への使節派遣という偉業を称賛する気分が感じられる。

3 江戸時代のスペインへの関心・無関心

以上、本章では関係が断絶していた時期のスペインに関する情報摂取・認識についての事例を見てきた。一面、それはスペインというフィルターを通してみた江戸期日本人の対外観の歩みともいえ、以下の三局面にまとめられる。

❶一六世紀半ば、日本人はヨーロッパ人と接し、仏教的三国観（本朝・唐・天竺）あるいは中華的世界観の外の世界に触れたわけであるが、彼らの存在は伝統的世界観の外延部、すなわち前者の「天竺」、後者の「南蛮」に接続されて理解された。とくに当局者にとっては、経験可能な世界の周縁にあたる南海の地点（「プラットホーム」）から来航してくる「南蛮船」、それとともに伝わる「キリシタン」の脅威が主な関心の対象であった。スペインはポルトガルとともに、こうした「脅威ゆえの関心」の中核をなす存在であったのはいうまでもない。鎖国開始からおおむね一七世紀後半までの時期は、基本的にこうした理解の延長線上にあると言っていい。

❷一七世紀末—一八世紀末の時期には、オランダの対日関係における地位も安定し、そのオランダに影響を与えるヨーロッパの動きが当局の関心を引いた。スペインはこうした文脈で、ひきつづき重要な存在であると認識されたのである。幕府当局の対外政策は依然として「華夷秩序」を基本にしたものであったが、世界認識については、中国とオランダからの情報にもとづき、「五大州」からなる「万国」という理解が普及した。いわば同心円的、遠近法的世界観から俯瞰的世界観への転換である。スペインはその五大州の中のヨーロッパの一国として定義しなおされた。対外関係の相対的な安定も手伝い、スペインを含むヨーロッパの地理情報は知的好奇心の対象となり、蘭学の普及とともにその精度も増したが、スペインについては切実な脅威感が薄れた分、関心が平板なものになった感は否めない。

❸一九世紀にはいると、イギリス、ロシアといった国々が日本近海に登場。異国警護への危機感と各国情勢への関心が急速に高まった。二〇世紀前の「南蛮・キリシタン国」の脅威に対して、「近代国家」のインパクトが迫る状況である。アヘン戦争はこうした傾向を決定的にした。と同時に、日本近海を騒がす西洋諸国の中にかつての南蛮国はもとより、長く付き合ってきたオランダも後景に退いていることにも気づいた。一九世紀のスペインが近代化に苦闘し、幕末明治の日本人に「富国」「強国」の一員とみなされなかったのは次章で見るとおりである。だがその認識につながる底流は、すでに江戸末期に形作られたといえる。

本章では、両国関係が断たれた二四〇年間を、相互の情報伝達・他者理解という観点から、日本側の受信・理解に注目して見てきた。だが「相互の情報伝達」といっても、実際には不均等な関係であることを最後に指摘したい。1〜3章であつかった時代、イベリア両国民によって日本の状況が、おびただしい文字情報として記録された。スペインはポルトガルとならんで、ヨーロッパ全体への日本情報発信源でもあった。これとは対照的に、日本人が「南蛮人」「バテレン」の動静、さらに彼らの故国について記録した例は、伴天連追放令などの実務的な文書をのぞけば非常に限られている。また、たとえば種子島への鉄砲伝来を伝える『鉄炮記』は一六〇六年、つまり出来事から六〇年以上たって書かれているのである。

本章であつかった時代、スペイン側での日本情報はどうだったのであろうか。スペイン人宣教師の日本における殉教記事は、一七世紀を通じて、彼らの出身地の都市年代記をはじめ、さまざまな著作物に影響を与えた。だが一七世紀半ば以降日本情報の発信役はオランダにとって代わられ、スペインではリアルタイムの日本情報収集力、ひいては日本そのものへの関心が低下したことは否めない。一八世紀にフィリピンで活動したフランシスコ会宣教師M・オヤングレンは、一七三八年メキシコで出版した『日本文典』の序文で、日本が一世紀前に国を閉ざしたので、現時点での日本語の実情に即して編纂ができなかったことを弁明している。[21] 一八世紀の啓蒙主義の時代、ヨーロッパ各国ではE・ケンペルほかオランダ経由の日本情報が関心を呼んだ。当時のスペイン人が、こうした啓蒙期ヨーロッパの日本情報をどの程度共有したのか。今後解明が待たれるところである。

▼01——松方冬子『オランダ風説書』、一九六—九ページ。
▼02——松方冬子『オランダ風説書』、一三七—九ページ。
▼03——松方冬子『オランダ風説書』、一二七—九ページ。
▼04——『和蘭風説書集成』下、二一二ページ。
▼05——松方冬子『オランダ風説書』、一一〇—一一二ページ。
▼06——『和蘭風説書集成』上、二九一—五ページ。
▼07——「呂宋覚書」、八ページ。

▼08――「呂宋覚書」、六、八―九ページ。

▼09――「呂宋覚書」、一五ページ。

▼10――『日本水土考・水土解弁・増補華夷通商考』、一一三―四ページ。

▼11――『日本水土考・水土解弁・増補華夷通商考』、一一〇―一一一ページ。

▼12――『日本水土考・水土解弁・増補華夷通商考』、一六一―二ページ。

▼13――『西洋紀聞』、三三―三六ページ。

▼14――『西洋紀聞』、三六ページ。

▼15――『西洋紀聞』、五九―六三ページ。

▼16――『新井白石全集』四、八二二―四ページ。

▼17――『泰西輿地図説』、四九―八一ページ。

▼18――『訂正増訳采覧異言』上、三四五―四〇一ページ。

▼19――『金城秘韞』上、一七―一九ページ。

▼20――『金城秘韞』下、二―四ページ。

▼21――「オヤングレンの『日本文典』(一七三八年)」、二四四ページ。

第2部

近現代の交流史——遠いロマンの国

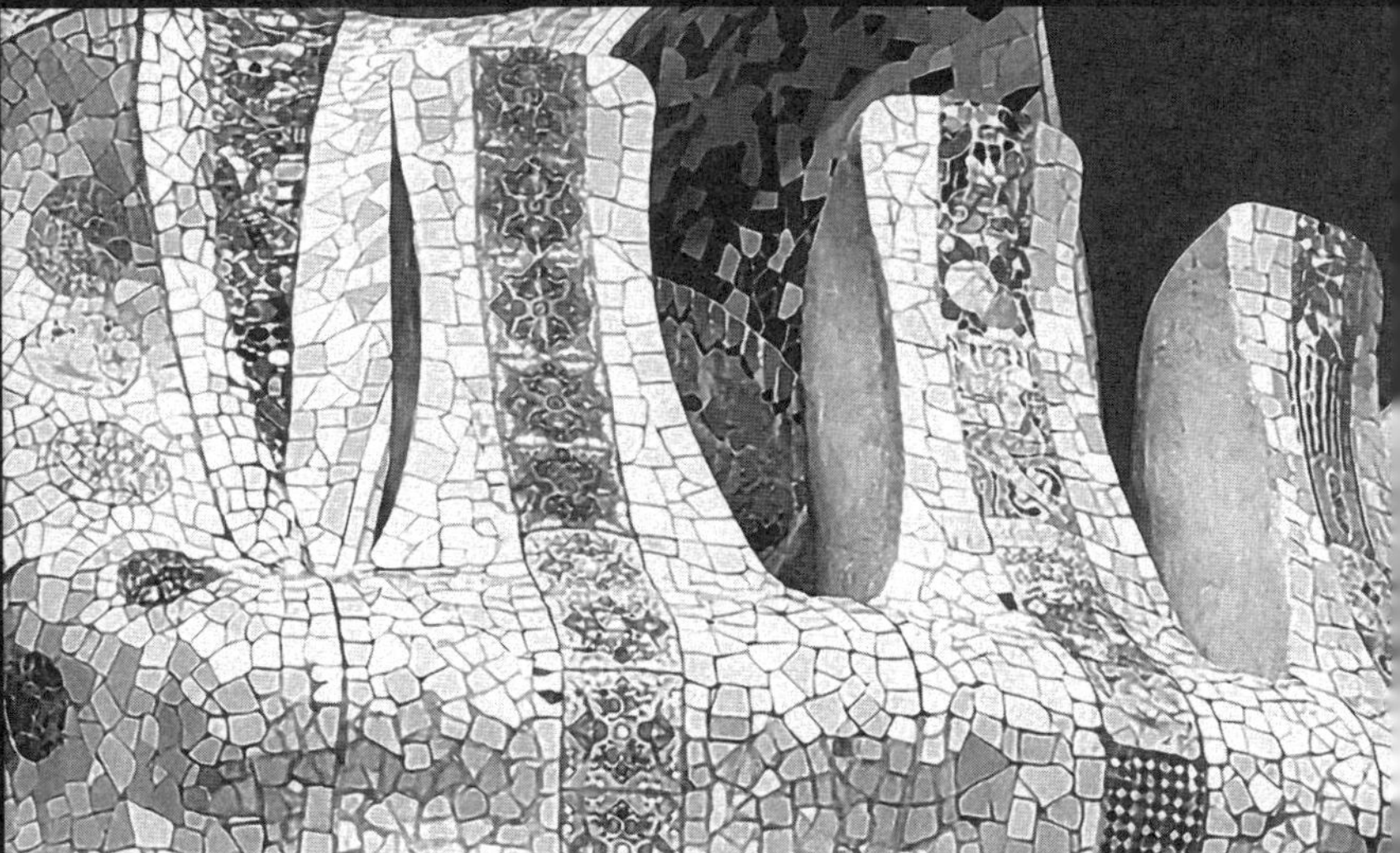

第5章 相互の「再発見」と交流の再開［幕末―明治］

近代において日本とスペインの関係が再開するのは、一九世紀後半のことである。

一九世紀前半、欧米列強は産業革命の道を歩み植民地拡大政策を進めていたが、日本は封建的支配体制のもとで、世界から孤立して科学技術の面で遅れをとっていた。しかし一九世紀半ばになると、外圧によって日本は門戸を開き、各国との通商条約締結を余儀なくされた。

一八五四年の日米和親条約締結をもって日本に開国の道が開かれ、一八五八年には米、蘭、露、英、仏との間に修好通商条約が締結された。いわゆる安政五箇国条約である。

その後、他のヨーロッパ諸国とも順次条約を結んだ。すなわち、ポルトガル（一八六〇年）、プロシア（一八六一年）、スイス（一八六四年）、ベルギーとイタリア（一八六六年）、デンマーク（一八六七年）と同じ通商条約を結んで国交を持つようになった。さらに明治政府になって、スウェーデンとスペイン（一八六八年）、ドイツ北部連邦（一八六九年）、オーストリア＝ハンガリー（一八六九年）とも同じく国交を結んだ。

一八六八年一一月一二日(明治元年九月二日)、スペイン・日本間で「大日本国西班牙国条約書」が調印された。調印式は当時まだ一都市であった神奈川でおこなわれ、スペイン側からは当時清国および安南王国の特命全権公使であったホセ・エリベルト・ガルシア・デ・ケベドが時の国王イサベル二世の名において調印し、日本側からは全権 東久世通禧《ひがしくぜみちとみ》外国官副知事、寺島宗則外国官判事、井関盛良外国官判事が明治天皇の名において調印した。こうして両国の間に外交が樹立されたのである。

新時代の幕開けは、明治時代を通じて加速度的に進展する近代化の原動力となり、日本に大きな変化をもたらした。欧米諸国から近代的な制度や技術を導入し、あらゆる分野にわたって改革を進めた。その結果、日本は政治・経済・社会・文化の諸分野で高度な発展を見せ、完全に変革を遂げた。陸海軍も刷新し、日清戦争および日露戦争で圧倒的な勝利を収め、またたく間に国際社会で確固たる地位を築いたのである。両戦争は世界に大きな衝撃を与え、欧米諸国は、この極東の新しい競争相手の出現に警戒しはじめた。▼01

一方、スペインはかつての栄光を失い、一九世紀はじめに中南米の植民地の大部分が独立し、アメリカではキューバとプエルトリコを、太平洋海域ではフィリピン、グアム、マリアナ・カロリン・パラオ諸島などを残すだけとなった。

一九世紀後半のスペインは、相つぐ戦争や戦乱のため、経済や政治の面で重大な危機に直面し、外交への配慮を向ける余裕などなく、あっても主な関心はキューバや北アフリカに向けられた。一八六八年、日本・スペイン修好通商条約の締結により、日本・スペイン間、とくに地理的な近さから日本・フィリピン間に緊密な関係が期待されたが、両国間の交流は活発化することはなかった。スペインの東アジア政策はもはや領土の拡大より領土をいかに維持するかにあった。そんな中で日本が極東において拡大路線をとったことから、スペインは日本に対して脅威を感じていた。しかし、一八九五(明治二八)年に「国境確定ニ関スル日西共同宣言」が締結され、日本がスペイン植民地をはっきり認知したことで懸念が解消され、これを境に両国の友好関係が維持された。

それから三年後の一八九八(明治三一)年に米西戦争に敗北した結果、スペインはパリ条約に調印し、これによりフィリピン、マリアナ諸島、カロリン諸島の支配権を失った。極東におけるスペインの直接的存在が消滅したため、一九三六(昭和一一)年のスペイン内戦勃発まで、日西関係は希薄になった。

1 帝国日本芸人一座のスペイン巡業

❖「広八日記」の発見

森林太郎(森鷗外)は、画家吉田博が一九一〇(明治四三)年に上梓した『写生旅行——魔宮殿見聞記』の「序」の中でこう伝えている。

> 世間に洋行する人は多いが、大抵科学の新しく研究せられている国へ往くので、西班牙へは足が向かない。流石画家のうちには僕の知っている丈でも、白馬会の久米桂一郎君や此吉田君のやうに、ベラスケスの本国に往ってみた人がいる。▼02

明治時代、多数の留学生が欧米に派遣されたが、ほぼ全員が先進工業国に新しいものを学びにいった。スペインに留学したのは後述する村上直次郎一人だけであった。それでも、久米桂一郎（画家）や吉田博（画家）に加えて、高野広八一座（曲芸人）、湯浅一郎（画家）、鎌田栄吉（教育者）、川上音次郎（男優）、貞奴（女優）ら、画家を中心にスペインを訪問している。

これら日本人の中で開国後にスペインを訪れた最初の日本人は、高野広八ら一八人の民間人であり、条約締結を四か月後に控えた一八六八年七月（慶応四年六月）のことであった。

一八四八年から六三年にかけて、日本では軽業界が全盛期を迎える。一八五九年に横浜、長崎、函館の開港によって日本は鎖国から開放され、西洋の軽業・曲芸一座が横浜に到着し、これが契機となって日本からも曲芸師が欧米の巡業に旅立つようになる。

後見人高野《たかの》広八《ひろはち》（一八二二―九〇）の率いる帝国日本芸人一座一七人（下は九歳から上は三八歳まで）は、一八六六年一〇月二九日、横浜沖に停泊中のイギリスの三本マストの帆船「アーチボール号」に乗り込んで横浜を出帆し、アメリカに向かった。以来、一座は、一八六九年二月に帰国するまでの二年有余のあいだ、アメリカ、イギリス、フランス、オランダ、スペイン、ポルトガルを巡業し、アメリカ経由で帰国の途に就く。

帝国日本芸人一座の海外巡業は、合計八五〇日に及んだ。驚くべきは、後見人の高野が旅行中、一日も欠かさずに日記をしたためていたことだ。しかしながら、広八の日記は、じつに一世紀もの間世に埋もれていた。しかし長野県飯野町で機業を営む子孫の高野光次郎一家で、義母のタカさんは広八の曽孫に当たるが、そのタカさんが「広八日記」を大切に保存していたのであった。このため、日記は飯野町に残ることになった。この日記の存在がわかってから、飯野史談会では会長の伊藤安之助、会員の阿部貞吉らが、日記をなんとかして世に出そうと苦心して、一九七七（昭和五二）年に『広八日記――幕末の曲芸団海外巡業記録』としてようやく活字となって日の目を見ることができたのである。

一座はワシントンではホワイト・ハウスに第一七代大統領アンドリュー・ジョンソン（一八〇八―七五）を訪れて謁見を受けたり、またパリでは第二回万国博覧会に幕府が代表使節として派遣した一五代将軍慶喜の弟・徳川昭武（一八五三―一九一〇）から祝儀として五〇両もの大金を下賜されるなど、彼らの軽業、曲芸は米欧各地で喝采を浴びたのであった。

❖帝国日本芸人一座スペイン到着

一八六八年六月一日、一座はロンドン興行を終え、一度パリに戻り、ここで一泊した後、一八六八年六月五日、午前一一時、蒸気機関車でパリを立ち、次の興行地であるスペインの首都マドリードに向かった。パリからまずスペインの国境イルンに到着し、イルンからサン・セバスティアン、ブルゴス、バリャドリードを経てマドリードに到着する。両国の修好通商条約の締結まで三か月を残していたが、特に入国で問題が生じた様子もなく、一座は無事、首都に到着してここで六〇日間滞在した。その後、バルセロナに一六〇日、バレンシアに二五日、そしてセビーリャに一五日間滞在した後、海路よりポルトガルに向かっている。興行日数は合計六〇日。この内、「大入り」が二六日、「中入り」が四二日であった。海外巡業六か国のうち、スペインでの成績がもっとも振るわなかったようだ。

一座が興行をうった会場には、スペインらしく昼間は闘牛場が、また夜は劇場が使われた。慶長遣欧使節の訪問からおよそ四〇〇年を経て東洋の孤島から再びやってきた日本人というだけでもの珍しかったが、その日本人が珍奇な服装にちょんまげ姿で演じる足芸、手品、曲コマの演技は、スペイン人にとってエキゾチック以外のなにものでもなかったことは想像に難くない。しかし昼間の闘牛場での興行は単独ではなく外国人のサーカスとの相乗り興行であり、二万人に及ぶ大観衆に迎えられての興行では地味な日本人の軽業芸がはたしてどの程度評価されたか定かでない。

高野がスペイン滞在中にしたためた日記は、極めて簡単な内容である。そんな中で、二つの点だけには多くのスペースが割かれている。一つは、後にスペインの国技として知られるようになる闘牛についてである。高野は闘牛に関心を抱いていたようで、巡業先では必ず闘牛場に足を運んでいる。しかし、スペインの闘牛は日本のそれと違って、人と牛との殺し合いであり、加えて牛は必ず死ぬ運命にあるところから、高野は闘牛を「牛殺し」と呼んでいる。

今一つは、バレンシア滞在中に一座が巻き込まれた騒乱についてである。

一九世紀のスペインというと革命と反革命の時代であり、反乱や暴動、政治的陰謀やクーデターがほとんど間断なく起こっている。一八六八年九月一九日のこと、進歩派のプリム将軍はトポーテ海軍少尉とともに軍港カディスにおいてマドリード政府に対してクーデターを宣言して、時の女王イサベル二世（在位一八三三―六八年）の退位を要求したのであった。そしてその戦いの余波は翌日、一座の滞在するバレンシアにまで及んだのである。

高野はその時の様子を「広八日記」の中でこう伝えている。

――九月二〇日　この国ニて、大いくさ（戦争）はじまり、馬車、上き車、上き船、つうよふ（通用）とまり、道つようなしと相成り、興行休む。この夜、国くずし（崩し）、石ひや（火矢）なにほどとしれずぶち立て、あふぜい（大勢）おしよせきたり、われわれ共、大さわぎニおどろくなり、わたぐしき（儀）がんびょう（眼病）ゆい、心をさため、壱人より処なくうちにいるんさり。▼03

結局、政府軍はコルドバ県アルコレアで敗北を喫して、バスク地方に滞在していたイサベル二世は九月三〇日、フランスに亡命した。これでおよそ一七〇年間続いたスペイン・ブルボン王朝はひとたび消滅する。この時のクーデターは、ほぼ無血のうちにイサベル二世の追放に成功したので、「名誉革命」と呼ばれる。

高野ら一座が異国でクーデターに巻き込まれている間に、日本では元号が明治に変わって新しい時代を迎えようとしていた。日本は明治維新を経て封建制から資本主義に移行し、西欧近代文明の導入によって、近代日本の基礎造りに成功する。一方、スペインはブルボン王朝の崩壊後「革命の一〇年」に突入し、イタリアからアマデオ一世（在位一八七〇―七三）を迎えて立憲君主制の再建を目指したり、共和政によって民主主義の定着を図ろうとするが、内乱につぐ内乱のために政権は安定せず、資本主義による発展も砂上の楼閣となり、ヨーロッパで最も遅れた国の一つになった。

2 岩倉具視使節団とスペイン

❖『特命全権大使米欧州回覧実記』刊行

それから三年後の一八七一年一二月二三日から七二年九月一三日までのほぼ一年一〇か月をかけて、団長の特命全権大使岩倉具視《いわくらともみ》(右大臣)、副使木戸孝允(参議)、大久保利通(大蔵卿)、伊藤博文(工部大輔)、山口尚芳(外務小輔)などをはじめとする明治新政府の中枢幹部合わせて四六名、津田梅子や山川捨松など四二名の留学生、さらに随従一五名の総勢一〇〇名を超す大使節団が、米欧一二か国(アメリカ、フランス、イギリス、ベルギー、オランダ、プロシア、ロシア、デンマーク、スウェーデン、オーストリア、イタリア、スイス)を歴訪視察している。使節団の目的は、❶友好国との関係の促進、❷不平等条約改正の予備交渉、❸日本の近代化を目的とした先進諸国の制度・文物の研究と調査の二点であった。

❖特命全権大使の岩倉具視と使節団のメンバー。左から木戸孝允、山口尚芳、岩倉、伊藤博文、大久保利通。

岩倉使節団の当初の計画では、フランスを訪問の後、時節が厳冬であったため、南方の温暖な国、すなわちスペインとポルトガルを歴訪して、その後ベルギーに向かう予定であった。ところが、前述のように、この年の二月一一日、イサベル二世のフランス亡命によってスペイン・ブルボン朝が消滅した後にイタリアから来てスペイン王に即位していたアマデオ一世は国内の政治的難局を収拾できない中で退位して、共和政が宣言されるという事件が発生した。そのため、急遽予定を変更して使節団はベルギーに向かうことになった。また、帰途、フランスに出て、ボルドーから船でポルトガルに赴く予定であったが、スイスに着いたとき日本から電報が届き、帰国を余儀なくされ、ポルトガル訪問もまた取りやめになった。

かくして使節団の訪問先は米欧一二か国になったが、帰国から五年後の一八七八年に、大使に随行した書記官・久米邦武《くめくにたけ》がまとめた『特命全権大使米欧州回覧実記』(全一〇〇巻、明治一一年、太政官発行、現在は岩波文庫、さらには現代語訳が出ている。以下「実記」)が刊行された。ここでは、スペインとポルトガルを含む計一四か国の自然、資源、民族、社会、政治、法制、経済、産業、技術、軍事事情、商業、貿易、教育、文化などの事情が詳細に記録されている。

❖スペイン情報

スペインとポルトガルは「実記」の第八八章で扱われている。その内容はスペインの歴史から筆を起こし、両国の人口、国民性、自然、水路、道路、鉄道、気候、果物、野菜、農産物、牧畜、興業、製造業、貿易、教育、宗教と実に多岐に及んでいる。これをまとめるにあたって久米が使用した文献については残念ながら詳らかにされていないが、「両国については状況を聞き集めて、おおよそのことを記述しておく」と述べていることから、米欧の旅行中に読んだり聞いたりしたものをまとめたものと推測される。当時、日本におけるスペイン情報といえばきわめて乏しく、これだけ詳細なスペイン情報は当分の間現われていない。当時としては画期的なスペイン情報であったといえよう。その意味で、久米のスペイン情報は、日本におけるスペイン学の曙ともいえるだろう。

スペインの当時の政治について、久米は次のように述べている。

一九世紀に入って欧州各国は文明の度を進め、市民生活も豊かに華やいだのだが、イスパニアだけは内乱につづく内乱のためまるで進歩が見られない。欧州人は忍耐深く、自らの利益や名誉になることを決して捨てたりしないのであるが、イスパニアの場合、国王としての富も名誉も捨てて退位したり辞退したりするものが五人にも達した。いかにこの国が難しい国であるかがわかるであろう。[04]

さらにスペインについては、人種と地勢さらには言語までもが多様であり、国民性については、スペイン人はだいたい興奮しやすく粗暴で、平気で危険を冒し、復讐心が強い。平生は音楽や舞踊を好み、気楽に暮すのが好きである。労働には手抜きが多く、努力したがらない。昼寝好きで怠け癖を直そうとせず、国民性がスペイン社会の停滞や貧しさの理由であるとも述べている。

また農産物は比較的豊かで、最大の利益をもたらしているものは葡萄酒である。養蚕、製糸業は欧州第二位、果物は欧州一である。しかし、工業あるいは貿易の面では遅れている。産業の発展には道路の整備が不可欠であるが、首都のマドリード近辺を除けば、悪路のままである。また教育は小学校の生徒総数が全人口の二%にすぎず、ヨーロッパではきわめて低い就学率である。この国の宗教は自由であるが、カトリックの僧が権力を握っており、国民はみな聖職者に欺かれ、その結果、国は貧しく、国民は怠惰になっているのだと言っている。

使節団はスペインとポルトガルを訪問できなかったが、「実記」には前述の通りイベリアの二か国を含む一四か国の報告がおこなわれている。これらの報告から、一四か国は文明度にしたがって以下のように分類されよう。かつて「陽の沈まない大帝国」と謳われたスペインはロシアと並んで、最下位におかれている。

文明度		国名
優等		ベルギー、オランダ、デンマーク、スウェーデン、スイス
中等	上	プロシア、フランス
	下	アメリカ合衆国、イギリス
劣等	上	オーストリア、イタリア、ポルトガル
	下	ロシア、スペイン

3 森鷗外とスペイン文学

❖ハムレットとドン・キホーテ

明治二〇年代は日本文学の一大変革エポックといわれる。ツルゲーネフの翻訳がロシア文学ブームを巻き起こしたからである。坪内逍遥や内村鑑三らがセルバンテスと『ドン・キホーテ』に注目する中で、一九〇六

（明治三九）年にはツルゲーネフの『ハムレットとドン・キホーテ』がロシア文学者・昇曙夢《のぼりしょむ》（一八七八―一九五八）によってはじめて翻訳・出版される。同年、朝永三十郎《ともながさんじゅうろう》は「ドン・キホーテ式とハムレット式」を、そして二年後の一九〇八（明治四一）年には長谷川天渓が「ハムレットとドン・キホーテとサンチョ・パンサ」を書いて、日本におけるドン・キホーテとハムレットとの比較研究が始まる。この時代なぜドン・キホーテとハムレットが話題になったのだろうか。比較文学者の蔵本邦夫はこう説明している。

そのことは上田敏はじめ、先に紹介した作家たち、そしてこの後の夏目漱石なども語ることですが、明治末、世紀末の青年たちの鬱屈した精神、自殺も多かったようですが、そんな時代の青年たちを論す意味で、一役かってもらおうと、ハムレットとドン・キホーテを援用したのです。ちなみに朝永三十郎は、日本人はドン・キホーテ型で、明治以降は維新を転換期として西洋の「飛び火」で、ハムレッ

EL INGENIOSO HIDALGO DON QVIXOTE DE LA MANCHA,
Compuesto por Miguel de Ceruantes Saauedra.
DIRIGIDO AL DVQVE DE BEIAR, Marques de Gibraleon, Conde de Benalcaçar, y Bañares, Vizconde de la Puebla de Alcozer, Señor de las villas de Capilla, Curiel, y Burguillos.
Año, 1605.
CON PRIVILEGIO, EN MADRID Por Iuan de la Cuesta.
Vendese en casa de Francisco de Robles, librero del Rey nro señor

❖ミゲル・デ・セルバンテスの小説『ドン・キホーテ』初版（1605年）。

❖自分を騎士と思い込んだアロンソ・キハーノ（ドン・キホーテ・デ・ラ・マンチャ）と彼の旅に同行する太鼓腹のサンチョ・パンサ。

ート型になったと言います。▼05

こうしてスペイン文学の紹介と翻訳はセルバンテスの作品を中心にはじまる。そんな中で、一八八二（明治一五）年九月にドイツから帰朝した鷗外は、カルデロン・デ・ラ・バルカの戯曲「サラメアの村長」を「音調《しらべは》高《たかし》洋筝《ギラルラ》一曲《のひとふし》」の題目で弟の三木竹二と訳出して、『読売新聞』に連載する。ペドロ・カルデロン・デ・ラ・バルカ（一六〇〇―八一）はスペイン黄金世紀を代表する三大劇作家の一人とされ、ロペ・デ・ベガ、ティルソ・デ・モリナとともに、後年ドイツ・ロマン派から高い評価を受けた。一二〇編にのぼるカルデロンの作品の中にはスペインの歴史・伝説をテーマにした作品があり、この種の作品の中では、「サラメアの村長」は最高傑作とされる。

❖鷗外とカルデロン・デ・ラ・バルカ

森鷗外は一八八四（明治一七）年から一八八八（明治二一）年までの足掛け五年間、陸軍省から国費留学生として、「陸軍衛生制度調査および軍隊生学研究」のためドイツ国へ派遣され、ベルリン、ライプチヒ、ドレスデン、ミュンヘン等の諸都市を遍歴する。この間、自身の研究に励む傍ら、「架上の洋書は已に百七十鶁余巻」と記しているように、書を通し広くヨーロッパ文化を学び、『ゲーテ

❖17世紀スペイン・バロックを代表する劇作家ペドロ・カルデロン・デ・ラ・バルカ（1600-1681）。

全集』やヨーハン・ペーター・エッカーマン著『その生涯の晩年におけるゲーテとの対話』などを通じて、鷗外はゲーテ、シラー、シェイクスピア、バイロン、モーツァルト、モリエール、カルデロンといった偉大な作家や芸術家の存在を知り、とくにドイツ文学の巨人ゲーテから多大な影響をうけることになる。

一九世紀から二〇世紀にかけて、日本ではセルバンテスが注目されるが、鷗外はスペインの劇作家カルデロンに注目した。その理由は、鷗外が留学したドイツではカルデロンの研究が一八世紀後半までさかのぼるほどの歴史があったからである。一八八一年にカルデロン没後二〇〇年を迎え、スペインでの記念行事がドイツでも報道されるなど、ドイツではカルデロンに対する関心がひときわ高まっていた時期であり、カルデロンの芝居が流行っており、ゲーテをはじめドイツ・ロマン派の詩人たちの賛仰の的となっていた。そんな環境の中で、いやがおうにも鷗外はカルデロンに対する興味を深めていったのである。

鷗外がスペイン文学と邂逅するのは、一八八五年一〇月一一日から翌年三月八日まで滞在したドレスデンでのことである。この地で南アメリカ出身でスペイン文学に通暁する人物と出会い、彼の影響でスペイン文学に関心を抱き、そんな中でカルデロンの作品と出合い、「サラメアの村長」を本で読み、またそれを劇でも観ている。加えて、スペイン語の学習も始めるほどであった。

❖『サラメアの村長』の翻訳

鷗外は一八八六年三月八日にドレスデンを後にしてミュンヘンに移り、ミュンヘン大学で研究に明け暮れる中で、『サラメアの村長』の翻訳を思いたつ。しかしながら研究の方が多忙で、訳稿は五、六枚で中断していた。翻訳が終わるのは帰国後のことであり、弟の三木の協力を得て二、三日で訳了したという。歌舞伎通の弟の協力によるものか、訳は歌舞伎調である。発表は、竹の舎主人（饗庭篁村）の奨めで、『読売新聞』紙上に掲載され、帰国の翌年の一八八九（明治二二）年一月三日より二月一四日まで続いた。題は「音調高洋箏一曲《しらべはたかしギタルラのひとふし》」（西班牙《いすぱにゃ》カルデロン、デ、ラ、バルカ作《さく》日本鷗外漁史、三木竹二同譯）となっている。

鷗外研究の第一人者小堀桂一郎は『森鷗外――日本はまだ普請中だ』のなかで、こう述べている。

明治二二年の一月に森の「小説論」及びスペインのカルデロンの戯曲『サラメアの村長』を弟の篤次郎＝三木竹二の協力を得て訳出した「調高矣《しらべはたかし》洋弦《ギタルラ》の一曲《ひとふし》」を読売新聞（連載の形で、且つ九日で一旦中断されたが）に発表したことは、彼の文壇への登場を世間に告げた記念的な出来事だった。当時雑誌『国民之友』を主宰し刊行していた明敏なジャーナリストの徳富蘇峰が直ちに森の力量とその新鮮な発想の才に着目した。▼06

ところが小堀も触れているように、連載は途中で打ち切りが宣言されている。その理由を鷗外は次のように述べている。

❖森鷗外（1861-1922）。1911年。武石弘三郎のアトリエにて。

三幕目に入ろうとしたところで明らかになった文学界の現象は、訳者二人に、今の日本人の文学レベルの低さを認識させるものであった。西洋の悲劇の本質など、今の日本人にはとても理解できないということである。文壇、劇場を勧善懲悪の場と考え、文学は道徳を教えるものだと心得ている。こんな人たちに芸術を理解させることはできないので、これ以上、連載を続ける意味がない。[07]

このようにして連載は中断されたが、当時の文壇の中心的人物であった山田美妙(一八六八―一九一〇)の「たしかに最近の文学界の現象から察するに、今の日本人一般は芸術に道徳を当てはめるほうに傾いている。この偏見を打ち破ることは今の文学者の任務である。だから「洋箏一曲」を中絶するには及ばない。南欧文学の要素を日本に入れるためには、困難な作品であっても、どこまでも訳し終えなければならない[08]」といった言葉によって、鷗外は中断の意思を翻して、二月二日に連載を再開し、二四日に終了している。

❖演劇の改良

ところで鷗外は帰国後、日本で文学活動をはじめるにあたって、なぜ最初にカルデロンの翻訳を選んだのであろうか。

これには、鷗外が留学中の一八八六(明治一九)年八月に、末松謙澄が立ち上げた演劇改良会を考える必要がある。その目的は、歌舞伎の舞台様式の改良、脚本を文学的で高踏なものにするための改良、新劇場の建設の三点に要約できる。

そこで鷗外が取り組んだのが脚本の革新的な改良であり、思いついたのがカルデロンの「サラメアの村長」

であった。鷗外は、「ギョオテ嘗て以為らく。カルデロンの戯曲は其舞台に宣きことシェクスピイヤの戯曲の上に出づ[09]」とし、シェイクスピアよりカルデロンのほうがより日本の舞台にあっていると考えたからである。また カルデロンは、一七六〇年代ドイツで演劇改良をおこなったレッシングが絶賛し独訳しようとして果たせなかった作家であってみれば、日本でその運動に身を置こうとする鷗外にとって、「サラメアの村長」は改良脚本としてまたとない作品であったのである。[10]

鷗外は「調高矣《しらべはたかし》洋弦一曲《ギラルラのひとふし》」の中で、「『獨逸のギョオテ、英吉利のシエ、クスピアは今人口に膾炙するに、未だ世の人カルデロンが名を唱ふるを聞かず[11]』といって、これを好機として「東亜細亜の文客」たる日本の知識人が、この戯曲に親しむのであれば幸であると記しており、その訳にも自身の信条として「新たに編輯する演芸文書等は、最も優美なるを要すと雖、漫りに歴史、文法、事実に拘泥して、我演芸を無味の境に陥らしむべからず。——作者の目中には現代の看客あるべきこと[12]」を旨とし、自信を持ってこれを世に発表したのであった。[13]

日本で最初のスペイン文学の翻訳は南蛮時代のルイス・デ・グラナダの『ぎやどぺかどる』にまで遡るが、開国後最初の翻訳は一八八七(明治二〇)年の『ドン・キホーテ』の翻訳「純喜翁奇行伝」であるといわれる。しかしながら、それが『ドン・キホーテ』の抄訳であったことを考えれば、『サラメアの村長』こそ、開国後の日本におけるスペイン文学の最初の翻訳ということになる。ただし、底本はドイツ語版「サラメアの村長」であった。

鷗外は、一八八五(明治一八)年一一月二四日の日記の中で、「始て雪ふる。医師キルケWilkeに就いて西班牙語を学ぶこと此日より始まる[14]」と記している。鷗外は確かにドイツでスペイン語を学んだが、『サラメアの村長』を翻訳するほどのレベルには達していなかったことは推測に難くない。

日本で原典からの最初の翻訳が刊行されるのは、鷗外の翻訳から数えて四五年後の一九二七（昭和二）年のこと、花野冨蔵訳の『サラメア村長』である。

4 バルセロナとジャポニスム

❖マリアノ・フォルトゥニ

江戸時代の末期から明治の終わりにヨーロッパで見られた日本趣味をジャポニスムと呼ぶ。日本にもジャポニスム学会があり、そこから『ジャポニスム入門』（思文閣出版）という本が出ている。そこでは、フランス、イギリス、アメリカ、オランダ、ベルギー、ドイツ、オーストリア、イタリア、北欧（スウェーデンとフィンランドを中心に）、中央ヨーロッパ（チェコ、ポーランド、ハンガリー）そしてロシアにおけるジャポニスムが扱われているが、残念ながらスペインのジャポニスムはどこにも見当たらない。近年ようやく、日本でもスペインにおけるジャポニスムが注目されるようになり、「スペインにおけるジャポニスム――芸術家とコレクション」、「一九世紀後半のカタルーニャ美術の〝日本〟」などの論文が出版されている。

日本とスペインの交流があまり盛んでなかったので、ジャポニスムはフランス、南アメリカ、フィリピン、イタリアを通じてスペインに入った。当時のスペインの芸術家には誰一人として日本に旅行をしたものはなく、多くはパリやイタリアでジャポニスムに触れた。

ジャポニスムの中心はパリであり、そこからスペインを含むヨーロッパ全土に向かって放射状に広まっていった。ジャポニスムの波は早くからスペインの芸術にも押し寄せており、その波を最初に受け止めたのは、マリアノ・フォルトゥニその人であり、彼はパイオニア的存在である。

　マリアノ・フォルトゥニ・イ・マルサル（一八三八—七四）は、一八三八年六月一一日に、カタルーニャの機織の町レウスに生まれる。そこはまた先のプリム将軍の故郷でもある。父親は大工であった。一〇歳の頃、両親を相次いで亡くした彼は、母方の祖父に引き取られる。幼くして地元の公立の美術学校に入学し、一八五三年には居をバルセロナに移してバルセロナ美術学校に入学。一八五八年に奨学金を得てローマに留学する。一八五九年、モロッコ戦争が勃発すると、バルセロナ市会は彼を現地に派遣して戦画を描かせる。彼はモロッコに滞在して「ワドラスの戦い」などをキャンバスに描き、二〇〇点以上の絵を市会に提出する。フォルトゥニはモロッコへの旅を重ねるなかで、またイスラムの影響を強く残すグラナダに滞在するなかで、徐々に絵の中に東洋的な味を加えるようになる。しかし彼の東洋への趣味は、イスラム的なものにとどまらず、はるか日本にまで及んだ。一八六三年の作品「版画の収集家」には、すでにジャポニスムの影響が見られる。

❖マリアノ・フォルトゥニ・イ・マルサル（1838-1874）。

❖バルセロナ万国博

ヨーロッパへの日本美術の公式デビューとなったのが、一八六三年のロンドン万博であったように、またフランスでジャポニスムの熱狂が頂点に達したのが一八七八(明治一一)年のパリ万博であったように、スペインでジャポニスム熱に火をつけたのは、一八八八(明治二一)年にバルセロナで開催されたスペイン最初の万国博覧会にほかならない。

一九世紀のスペインといえば、近代化に乗り遅れ、社会、産業、経済面でおおいに遅れていたが、バルセロナはスペイン有数の商・工業都市として発展していた。ただ、万国博開催の案が出たときバルセロナも経済危機を迎えていた。そんな中での万国博の開催の決定であった。万国博の開催は、バルセロナにとって経済危機から脱し復活の道を歩み、国際都市として世界に認めてもらうためにまたとないチャンスであった。

スペイン初の万国博覧会は一八八八(明治二一)年四月八日から一二月九日まで開催された。五月二〇日には摂政マリア・クリスティーナと当時二歳のアルフォンソ一三世が臨席して開会式が開催された。政府参加国は日本をはじめ一八か国、民間参加国は三か国であった。開催期間は二四五日間で、期間を通しての入場者はおよそに二二四万人を数えた。

日本の工芸品はすでにパリ、ロンドン、ウイーンで開催された万国博で高い評価を得ており、このような経緯から日本政府はバルセロナ万国博にも招待された。それまでの他国での博覧会と同じように、抜かりなく運営された日本パビリオンの評価はきわめて高く、それをバルセロナで見られたことは、スペイン人が日本を知り、ジャポニスムが広まるうえで画期的な出来事となった。スペインの日本文化研究者の一人ダビッド・アルマサンはその著「スペインにおけるジャポニスム」の中で、バルセロナでのジャポニスムの広がりを次のように述べている。

バルセロナは、スペインではじめてジャポニスムの種を力強く芽吹かせた場所である。その決定的な要因は、スペインにおいては「モデルニスム」と名付けられた「アールヌーヴォー」がバルセロナで大きな発展を遂げたことであった。イラスト、ポスター、家具、

❖バルセロナ万国博覧会(1888年)ポスター。

❖かつては要塞があったシウタデリャ公園に建てられたバルセロナ万国博覧会(1888年)のパヴィリオン。

ステンドグラス、装飾織物など、あらゆる装飾芸術に用いられたモデルニスモ特有の植物の柄、大胆なデザイン、色彩などの新たな様式は、ジャポニスムと強く結びついていた。一九世紀の終わり、バルセロナのコル・イ・プジョール家の邸宅の施された装飾は、日本美術の意匠を積極的に取り入れている。床には畳が敷かれ、天井の格間には人びとが点景のように描かれていた。また龍や日本的なものがモチーフとして描かれた木工品、薩摩焼の雑器も置かれていた。これらの装飾品の中で最も人目を惹くのは、浮世絵をもとに描かれた大きな壁画である。これは舞台美術家のフェリックス・ウルヘーリャスの作である。[15]

❖『武士道』スペイン語版の刊行

バルセロナ万国博を契機に日本美術熱が高まり、一九世紀後半から二〇世紀前半にかけて多くの芸術家が日本の芸術品(浮世絵、仏像、磁器、織物、和傘、甲冑など)をパリやイタリアなど海外であるいはまた国内で蒐集する一方、日本美術がスペインの芸術の発展に大きな影響を与えた。例えば、一九世紀末に刊行された『アルバム・サロン』や南部マラガ出身の画家ペドロ・サエンスの絵画『菊』(一九〇〇年)あるいはサラゴサ出身の芸術家ペドロ・アントニオ・ビジャエルモサのイラスト『日本美人』には、ジャポニスムの影響が色濃く表れている。また、ジャポニスムは日本関連の書籍の出版にもおよび、外交官として日本に滞在したエンリケ・デュプイ・デ・ロメの『日本に関する研究』(一八九五年)とフランシスコ・デ・レイノソの『天皇の都にて 日本素描』(一九〇四年)をはじめ、カタルーニャ人のジャーナリスト、アントニオ・ガルシア・リャンソの『大日本』(一九〇五年)などが挙げられる。特に『大日本』は当時ヨーロッパで出版されたもっとも詳しい日本文化案内書として知られている。

一方、スペインでジャポニスムが注目される中で、世界にその名を知られた女優の貞奴が夫で俳優の川上音二郎と一九〇二年にスペインを訪れ、バルセロナとマドリードで公演し、大成功を収めている。また一九二九年には再度バルセロナで万国博が開催された。プリモ・デ・リベラ独裁時代の中にあってカタルーニャ色は出せなかったが、先の万国博同様に大変注目された。翌年には同じ万国博会場で筒井徳二郎歌舞伎一座が公演し、これもまた大好評を得たと伝えられている。

こうした一連の出来事はスペイン人の日本に対する興味を喚起したことはいうまでもないが、日本の存在を決定的にスペインに知らしめたのはほかならぬ日露戦争(一九〇四—五年)における日本の勝利であり、スペインの新聞は大々的にこれを報じ、日本の生活や文化についてのルポタージュや記事に紙面を割いた。

折りしも英文の"*Bushido*"の改訂版が出たときで、戦争が武士道ブームを後押しすることになり、スペインでも一九〇九年、日本の大学で一九〇九年から一七年にかけてスペイン語・文学の教員として活躍したスペイン人ゴンサロ・ヒメネス・デ・ラ・エスパ

❖スペイン語版『武士道』の表紙。

❖ペロド・サエンス『菊』(1900年)。

❖雑誌『アルバム・サロン』の表紙(1809年)。

ダによってスペイン語版"*Bushido, El alma de Japón*(武士道、日本の魂)"が刊行され、注目された。

5 村上直次郎と日欧交渉史

❖日欧交渉史の研究始まる

日本とヨーロッパとの出会いは一六世紀に遡り、フランシスコ・ザビエルの来日から鎖国に至るまで、盛んな交流が続いた。しかし、鎖国の間に南蛮時代の交流の歴史は忘却の彼方に追いやられ、日本人の与り知らぬこととなった。それでも岩倉使節団は天正遣欧使節に関する知識は持っていたようだ。

岩倉使節団は、一八七三(明治六)年五月九日、ミュンヘンからインスブルックを経て、ベローナからフィレンツェに到着した。その後ナポリ、ローマ、ポンペイ、フィレンツェ、ボローニャ、パドワと巡歴した後、五月二七日にヴェネツィアに到着し、二九日には市内の文書館を訪れた。ここには八世紀以降の文書・法典など一三〇〇万冊もの史料が所蔵されているといわれる。その中には天正遣欧使節の書簡二葉が所蔵されており、使節団はそれを閲覧することを希望したところ、天正遣欧使節の往復書簡の他に、支倉六右衛門署名入りの文書が二葉出てきた。書名の一つは一五一五年二月二四日のもので「ふひりへどん 支倉六右衛門 長経花押」とあり、もう一つは一六一六年のもので、「はせくら六衛門 とんひりひ 長経 花押」とあった。

書記官の久米は南蛮時代の日本とヨーロッパの交流史に思いを馳せるが、天正遣欧使節から二〇年後に支倉がイタリアを訪れているという話はまったく想像がつかない。支倉が仙台の伊達政宗の家臣であることとまでは考えられたようであるが、「伊達氏が西洋と交流していたというのはほとんど信じられない。聞いたところを記録し、歴史家の研究に待つ」[16]と文を結んでいる。

それから三年後の一八七六（明治九）年、明治天皇が仙台に行幸の折、伊達家が秘蔵してきた支倉六右衛門招来の品々が展覧された。先の岩倉使節団に一等書記官として加わっていた福地源一郎（東京日日新聞社長兼主筆）は、展覧会の品々とヴェネツィアでの見聞を合わせて、一七世紀に伊達政宗が家臣の支倉を使節としてヨーロッパに派遣したことはまぎれもない史実であるとの考えに至り、これを新聞の社説で公表した。これが契機となって、歴史家の間で、遥か昔日のヨーロッパとの交渉史の研究が開始されたのである。またこれを端緒として歴史家はキリシタンの秘史をも探りはじめた。

明治政府は一八七七（明治一〇）年頃にはキリシタン研究に関心を示した。太政官の修史局は慶長遣欧使節に関する「伊達政宗欧南遣使考」（平井希昌《ひらいきしょう》、一八七六年）を発行し、また太政官本局翻訳係りはジャン・クラッセ（一六一八—九二）の『日本教会史』を翻訳して『日本西教史』（一八七八年）と題して公刊しており、それらは近代日本における最初のキリシタン研究書となった。

一方、明治二〇年代の末期から三〇年代にかけて、村上直次郎がヨーロッパ諸国において日本史料採訪をおこない、史料の発掘と蒐集、そしてその翻訳に心血を注ぎ、ヨーロッパ側史料を基礎とする日本キリシタン史研究の基礎の開拓者として大きな役割を果たした。

さらにキリシタン史の研究は文壇にも影響を与えた。明治四〇年には、木下杢太郎、与謝野寛、北原白秋、吉井勇、平野万里ら新詩社の詩人たちが九州旅行をおこない、唐津、長崎、平戸、天草、島原などキリシタンゆかりの地を巡遊する。後年、杢太郎や白秋らは異国情緒豊かな詩を次々と発表して、異国情緒文学の中から南蛮文学がおこった。こうして、キリシタン研究は文学、典籍、芸術へと分野を拡大していったのである。

❖村上直次郎とスペイン

村上直次郎(一八六八―一九六六)は、一八六八年二月四日、大分県玖珠《くす》郡森藩士の家に生まれる。九月には元号が明治に改まるちょうどそんな年である。叔父に村上作夫という後に京都新聞創刊時の主筆となる漢学者がいた。一八七八(明治一一)年、その叔父が京都に出て漢学者として塾を開くことになり、兄と従兄と一緒に京都に旅立つ。新島襄がアメリカから帰国して同志社英学校を開校する頃のことである。叔父は、同志社の講師になり、その関係から村上も同志社の門をくぐる。それは村上と英語との最初の出会いであると同時に、多言語(英語、ドイツ語、フランス語、スペイン語、ポルトガル語、イタリア語、ラテン語)に通じる日欧交渉史家の誕生の第一歩でもあった。

その後、村上は上京して、第一中学校(後の第一高等学校)を卒業し、一八九二(明治二五)年に帝国大学文科大学史学科に入学、一八九五(明治二八)年には大学院に入学して、そこで坪井九馬三《つぼいくめぞう》教授(一八五八―一九三六)とリース教師の指導を受ける。とくに明治初年に来日した文科大学お雇い外国人歴史学教師ルートヴィヒ・リース(一八六一―一九二八)は歴史学の泰斗レオポルド・フォン・ランケ(一七九五―一八八六)から直接の指導を受けた俊才で、ランケ流の近代的な歴史の科学的研究法を導入してわが国の史学界に新風を吹き込んだが、また日欧交渉史にも強い関心を抱いており、村上はそんな彼から大きな影響を受け、東西交渉史に関心を示すようになった。

一八九九（明治三二）年四月、村上は文部省より「南洋語学および同地理史学のため満三年間西・伊・蘭三か国」の辞令を受ける。それから三か年、イタリア、オランダ、ベルギー、イギリス、スペイン、ポルトガルの図書館・文書館を歴訪して、日欧交渉史関係の膨大な史料の蒐集にあたった。

一九〇〇年のこと、村上はオランダに滞在して研究・調査にあたっていた。そこに突然、日本から電報が届いて、東京外国語学校に就任する意思はないか、あるならば、さっそくスペインへ行ってほしい旨の交渉を受けたという。村上はいそいで旅の準備をしてスペインに向かった。一九〇〇（明治三三）年といえば、スペインに日本の公使館がはじめて開設された年でもあった。

村上は、パリ在住の友人から治安の悪いスペイン情勢を耳にしたことを思い出していたが、スペインが危険であろうとなかろうと、研究・調査のためにはどうしても訪れなければならない国であり、村上はオランダ滞在の後、パリから南方急行列車に乗ってスペインに向かい、一一時間をかけて国境のイルンに到着する。そこから村上は九か月ばかりかけてサン・セバスティアン、ブルゴス、バリャドリード、シマンカス、エル・エスコリアル、マドリード、トレド、コルドバ、セビーリャ、グラナダ、ムルシア、アリカンテ、バルセロナと調査旅行を続けた。その間、道中で何の危害を受けることもなく、村上は無事にスペイン留学を終えている。

なかでも成果のあったのは、シマンカス、マドリードそしてセビーリャでの調査であった。

シマンカスは古都バリャドリードの近くにあって、当時の人口は二〇〇〇人、ここには王立総文書館がある。村上によれば、文書館は昔の城をそのまま使用しており、館内には五六室があり、そこに文書八万括三〇〇万余通を所蔵しており、この内日本関係は時間的な制約の中で、五九括を調査し、その結果、天正遣欧使節関係七通、慶長遣欧使節関係三八通を蒐集したという。

首都マドリードは当時人口五一万人、図書館はフェリペ五世期の一七一一年に創設され、以来蔵書は増加を続け、当時版本五〇万冊、写本三万を所蔵していた。ここにはセバスティアン・ビスカイノの金銀島探検旅行の写本があった。また歴史アカデミーの付属図書館は版本二万巻、写本一五〇〇冊を所蔵しており、その内日本に関するものにはフィリピン報告書、慶長遣欧使節関係書およびドン・ロドリゴ・デ・ビベロ報告書があった。

セビーリャはスペイン南部アンダルシア地方第一の都市で、当時人口およそ一五万を数えていた。セビーリャはかつて海外貿易の中心地であった。ここにはインディアス文書館があり、アメリカの発見、征服ならびに統治に関する文書がおよそ三万二〇〇〇綴収められている。これらの内、日本、フィリピン、メキシコおよびスペインの交通および慶長遣欧使節の歴史を詳らかにする史料はたくさんあったという。例えば、スペイン船の平戸漂着、サン・フェリペ号の土佐漂着に関する史料などである。

村上は、スペインを含む留学先の国々で日欧交渉史に関する史料を入手して帰国した。帰国後、持ち帰った史料を駆使して著書、論文、あるいは翻訳を次々と発表していった。「耶蘇会士日本通信」「日本と比律賓」「ドン・ロドリゴ日本見聞録」など後の日本における日欧交渉史の重要な基礎を成した。言い換えれば、村上は日欧交渉史研究の繁栄の種を蒔いたといえよう。

6 吉田博とアルハンブラ宮殿

❖**アルハンブラ宮殿**

スペイン南部アンダルシアの県都グラナダは、詩人ガルシア・ロルカとアルハンブラ宮殿で世界的に知られる。

イスラム教徒の最後の牙城であったグラナダ王国は、一四九二年一月二日、イサベル女王とフェルナンド王の攻勢を前についに敗れ去り、最後の王ボアブディルはアルハンブラ宮殿を後にしてアルプハラスに落ちのびていった。その後には、アルハンブラ宮殿というイスラム建築の精華が残されたが、王を失ったアルハンブラ宮殿のその後の運命は波乱万丈であった。

イサベルとフェルナンドのカトリック両王とカルロス一世の時代に、純粋なイスラム建築はキリスト教徒によって増改築と部分的な破壊が加えられ、一八世紀の王位継承戦争や一九世紀のナポレオン戦争を経て、アルハンブラ宮殿はすっかり見捨てられ荒れ果ててしまった。

一八三〇年、時のフェルナンド七世(在位一八一四—三三)の特命によって、アルハンブラ宮殿全面復旧の作業が開始され、現

❖中世イスラム建築の傑作アルハンブラ宮殿の外観。

在見るようなものにまで回復がはかられたが、アルハンブラ宮殿の再建には、一八二九年当時、廃墟と化していた宮殿内にとどまり、『アルハンブラ物語』を上梓してアルハンブラ宮殿の存在を世界に知らしめたアメリカの作家ワシントン・アービングの存在が大きかったことはいうまでもないであろう。『アルハンブラ物語』の刊行によって、英語圏はもとより世界中にイスラム・スペイン時代のアンダルシア、とりわけグラナダへの興味を急騰させ、トゥーリズム熱を呼び覚ましたからである。

日本で最初のスペインに関する本は、近代画家吉田博の『写生旅行——魔宮殿見聞記』(一九一〇年)すなわちアルハンブラ宮殿見聞記である。『アルハンブラ物語』の日本語訳のない時代、吉田はアメリカ留学中に原書と出会い、その存在を知ったものと考えられる。

風景画家としての吉田の取材の範囲は、アメリカとヨーロッパの各地、アフリカ、インド、東南アジア、中国、韓国と世界的規模に及んでいた。

❖画家吉田博のアルハンブラ宮殿訪問

吉田は生涯六度の外遊をしている。スペインを旅行したのは、二回目の欧米旅行のときであった。一九〇三(明治三六)年のことである。一回目の欧米旅行の目的は、古今の巨匠たちの作品を実見することであったが、今回の旅行のそれは外国の風景を写生して歩こうというものであった。

吉田は、義妹で後に妻となるふじをつれて欧米旅行に旅立ち、一九〇三年一〇月初旬、パリを出てスペインに向かい、ピレネー山脈を越えてブルゴス経由でマドリードに入り、そこからトレド、エル・エスコリアル、コルドバ、セビーリャ、ロンダを経て目的地のグラナダに到着する。当時はまだ追い剝ぎやら危険が多かったので、両名は驢馬旅行をさけて、贅沢な汽車旅行で各地を飛びまわっている。

グラナダの停車場からは馬車で宿屋に向かった。アルハンブラ宮殿内の遺物の一部に建築した「パンション・アルハンブラ」が宿屋であった。そこからシエラ・ネバダやヘネラリーへが眺望できた。裏手には白い建物がありその前に葡萄棚があるので、夕陽が映しだされたときなどは何ともいえぬ美しさであったという。

宿に着いて旅装を解くと、両名は早速見物に出かけた。目的地はもちろん、アルハンブラ宮殿。スペイン語のわからない二人はそれでも苦労して訪ね回って、ようやく入り口に辿りついた。写生をはじめる前に、ひととおり宮殿内を見て回った。

> 次ぎの室も、次ぎの室も、すべて何の室に行っても、行く室毎に新しい模様が現れ、別種の趣味を感ぜしめ、幾度調べても旨味

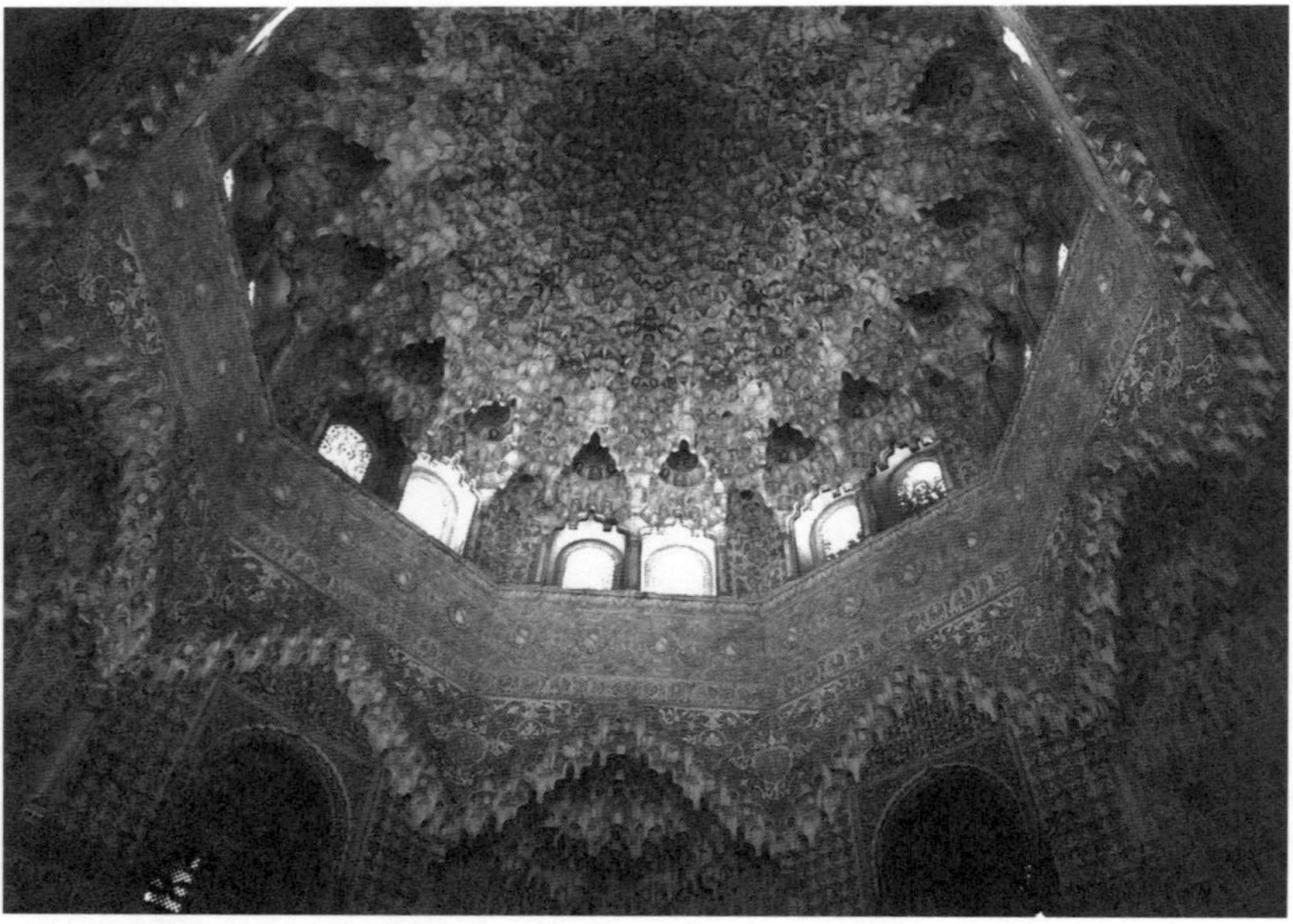

❖アルハンブラ宮殿「二姉妹の間」の天井はモカラベと呼ばれる鍾乳石飾りが施されている。

――が尽きない。大抵の見物人は誰でも四五日は続けさまに来て、方々隅々まで調べて行くのださうな。▼[17]

数々の部屋の中でも吉田を魅了したのは、アベンセラヘスの間の向かいにある「二姉妹の間」であった。この鍾乳石飾りは、宮殿中随一の繊細精密の極とさえいわれる。

此室がアルハムブラ宮殿中最も技巧を尽くした華麗な室であると思う。分けても驚かれるのは天井の結構である。例えば蜂の巣の如く、または柘榴の実を断ち切ったように、天井一面に四百幾つかのシェルがあって、一つ一つのシェルには、皆違った模様が嵌め込まれて居る。またよくよく注意して見ると、基の中に星の形が現はれる。殆んど人間業ではできないと思われる程精緻を極め燦爛の美を極めて居る。▼[18]

吉田とふじをは、宮殿の見物を終えると、昔のアルハンブラ宮殿が栄えた当時の面影を思い浮かべながら、のどかなひと時をともに写生をして宮殿内で過ごすのであった。その時の写生の一部はふじをの作品とともに彼の著書の中に掲載されているが、帰国後の一九〇七年に開催された東京勧業博覧会には、「紐育の夕景」とともに「アルハムブラの春」が出品されている。

7 草創期のスペイン語教育

スペイン語は今日、日本社会においてもっとも人気の高い外国語の一つに挙げられる。世界的に見てもその使用者数は増加の一途をたどっており、今やその人口は四億人を超すとも言われる。

スペイン語が最初に日本に運ばれたのは一六世紀の南蛮時代のことである。キリスト教を日本に最初に伝えたフランシスコ・ザビエルと、ザビエルに随行したコスメ・デ・トーレス神父とジョアン・フェルナンデス修道士の三人はスペイン語話者であった。こうして日本に南蛮時代がはじまり、ヨーロッパから陸続と宣教師が来日する。その数は六〇名とされるが、中でもスペイン人が圧倒的に多かった。しかしながら、日本人青年を養成して教化事業を進める目的で開設されたセミナリオ（神学校）やコレジオ（宣教師の養成学校）の教育語はラテン語であり、また教会内の日常語はポルトガル語であってみれば、スペイン語が日本人の間に広まる余地はまったくなかったといえよう。

❖スペイン語事始

日本人がスペイン語を高等教育機関で学習するようになるのは、明治時代も後半のことであるが、ここで、鎖国時代に、日本人が異国の地でスペイン語を学んだエピソードを挙げておこう。鎖国時代に発生した日本人の漂流といえば、ジョン万次郎やジョセフ・ヒコら英語圏のケースが日本の近代史上に大きな足跡を残しているが、スペイン語圏でも日本人の漂流があった。

一八四一（天保一二）年八月のことである。摂津国兵庫西宮内の中村屋伊兵衛持船「栄寿丸」（一二〇〇石積・二八端帆）は塩、米、酒、砂糖、線香、豆などを積んで、東北は奥州の宮古港をめざし、乗組員一三人を乗せて兵庫を出帆したが、同年一〇月一二日、いまの千葉県の下総国犬吠埼沖にさしかかったところで激しい西北の風に煽られて船は翻弄し、一二〇日余り太平洋を漂流した。幸いマニラ―メキシコ間を結ぶスペイン貿易船「エンサーヨ号」に乗組員全員が救助され、メキシコはマサトランに連れて行かれた。

漂流民一三人のうち、善助（船頭・二五歳）、初太郎（岡回り（事務長）・二六歳）、伊之助（舵取り・四三歳）、太吉（水夫・四七歳）、弥市（水夫・四六歳）の五人は九か月間の滞在の後、マカオを経由して一八四三（天保一四）年一二月に無事に帰国したが、残りの乗組員はメキシコに残留したと伝えられる。帰国した五人はそれぞれの藩で取調べを受け、そのときの口述記録が遺されている。その五つとは、『紀州国熊野漂流噺』（紀州藩、弥市の報告）、『亜墨新話』（阿波藩、初太郎の報告）、『海外異話』（伊予藩、伊之助の報告）、『墨是可新話』（島原藩、太吉の報告）、『東航紀聞』（紀州藩、善助と弥市の報告）である。

五人の中でも初太郎と善助は、口述記録のなかで、スペイン語の学習法について興味深い記録を遺している。

初太郎はメキシコのサン・ホセにあるミゲル・チョーサ家に引き取られ、ここに二〇〇日あまり滞在した。初太郎は若く聡明であったため、スペイン語の習得も早い上に家族に厚遇され、娘の婿に望まれたほどの好青年であったようだ。『亜墨新話』は全四巻から成り、このうち第三巻は「言語」に関する項である。それによると初太郎は教わった単語を手帳に書きとめてスペイン語単語集をつくった。その数およそ四五〇、「漢語―カタカナ」表記で記述している。例えば、幾年―クアントアシュ、手背―マアノ、蒸餅―パン、馬―カワヨなどである。

一方、善助は九か月の滞在で、六〇〇を超える単語と会話表現を学んで帰国した。『東航紀聞』の巻之五では「言語」を扱っており、例えば、酒＝ビノ、米＝アロース、年＝アニョス、呼フ＝ヤマル、かたじけなし＝ムンチュシマスガラス、これは何でござる＝コムセヤマなどが見られる。カタカナによる発音表記はかなり正確である。

いずれにしても、初太郎と善助はメキシコ滞在が短期間であったにもかかわらず、反復的な聞き取り学習を通じて、スペイン語をよく身に付けていたことが推測できよう。

❖明治時代のスペイン語教育

幕府が倒れ、明治時代になるや、諸学が一時に起こったが、もっとも盛んであったのは医学校、法学校そして外国語学校であった。一八七三（明治六）年、文部省ははじめて官立の外国語学校として東京外国語学校を設置した。しかし、時の文部大臣森有礼によって外国語教育が一掃されたため、一八八五年に東京外国語学校は廃校となった。

日清戦争後、西欧諸国との国際関係の重要性が再認識されると、一八九六（明治二九）年一月一〇日（木）に開かれた第九回帝国議会貴族院において、貴族員議長侯爵蜂須賀茂明は第四番目の議案として「外国語学校設立に関する建議案」を提出した。侯爵近衛篤麿《このえあつまろ》、加藤弘之、山脇玄が発議し、子爵長谷信篤他三九人が賛成した。後に東京帝国大学総長になる発議者の一人、加藤弘之は演壇に登って、官立の外国語学校設立の必要性を説き、また男爵渡辺清は、「英仏独語は相応に学ぶ人もあるようですが、西班牙語と云ふものは極少ない。然るに、追々承る所に拠れば、南米地方も条約談判するとか云ふことでありまして、彼の地方は多く西班牙語で、然らば、是は今入用がないと云ふて置くべきものではない。将来必ず入用かと思います。[19]」と、このときはじめて帝国議会でスペイン語の必要性を力説したのであった。

一八九二(明治二五)年度の「高等商業学校一覧」によれば、「学科課程ノ規則」として、「本科学科ノ内、外国語ハ英語ノ外尚ホ支那、佛郎西、日耳曼、西班牙、伊太利ノ五国語ニ就キ一語ヲ撰修セシムルモノトス」とある。ここにはじめて、西班牙語すなわちスペイン語が選択外国語に加えられ、明治時代の日本の高等教育機関で教授されることになる。

前述の発議案の採決により、「高等商業学校ニ付属外国語学校ヲ付設ス」ることになり、一八九七(明治三〇)年四月には高等商業学校付属外国語学校が誕生して、まず英、仏、独、露、西、清、韓の七学科が置かれ、九月から授業が開始し、三年間にわたって文法、訳読、作文、会話、修辞などが教授された。わが国の外国語教育の舞台にスペイン語が登場するのはこの時がはじめてであった。

一八九九(明治三二)年三月に神田錦町の現在学士会館のある場所に新校舎が落成すると、そこに移り、同時に高等商業学校から独立して、東京外国語学校を名乗った。同時に東京外国語学校規則が改正されて、西班牙語科は西語学科となる。

それから約二〇年後の一九二一(大正一〇)年に官立の大阪外国語学校(後の大阪外国語大学)が、また一九二五(大正一四)年に私立の天理外国語学校が新設されており、それぞれスペイン語を専攻する西語部が設置された。

戦前のエリート養成機関である旧制高等学校あるいは帝国大学などの、最高学府において、スペイン語は教えられることはなかった。高等教育機関における外国語教育は、士農工商といった差別的序列を当てはめるとすれば、スペイン語はいわば「商」に位置づけられていたのである。

わが国におけるスペイン語教育の当初の目的は、スペインから近代文明を導入するとかスペイン文化を理解するなどのためではなく、フィリピンや中南米での外交通商植民の実務に当たるべき人材を養うことであった。スペイン語に関するかぎり、英語やフランス語と異なって、会話書や和西辞典がまっさきに出たのはその証であった。つまり、スペイン語は、かの地の文化を輸入するためではなく、輸出語学の性格をもっていたのであった(『東京外語スペイン語部八十年史』一九七九年)。

8　一九世紀のフィリピンと日本

明治維新と日西国交回復の年である一八六八年から、一八九八年の米西戦争にいたる期間は、スペイン領フィリピン最後の三〇年間でもあった。西洋化・富国強兵策をとった日本は日清戦争(一八九四―五)の勝利でその最初の成果を示し、台湾の領有を機に、官民ともに南方への関心を強めていった。

❖一九世紀のフィリピン社会

一九世紀半ばから、スペイン領フィリピンの植民地経済・社会は新たな展開を見せはじめた。すでに一八一一年、メキシコとのガレオン船貿易は廃止されていたが(最後のマニラ入港は一八一五年)、一八三四年にはマニラ港が外国船に開放され、フィリピンは世界経済に本格的に組み込まれていく。地方の商業に活躍する中国系メスティーソ(先住民と中国人の混血、カトリック)の役割が増し、農村では賃金労働を基本としたアシエンダで、輸出用商品作物の生産が増大した。一方植民地行政機構の整備により、スペイン人役人以外に多くの現地人官吏を登用する必要が生じた。こうした流れの中で、現地人社会の中に新たなエリート層が形成されていったのである。

フィリピン植民地社会は、スペイン人、先住民、中国人の三者に、中国系メスティーソ、スペイン系メスティーソ(先住民とスペイン人の混血)を加えた五つの集団から形成されていた。本国生まれのスペイン人「ペニンスラール」(半島人)に対して、「フィリピノ」はもともと現地生まれのスペイン人を指す言葉であったが、一九世紀後半には、スペイン系メスティーソ、中国系メスティーソにも自分たちを「フィリピノ」とする意識が広がり、スペイン人、植民地当局との対立を深めていった。

マニラ港の発展にともない、インド人、中国人等の労働者が多く流入するという、同時期の東南アジアの港湾都市に共通した現象がみられた。そこには明治以降、日本人も加わるようになった。▼20

❖独立への動き

フィリピン独立に向かう動きは、まず一八六〇・七〇年代に、スペイン人に占められていたカトリック教会の主任司祭職を現地出身者へ、という動きとなって現れた。指導的な論陣を張ったのは、スペイン系メスティーソ出身の聖職者であった。この運動が弾圧された後、八〇年代からは、ヨーロッパの教養・思想を身に付けた植民地エリートの子弟(多くはスペイン本国で高等教育を受ける)による、おもに言論・出版を通じて植民地体制の改革を要求する運動が始まった。いわゆる「プロパガンダ運動」である。

プロパガンダ運動は、体制改革という所期の目的は十分に果たせなかったものの、言論を通じてフィリピン民族意識、自分たちがスペイン人による「被征服者」であるという歴史観をひろめた。一八九〇年代には、より幅広い民衆層を支持基盤とし、直接行動による独立の実現を目指す「カティプーナン」による運動に移行するが、プロパガンダ運動は、支持層・運動論ではカティプーナンと大きく異なるものの、思想面ではこれを準備したといえる。プロパガンダ運動の代表的な論客であり、フィリピン独立の父と称されるホセ・リサール(一八六一—九二)もその一人である。[21]

❖ホセ・リサールと日本

リサールは、マニラ近郊に中流家庭の子として生まれた。早くから秀才ぶりを発揮した彼は、マニラで農学・医学を修めたあと一八八二年マドリードに留学。若き日のウナムノ、ブラスコ・イバニェス(第6章参照)らと親交を結んでいる。その後フランス、ドイツに学び、一八八七年ベルリンで小説『ノリ・メ・タンヘレ』を出版した。聖書の一節「我に触れるな(ラテン語)」を題名にし、スペイン語で書かれたこの作品は、フィリピン植民地社会の矛盾を鋭く突いた内容で、フィリピン各界に大きな反響をよび、フィリピン独立運動の思想的出発点とされている。八七年に帰国したリサールは郷里に診療所を開業するが、著書の評判ゆえに、皮肉にも翌年には再びの洋行を余儀なくされている。彼は一八八八年二月フィリピンを出国し、アメリカ経由でヨーロッパに向かうが、途中香港から二月末に日本に上陸、四月中旬までの約一月半滞在している。最初の二日間を横浜の、続く一週間を東京のホテルで過ごす(ホテルは現在の日比谷公園にあり、生誕一〇〇周年の一九六一年に記念碑がたてられている)。その後横浜を出港するまで、麻布のスペイン公使官舎に滞在している。この間リサールは「おせいさん」なる女性の案内で、東京の名所や日本の文化等についての見聞を広めている。

彼女は、臼井勢以子《せいこ》という旧幕臣の娘であったとみられる。

リサールと交友したもう一人の日本人が末広鉄腸《すえひろてっちょう》（一八四九—九六）である。末広は伊予宇和島の人で、はじめ官吏を目指すが下野し、新聞人として自由民権運動に身を投じた。一八九〇年の第一回衆議院選挙に当選、在任のまま死去するまで務めた。こうした政治的活動のかたわら鉄腸は文筆活動でも活躍し、一八八八年の外遊を機に、海外事情についての随筆や海外を舞台にした小説も手がけるようになった。アメリカに向かう船上で両者は意気投合し、大陸を横断し大西洋を渡ってロンドンまで同行した。その後鉄腸は、『鴻雪録《こうせつろく》』『唖之旅行』でリサールに触れている。[22] 鉄腸のフィリピン問題への関心は、一八九一年に政治小説『南洋之大波欄』に結実した。これはフィリピン独立戦争を想定して描かれた、一種の近未来小説で、リサールをモデルにした「多加山峻《たかやま》」なる独立の志士が、島民の蜂起に日本からきた壮士約三〇〇名の援軍を得て、ついにスペイン勢力を駆逐。さらに独立後、高山右近の子孫と判明した多加山の申し出によって、フィリピンが日本の保護領となり、多加山が初代総督となるという結末を迎えている。作品には、民権家鉄腸の独立運動への共感と、当時日本の言論界に風靡していた南進論の双方が共存している。[23]

一方リサールは、一八九一年に第二の長編小説『エル・フィリブステリスモ』をベルギーで出版。一八九二年にフィリピンへの帰還を果たすが間もなく捕えられ、九六年南部ミンダナオ島の村に流刑された。流刑を終えたリサールは、一八九六年に軍医を志願してキューバに向かう途中、カティプーナンの独立闘争に関係ありとされてスペインからフィリピンに送還、その年の暮れにマニラで銃殺刑に処せられた。

❖フィリピン独立の父、ホセ・リサール。

リサールの処刑は結果として武力による独立闘争、いわゆるフィリピン革命の出発点となった。[24]

リサールは日本滞在中の見聞を基礎に、日本の文化や国民性、近代化への取り組みについて賞賛しているが、同時に欧米諸国との関係や朝鮮問題への対応に忙殺される当時の日本には、独立の支援であれ、新たな征服者としてであれ、フィリピンの情勢に関与する余力はないと冷静に分析している。[25]

❖フィリピン独立戦争と日本

日本の言論界では、南洋諸島に通商・移民を通じて拠点を築き、あわよくば宗主国としてヨーロッパにとって代わろうという「南進論」が一八八〇年代から盛んになる。その具体的な対象として、老大国スペインの領土フィリピンへの関心が高まった。一方フィリピンの知識人の間でも、アジアにあって富国強兵を進める日本への関心が高まったことは、前項でみたリサールの来日にも表れている。九〇年代に入ると、この流れに強い影響を与える二つの出来事が生じた。一つは日清戦争(一八九四—五年)である。この結果日本は台湾を領有し、一八九五年に「国境確定ニ関スル日西共同宣言」が締結されて、台湾・フィリピン間のバシー海峡を国境とすることが定められた。足かけ四年間ではあるが、両国は「隣国」となったわけである。もう一つは、一八九六年に勃発したフィリピン革命である。

一八九六年に民友社が発行した『比律賓諸島』は、明治日本における最初の体系的フィリピン情報であり、それまでの関心の集大成である。フィリピン独立派の間でも日清戦争を機に日本への関心と礼賛、また支援への期待感が一気に高まった。独立運動組織カティプーナンの機関紙『カラヤーアン』が出版地を横浜に偽装したことはこうした気分を象徴している。一八九六年にカティプーナンが蜂起を開始した際、マニラや香港、廈門《アモイ》では日本の武器援助のうわさが流れた。これにスペイン当局は神経をとがらせ、在留日本人住宅や日本人関係施設の家宅捜索、日本との往来への検問強化で臨んだ。

日本政府は公式には、フィリピン革命に対して中立不介入の態度をとった。条約改正を前にした欧米諸国との協調策の中、フィリピンへのあからさまな野心を表して各国の反発を招くことは避けられたのである。政府はまた、在留邦人と革命勢力との関係についてスペイン当局の警戒を解くことにも腐心した。

一方で、主に軍部を中心に、フィリピンの革命派に親日勢力を扶植する秘密工作がおこなわれた。その際、革命派の内部で対抗勢力と目されたのは親米派であった。アメリカは同じころ、キューバの独立をめぐってスペインと対立を深めていったのである。一八九八年に米西戦争が勃発したが、日本政府はこれに対しても、米西双方に対して中立を宣言しつつ、観戦武官の名目で現地入りした軍人を通じて、革命軍に肩入れする工作を続けた。[26] 米西戦争は短期間でアメリカの勝利に終わり、講和条約の結果フィリピンは割譲された。アメリカが革命勢力と対決するようになり、九九年のフィリピン共和国宣言を経て、一九〇一年には、革命軍の組織的抵抗は終息した。

民間でも、九六年の革命勃発を機にフィリピンへの関心が急速に高まった。新聞各紙が現地から刻々と記事を伝え、世論形成に重要な役割を果たした。全体として日本の言論は革命派に同情的、スペインついでアメリカに批判的ではあったが、弱肉強食の領土獲得競争を国際政治の避けられない前提とし、革命派による独立の達成・維持については悲観的な見方が主流を占めた。アメリカの覇権が確立してくると、その中で日本の権益をいかに確保すべきかに関心が集まった。フィリピンをめぐる議論の中で、将来に備えて現地エリート層の言語であるスペイン語を学習する必要性が唱えられたものの短命の議論に終わったことは、こうした流れと密接にかかわっている。

より深い共感をもってフィリピン独立運動を見つめた人物としては先述の末広鉄腸の他、作家山田美妙《やまだびみよう》がいる。彼は一九〇二年に独立運動をあつかったドキュメンタリー作品『あぎなるど』を、また一九〇三年には『ノリ・メ・タンヘレ』の抄訳『血の涙』を出版している。▼27

一九〇一年、東京で「日西特別通商条約」が調印された。署名したのは日本側が明治期の著名な外交官青木周蔵(第二次山縣内閣の外相)、スペイン側が臨時公使ルイス・デ・ラ・バレラ・イ・リベラであった。▼28これは貿易・関税に関する対等な関係を定めたものであり、明治政府の条約改正の成果の一つであった。同年には、それまで駐フランス公使が兼任していたスペイン公使が、正式にマドリードに駐在した。

スペイン領フィリピンの消滅は、こうした動きと並行しており、二〇世紀にはいって、日本人にとってスペインは名実ともにヨーロッパの一国、しかもさほど優先順位の高くない国になったといえる。フィリピンを通じた日西関係という意味では、断絶期をはさんで、豊臣秀吉以来三〇〇年あまり続いたあり方が完結したと言える。他方スペイン人にとって、日本を含むアジアの動向はあまり強い関心を呼んでこなかったが、アジアの自国領が消え、その傾向がより強まったことは否めない。

日本とフィリピンの関係は、その後も存続・発展した。在住日本人は従来のマニラその他を中心とした都市型コミュニティに加えて、アメリカ統治時代には農業移民も本格化した。スペイン人にとっても、フィリピンは引き続き、自国の影響を色濃く残すアジアの窓口であったし、少数ながらスペイン人コミュニティも存続した。興味深いことに二〇世紀に入ると、フィリピンに拠点を置いていたフランシスコ会(一九〇七年)、ドミニコ会(一九〇四年)が、禁教以来二百数十年ぶりに日本布教を開始している。その際宣教師の多くはスペイン人であり、この点でも一九、二〇世紀の変わり目は日西交流史の転機であった。フィリピンは形を変えながら「アジアの中のスペイン」であり続け、太平洋戦争下、再び日西関係の焦点となったのである。

▼01——「一九世紀後半から二〇世紀前半にかけての日西美術・文化交流」一五四ページ。
▼02——『写生旅行　魔宮殿見聞記』、三—四ページ。
▼03——『広八日記—幕末の曲芸団海外巡業記録』、六七ページ。
▼04——『米欧回覧実記五』、一三三ページ。
▼05——「日本における『ドン・キホーテ』」、一〇ページ。
▼06——『森鷗外—日本はまだ普請中だ』、一九三ページ。
▼07——『鷗外全集』第二二巻、三ページ。
▼08——「森鷗外のカルデロン翻訳(一八九九年)をめぐって」、三九ページ。
▼09——「再び劇を論じて世の評家に答ふ」、四七ページ。
▼10——「森鷗外比較文学研究」、二四三—二四四ページ。
▼11——『水沫記』、四ページ。
▼12——「演劇場裏の詩人」、一一〇ページ。
▼13——「森鷗外比較文学研究」、二四四ページ。
▼14——「独逸日記」、一一七ページ。
▼15——「スペインにおけるジャポニスム」、一七八—九ページ。
▼16——『米欧回覧実記四』、四〇〇ページ。
▼17——『アメリカ・ヨーロッパ・アフリカ写生旅行』、一六二ページ。
▼18——『アメリカ・ヨーロッパ・アフリカ写生旅行』、一五九ページ。
▼19——『スペイン語事始』、六〇—六一ページ。
▼20——『東南アジア史II』、一九〇—一九八、二四九—二五〇ページ。

▼21――『東南アジア史II』、二五八―二六三ページ。

▼22――『ホセ・リサールの生涯』、四一―五二ページ。

▼23――「明治期日本人のフィリピンへのまなざし」、九―一一ページ。

▼24――『ホセ・リサールの生涯』、八四―八六ページ。

▼25――「フィリピン革命と日本の関与」、三ページ。

▼26――「フィリピン革命と日本の関与」、五―一一ページ。

▼27――「明治期日本人のフィリピンへのまなざし」、一三―一五ページ。

▼28――同条約の文面は、総務省法令データ提供システム「e-Gov」http://law.e-gov.go.jp/htmldata/M34/M34CO001.html で閲覧できる。

第6章 交流の充実から内戦・大戦の時代へ［大正―第二次世界大戦］

ここで扱う時代は日本では大正から昭和前期すなわち第二次世界大戦までの期間に相当する。かつて世界を支配したスペインも、二〇世紀の帝国主義時代のヨーロッパでは最後進国の一つであった。一九三一（昭和六）年まで続くアルフォンソ一三世の時代は、深刻な問題が山積して、しかもその解決が得られなかった時代でもあった。中央集権的な政府と周辺地域の民族主義との対立、近代化を望む知識人と伝統を固守しようとする大土地所有者、農場主、カトリック教会の高位聖職者たちとの対立、昂揚する労働問題・農民問題等々である。一九三一（昭和六）年に君主制があっけなく崩壊してアルフォンソ一三世は外国に亡命し、第二共和政が樹立する。市民・労働者による民主主義革命が開始され、スペインの近代化が始まったが、一九三六（昭和一一）年七月一七日、スペイン第二共和国政府の転覆を目指す軍事クーデターが発生し、共和国軍とフランコ将軍率いる反乱軍との間でおよそ二年八か月に及ぶスペイン内戦へと発展していった。

スペインと日本は長い鎖国の時代を経て、一八六八年に国交を樹立はしたが、相互に公使館を開設したのは一九〇〇(明治三三)年のことである。しかも、両国とも兼任公使を派遣したに過ぎなかった。一九〇〇年までは、フランス大使がスペインとポルトガルの公使を兼ねていたのである。正式の全権公使が相互に派遣されるのは、一九三二(昭和七)年のことである。それは、儀礼的に公使館を設置して外交関係を維持するためであった。そんな中で日本とスペインの交渉関係史が大きく動くのは、スペイン内戦期のことであり、内戦終結後間もなく勃発する第二次世界大戦の中でも太平洋戦争期においてのことである。しかしながら、両国の関係は良好なそれから突如として国交断絶へと展開してゆくことになる。

一九世紀のヨーロッパではワシントン・アービングの「アルハンブラ物語」(一八三二年)、メリメの小説「カルメン」(一八四五年)、ビゼーのオペラ「カルメン」(一八八〇年)など小説や音楽の分野におけるスペインものの登場によってスペイン・ファンを世界にたくさんつくることになった。とくに一九世紀後半、産業革命の成功と資本主義の発達により、ピレネー山脈の北のヨーロッパ諸国は未曾有の発展を経験していた。市民の間には異国へ寄せる熱烈な思いが生まれてくる。そんな中で憧れの土地となったのは、ピレネーの南に横たわる国スペインであった。そこは灼熱の太陽に照らされ、イスラム文化の影響を残し、フラメンコや闘牛で代表されるエキゾチックな土地であった。この頃には鉄道も整備され、街道上の治安も平常に復し、スペイン旅行は高い人気を誇った。

一九世紀にヨーロッパで起こったスペインブームの熱は、二〇世紀になってとくにフランスを通じて、日本にも波及する。日本の人々が間接的にスペイン音楽らしきものに触れたのは、セビーリャを舞台に繰り広げられるビゼーの「カルメン」ではないだろうか。日本での初演は一八八五(明治八)年のことである。しかしながら、「カルメン」を通じて、ヨーロッパのスペインブームが実際に日本に伝わるのは、大正から昭和にかけてのことである。

一九一八（大正七）年に高木徳子が有楽座で「カルメン」を上演し、一九一九（大正八）年には松井須磨子が浅草で「カルメン」を公演するなど、大正時代からカルメンが一世を風靡している。例えば浅草の金竜館では、「カルメン」が大きな反響を呼んでいた。

一、二回とも記録的な大入満員を続け、観客の頭が大天井に描かれた金の竜にまで届いたという伝説さえあるくらいで、根岸歌劇団創立以来の大成功で、浅草オペラ黄金時代の最高潮を示すものであった。
その時から、この「カルメン」は、歌舞伎の忠臣蔵のように、上演すれば必ず大入りになり、根岸歌劇団のドル箱になった。（これは浅草オペラ時代ばかりでなく、今日に於ても藤原歌劇団のドル箱で、日本人ほど「カルメン」も好きな人種は世界にまれであろう。▼01

東京ではオペラ「カルメン」は上流階級の間で流行し、一般庶民はむしろ歌舞伎や能に関心を示していた。官能的で、魅惑的で、本能的な気質の「カルメン」はスペイン人女性の代名詞となり、スペインを訪れる日本人知識人はカルメンを探し求める。また「カルメン」の舞台となったセビーリャを含むアンダルシア地方はスペインのなかでももっともスペイン的な土地として知られるようになる。

1 日本最初のフラメンコ・ギタリスト勝田保世

❖勝田のスペイン留学

日本におけるスペイン音楽は器楽、なかでもギターから広まっていったものと考えられる。それはフラメンコにおいても同様であり、日本では踊りよりむしろギターが先行し、フラメンコの普及に貢献した。

日本最初のフラメンコ・ギタリストとして日本のフラメンコ史上に不朽の足跡を残したのは勝田保世《しょうだほせ》(本名勝田忠次郎、保世はスペイン語のホセに由来する。一九〇七―八八)その人である。

勝田の音楽との出合いは、いとこに連れられて行った音楽会にさかのぼるようだ。このとき藤原義江の声楽にひかれてイタリア・オペラをやりたくなり、それが留学につながった。一九三〇年から約一年間、勝田はイタリアに声楽を学ぶために留学するが、声楽の基礎がなくてものにならず帰国する。

一九三一(昭和六)年にイタリアから一時帰国した勝田は、結局五年間日本にとどまった。この五年間は「模索の時代」と呼ばれる。この模索の時代に、勝田はいろいろな出合いを経験し、それらの出合いが勝田のその後の人生を決定付けたと言えよう。

第一に、フラメンコとの出合いだ。勝田はニーニョ・デ・ロス・ペーネスのレコードを手に入れて蓄音機でそれを繰り返し聞いたり、ギターを買い込んできてフラメンコの真似事をやり始めた。当時の日本にはすでにスペイン音楽が入ってきており、セゴビア、カルロス・モントーヤ、アルヘンティーナが来日して公演している。これらを見聞きするうちに、勝田の心はフラメンコに傾いていった。

第二に、「カルメン」との出合いだ。前述のように、当時、「カルメン」が一世を風靡していた。勝田もまた

「カルメン」の小説と音楽に魅せられ、そこから勝田はアンダルシアに行くことを考えるようになった。
第三に、スペイン語学者の笠井鎮夫との出会いだ。勝田は笠井からスペインとスペイン語について学び、スペイン行きの夢を大きく膨らませていった。

こうして勝田はさまざまな出合いを通じて模索を重ね、そこから具体的な留学の道を選んだ。それはスペイン南部アンダルシアにおいてフラメンコを学ぶことであった。

勝田の二回目の留学は、一九三七(昭和一二)年から四六(昭和二一)年までの九年間。留学先スペインでは一年前の一九三六年七月に内戦が勃発して真っ只中にあった。それでも勝田はスペインを目指して渡欧する。まず万国博覧会が開催されているパリに行ったが、翌三八年二月頃にはパリからイタリアに移った。「パリの冬は寒くてやりきれないのでイタリアに行った。それにイタリアに行けば、独伊がフランコ軍に武力援助していたので、その占領区のアンダルシアの情報がイタリアに行くとわかると聞いたからだ」[02]。ローマで、あるときスペイン人の尼さんから、スペインにはアンダルシアの一部から入国できるとの情報を得ると、早速ジェノバから小さな汽船に乗り込み、まずマジョルカに着く。その後マラガ、セウタ、タンジールを経て、ジブラルタル、カディスの沖を通ってグアダルキビル川をのぼってゆくと、ようやく目的地のセビーリャに到着する。この時のスペイン旅行はその後のスペイン留学の下調べが目的であり、一〇日間ほど滞在したという。

その後、勝田はローマに戻り、イタリアに住みながらスペインを訪れた。フラメンコを学ぶのになぜスペインに住まなかったのか。その理由は、日本からの送金が難しくなったからだといわれる。日独伊三国同盟が結成され、日本が戦時態勢をとりはじめるや、個人への送金が許可されなくなったからである。かくして勝田はイタリアに居を構え、スペイン内戦や第二次世界大戦の戦況をにらみながらアンダルシアを訪れ、フラメンコの道を究めようとしたのであった。

❖日本最初のフラメンコ・ギタリストの誕生

イタリアに拠点を置いて、フラメンコを学ぶべくスペインへの旅を繰返した勝田は、日本の母や後に妻となる正子にヨーロッパ各地から手紙や葉書を多数書き送っている。その中に日本人初のフラメンコ・ギタリスト誕生の瞬間が、勝田自身の手で気取ることなくしたためられている。

この頃、イタリーの歌（オペラは良いが）、特に民謡なんてナポリの民謡が一番よいのですが、それでもなお聞かれたものではありません。うたっている奴が馬鹿に見えてね。アンダルシーアのフラメンコの唄は素晴らしく、ギターもとてもよく、ここだけしか勉強するところはないと思ひました。今後、オリンピックまで、スペイン及イタリーを幾度か往復して勉強するつもりです。帰る頃にきっと一寸はびっくりするようになる考えですから、心配しないで下さい。▼03

自分で言うのもおかしいですが、ギターは帰るまでにはあとスペインにも行きますから相当満足の行く程度になります。フラメンコのかきまわすギターについて断然自信があり、日本最初の皮切りになれますが、まあ自惚れず、取り越し苦労せず、精々やりませう。▼04

この頃はすっかり南スペインの風習に慣れて、土地っ子並みに暮らして居ます。きのふで仕事のギターはすっかり完成して、自分としては満足な次第です。母さん言った通りギターが専門になって了

──ひました。[05]

こうして日本人最初のフラメンコ・ギタリストは一九四〇(昭和一五)年に地元スペインで誕生するが、勝田が祖国に錦を飾るのはそれから六年後の一九四六(昭和二一)年のことである。一九三九年九月の第二次世界大戦の勃発、四〇年六月のイタリア参戦、イタリア、ドイツそして祖国日本の敗戦、これらを彼の地で迎えた勝田は、戦争終結と同時にイタリアで連合国軍の捕虜となり、収容所生活を余儀なくされたのである。一九四六年、スペイン船「プルス・ウルトラ号」で、ヨーロッパの捕虜収容所に入っていた日本人が強制送還され、その年の夏に焦土と化した祖国にもどった。勝田保世もまたその一人であった。じつに九年振りの日本であったが、勝田は九年前に日本を発ったときの無名の音楽青年ではなかった。

❖日本で活躍する勝田

当時日本では、一九二九(昭和四)年の「世紀のカスタネットの女王」ラ・アルヘンティーナや一九三二(昭和七)年のテレジーナ・ボローナの公演などによって、一挙にスペイン舞踊(フラメンコ)への関心が高まり、主にバレエやモダン・ダンスから舞踊の世界に入った人達がスペイン舞踊に挑戦し、次第に国内で公演がおこなわれるようになり、スペイン舞踊の花を咲かせ、広がりを見せようとしていた。

日本は本場スペインについでフラメンコが盛んだといわれる。日本にフラメンコが盛んになった理由として、フラメンコに大きな意義を見出した先達たちのスペイン音楽やフラメンコへの飽くなき探求心と、それを日本に紹介したいという使命感に負うところが大きかった。その先達とは河上鈴子、葦原英了、伊藤日出男そして勝田保世の四人である。

河上は一九三一(昭和六)年に渡仏してスペインを含む欧州各地の舞踊を修業して帰国し、戦後スペイン舞踊の普及の陣頭に立った。葦原はフラメンコを日本人ではじめて理論的に論じ、当時のフラメンコに馴染みのなかった日本人にわかりやすく解説した。伊藤はギタリストとして日本のフラメンコ界の草分けにかかわり、黎明期の立役者になった。そして勝田はスペインからレコードや楽譜の資料を持って帰り、フラメンコ教則本や紹介記事を書いてその普及に努めた。彼の努力のお蔭で、奏法の難しいフラメンコを演奏できる人達が増えていった。勝田はまた劇場プログラムに執筆したり、雑誌『音楽の友』や『現代ギター』にフラメンコの記事を連載するなど啓蒙活動に努めた。その他映画における「黄線地帯」などでの弾き語り、宝塚の「ローサ・フラメンコ」への出演(男性アーティストの宝塚ステージへの出演はこの時の彼が初めてだった)など数えあげれば枚挙にいとまがないほどであり、その貢献は筆舌に尽くしがたい。

2 村岡玄と日本最初の本格的なスペイン語辞典

❖スペイン語辞典の編纂

日欧交渉史の研究で知られた村上直次郎は一九〇二年の暮れに欧州留学から帰国する。スペイン留学中に東京外国語学校の教授に就任していた村上は、一九〇二(明治三五)年末に帰国・着任し、翌一九〇三年から東京外国語学校の西語学科の主任教授として教壇に立った。

当時はスペイン語を学ぶ学生用の西日・日西辞典のない時代、学生は西英辞典と英西辞典を使って単語の意味を調べていた。そんな学生の苦労を身近に見て、村上はスペイン語と日本語の対訳辞典の必要性を感じていた。そんな中で、村上は辞書編纂を考え、文部省に辞書編纂費の助成を要請したところ、一九〇七（明治四〇）年に編纂事務の助手の手当てが支給されることになった。こうして西和辞典は篠田賢易教授（一八七一―一九一八）が担当し、和西辞典は村上自身が担当することで辞典編纂の仕事が始まった。両教授はスペイン語教育の仕事で多忙ではあったが、寸暇を惜しんで辞典編纂の仕事に打ち込んだ。しかしながら、村上は一九〇八（明治四一）年七月に四〇歳の若さで同外国語学校の第三代校長に任命されたため、西語学科の授業からも離れてしまうことになり、和西辞典編纂の仕事は、当時助手であった村岡玄に託すことになった。一方、篠田教授は西和辞典編纂の仕事を続けたが、喘息の持病から四七歳の若さで急逝したため、原稿はFの項目の半ばで断ち切れてしまったという。

村岡玄（一八八七―一九七六）は、群馬県世良田村《せらだ》（現在の群馬県太田市世良田）の出身である。一九一〇（明治四三）年に東京外国語学校を卒業して同年助手になり翌年までの一年間勤めるが、助手の手当てを打ち切られたために一年で母校を去ることになる。村岡は、東京赤坂区榎坂町に独力で東京西班牙語学会を創設し、スペイン語の普及と辞典の編纂を続けた。

スペイン語の出版物は明治時代にさかのぼる。明治に出版されたものに『スパニシェ会話』（明治三〇年）、『日本西班会話編』（明治三一年）、『西和会話篇』（明治三二年）、『西班牙語会話篇』（明治三三年）、「西班牙語会話篇」（明治三八年）、『スパニシ会話』（明治四〇年）、『西班牙語独修』（明治四〇年）、『スペイン語会話篇』（明治四〇年）、『日西会話』（明治四一年）、『西班牙語動詞字彙』（明治四二年）がある。その特徴は、英語やフランス語とは異なり、実践を重んじて会話本がまず出版されていることである。当時、スペイン語は中南米との商業上あるいは植民上の関係から必要であったからである。

村岡はスペイン語の入門書・参考書として『西班牙語会話文法』(上、大正三年、下五年)、『独修西班牙語全程』(大正七年)、『西文日語 径』(大正一二年)、『独修西班牙語全解』(大正一三年)、『会話独修西班牙語読本』(大正一四年)を刊行している。

一方、スペイン語辞典では、まず一九一六(大正五)年に酒井祥州編『新訳西和辞典』、一九一九(大正八)年に金沢一郎編『和西新辞典』、そして一九二五(大正一四)年には村岡玄編『いろは音引和西会話辞典』が刊行されている。

❖『スペイン語辞典』の刊行

村岡は一九〇八年にはじまった「西和辞典」を引き継ぎ、大正時代、参考書などの執筆と並行して辞典編纂の仕事に打ち込み、一九二七(昭和二)年についに刊行にまでこぎつけたのであった。

村上はその「序」で、次のような推薦文を贈っている。

村岡玄君は明治四三年東京外国語学校の西語学科を卒業されて以来、専心イスパニヤ語の研究に従事していられる我国有数の西語学者であつて、イスパニヤ語学習者の為め曩に西班牙語会話文法、独習西班牙語全解、いろは音引和西会話辞典を著され、今又西和辞典を公にさるるに到った。辞書編纂は非常な難事業であるが、同君は多年一日の如く熱心にして倦むことなく、此辞典を完成されたのみ

ならず、其印刷も亦自費で以てされたということで、其の篤学で勤勉なことは実に敬服に堪えず、ここに一言を述べて本書の発刊を祝し大に之を推奨するのである。昭和二年六月六日▼06

『西和辞典』は濃緑の表紙に鮮やかな朱色の文字が入ったスマートな装丁である。昭和二年六月二〇日初版発行で、定価六円五〇銭、発行記念の特価が五円五〇銭であった。総ページ数が八二〇ページ、一七×一二センチメートルの判である。発行所は東京西班牙語学会とあるが、これは前述のように村岡個人が設立した個人の組織であり、要するに自費出版であった。

一九三七(昭和一二)年六月に増補版、一九四九(昭和二四)年五月に増補二版、一九五二(昭和二七)年に増補三版、一九五六(昭和三一)年八月に新増補第一版、一九五七(昭和三二)年四月に新増補第二版、一九五七(昭和三二)年最後の新増補版は、ページ数一一二〇ページ、語数十数万語を数えている。

村岡の辞典編纂の基本姿勢は「いやしくもイスパニア(スペイン)語の文献に現れたる単語は、目にふれた言葉は一切あますことなく、ことごとくこれを収載することであった」。

一度辞典を刊行しても、語彙の増補は片時も休まない。次々と版を重ね、最後には語数が十数万を掲載する辞典になったのである。加えて、西和、熟語慣用句、和西の三辞典は車の両輪のごとく、そのいずれも欠くことはできないと考え、一九二九(昭和四)年には『西和熟語慣用句辞典』を刊行し、さらには『いろは音引和西会話辞典』を利用して和西辞典までも出そうというのである。『和西辞典』は印刷まで進んでいたことが推測されるが、詳細は不明である。それはともかく、一九四〇(昭和一五)年には文法書『新イスパニア語文典』をまた、昭和一七年には地名辞典『西・葡・墨・比・南米・伯・玖・ドミニカ・ハイティー地名辞典』まで刊行するなど、村岡のスペイン語普及のための戦いは想像を絶するものであったであろう。

村岡玄の『西和辞典』は昭和前半期においてわが国唯一の標準的な西和辞典として使用された。戦後初の本格的な西和辞典は、その後一九五八(昭和三三)年に刊行された高橋正武の『西和辞典』である。それは戦前の村岡辞典にとって代わる唯一の辞典として、スペイン語ブームの到来する一九九〇年頃まで使用された。

一九九二年にバルセロナでオリンピックが、またセビーリャで万博が同年開催される中でスペインイヤーが到来し、スペイン語学習者も増加の一途を辿った。スペインブームを予測した出版社は、スペインイヤーに向けてスペインとスペイン語に関する出版を企画し、そんな中で高橋正武『西和辞典』に代わる新しい時代の辞書が登場する。かつては一人の著者が編纂していたが、新しい時代の辞書の編纂には複数の著者が加わった。そうして刊行されたのが『西和中辞典』(一九九〇年)、『現代スペイン語辞典』(一九九〇年)、『新スペイン語辞典』(一九九二年)であり、二〇一〇年には『クラウン西和辞典』も加わった。二〇一五年にはいよいよ大辞典が刊行される。

3 ビセンテ・ブラスコ・イバニェスの来日とスペイン文学への関心の高まり

❖ベストセラー作家ブラスコ・イバニェス

ビセンテ・ブラスコ・イバニェスは一八六七年一月二九日にスペインのバレンシアに生まれ、一九二八年に南仏のマントンで六〇年の生涯を閉じている。政治家として、雄弁家として、拓殖家として、小説家として、そしてまた大衆の指導者として活躍したブラスコ・イバニェスの人生は、波乱万丈の六〇年であったといえよう。

一九一四(大正三)年に第一次大戦が勃発する中で、ブラスコ・イバニェスは大小説を矢継ぎ早に発表する。一九一五年に発表した戦争小説『黙示録の四騎士』は世界的なベストセラーになり、ブラスコ・イバニェスは一躍富豪の地位にのしあがるとともに、この作品によって小説家としての地位を不動のものとする。また三年後の一九一八年に発表した第一次大戦におけるドイツ潜水艦に纏わる戦争小説『われらの海』もまたベストセラーになった。

一九二三(大正一二)年、五七歳のとき、アメリカ・キューナー社の二万トンの新造船「ラ・フランコニア号」が処女航海を記念して、観光客をのせ、世界一周をすることになった。ブラスコ・イバニェスは見聞を広めようとする飽くなき精神から、世界周遊旅行に参加することになる。コースはニューヨークを出航して、キューバ、パナマ、ハワイ、日本、上海、香港、マカオ、フィリピン、ジャワ、シンガポール、ビルマ、カルカッタ、セイロン、スーダン、エジプト、ナポリ、モナコと続き最後はニューヨークにもどるというものであった。

東京外国語大学西班牙語学科・一九一七(大正六)年度卒業生の一人に岡部荘一がいた。彼はブラスコ・イバニェスの名作「五月の花」の翻訳者であり、ブラスコ・イバニェスとは知己の間柄であった。岡部はブラスコ・イバニェスが世界周遊旅行の途次、日本に立ち寄ることを知ると、同じ東京外国語大の二年後輩で当時同大学西班牙語学科の助教授であった笠井鎮夫にそのことを知らせた。笠井は、当時、読売新聞の文芸欄の執筆者の一人であり、その関係からブラスコ・イバニェスの来日のニュースを読売新聞に流した。こうして、日本ではブラスコ・イバニェス来日を期待する動きがにわかに始まったのであった。

注目すべきことは、日本のヨーロッパ文学は、本来、英訳書を通して読まれてきたことである。例えば花袋も藤村もゾラやモーパッサンを英語本で読んでいたのである。当時は英語の重要性が次第に大きくなる時代であり、アメリカでおこなわれた著者とその作品の人気度のコンクールがあり、小説部門ではブラスコ・イバニェスの『黙示録の四騎士』が世界第一位を占めた。ブラスコ・イバニェスは一躍有名な作家となり、当然アメリカから日本の文学界とジャーナリズムにそのことが伝えられたことは想像に難くない。[07]

ブラスコ・イバニェスが来日した一九二三(大正一二)年といえば、関東大震災が発生した年である。その年の九月一日午前一一時五八分、相模湾を震源地としたM七・九の大地震が発生する。この地震で東京より横浜のほうがはるかに大きな

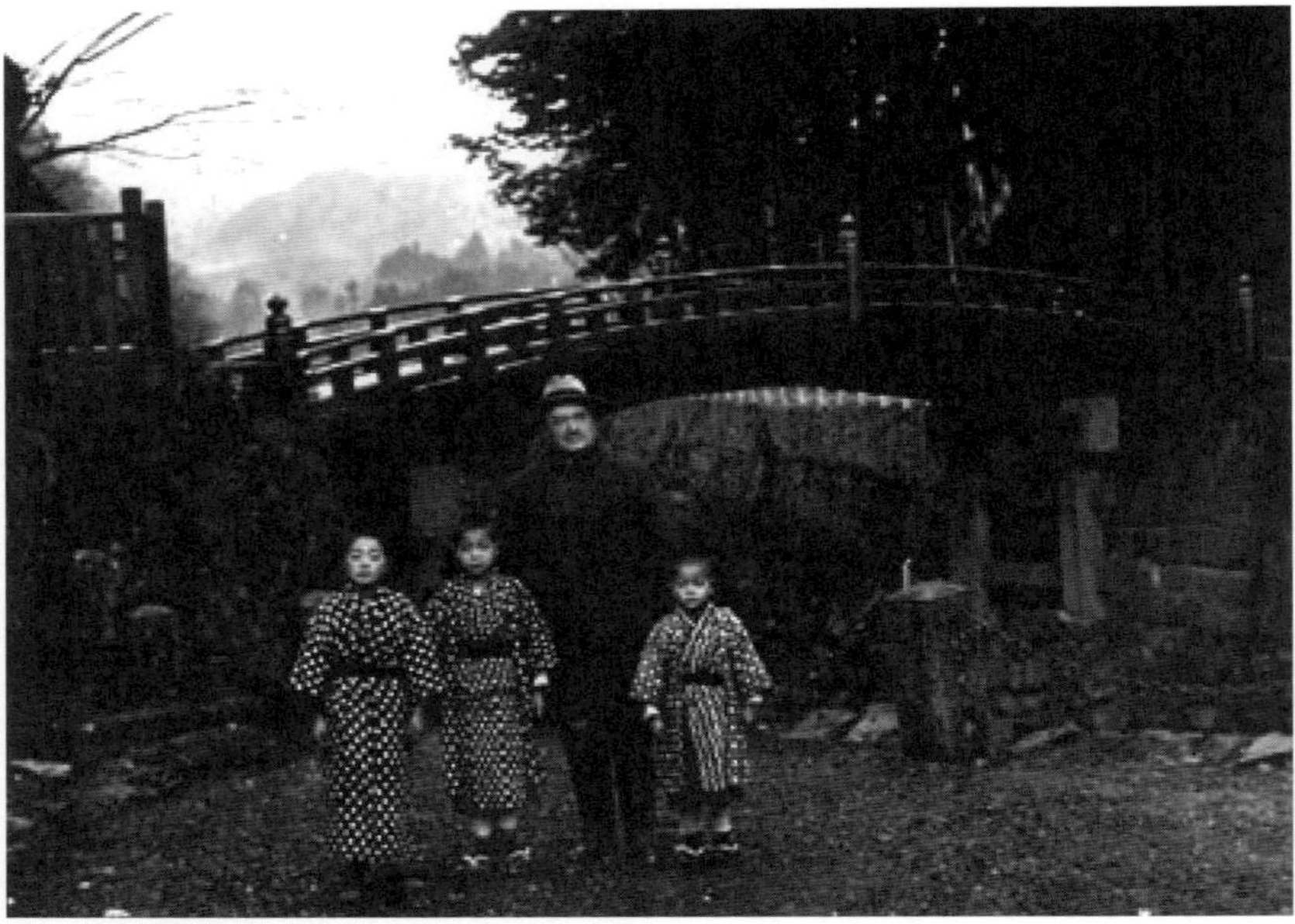

❖日本滞在中のブラスコ・イバニェス。

被害を蒙った。

（横浜の）グランド・ホテルおよびオリエンタル・ホテルの如きは、内外紳士の午餐を摂らんとしてヴェランダ又はホールに休憩しつつある際、突如大廈（大きな建物）が轟然たる大音響を立てて倒潰し、紳士淑女が其の下敷きとなり、救う遑もなく、同厨室より発したる火が壮麗なる高閣を灰燼に化し、来賓外人の死者約百名、雇用人約八〇名の中、其の十中八九は圧死し、……▼08

それからおよそ五か月後の一二月二三日、すでに世界的な小説家として知られるブラスコ・イバニェスを乗せた「ラ・フランコニア号」が横浜港に入港した。横浜のホテルが壊滅していたため、ブラスコ・イバニェスは船内で寝泊りしながら、東京に通ったという。

❖ブラスコ・イバニェスの講演会

日本ではすでに「黙示録の四騎士」と「小屋」の翻訳が出版されており、またこの年、著者の来日を記念して「接吻」と「ひきがえる」が『報知新聞』に発表されている。自然主義のスターとしてスペインに登場し、西欧文壇にもその陣営をにぎわす一人として興味をもたれていたブラスコ・イバニェスであってみれば、自然主義に夜も日もあけぬ日本にあって、名ぐらいは一部の人々の間で伝えられていたようだ。▼09

翌二四日のクリスマス・イブには、関東大震災で焼け残った有楽町・報知新聞社講堂において、ブラスコ・

イバニェスは「小説とその社会的影響」のタイトルで講演をおこなった。講演会には二〇〇〇人の聴衆が詰めかけたという。当日はまずスペイン文学者の永田寛定《ながたひろさだ》がスペイン文学を紹介し、次いで文豪ブラスコ・イバニェスがスペイン語で講演をおこない、最後にスペイン文学・語学者の笠井鎮夫が通訳として演壇に立った。ブラスコ・イバニェスの日本滞在は一週間、この間、古都京都まで旅をするなど、日本訪問を満喫して帰国の途に就いた。

文豪が来日したのは一九二三年のこと、この来日の直後から、ブラスコ・イバニェスの作品の翻訳が、まるで急にぼたんの大輪の花びらがひらくように始まった。またこれを契機にしたかのように翌年以降ハシント・ベナベンテ、アソリンなど主に現代のスペイン文学作品が多数、永田や笠井によって翻訳出版されるようになる。

ブラスコ・イバニェスの来日によって、彼の作品は流行し、わが国に当代スペイン文学の翻訳書出版の気運をもたらした。ヨーロッパ大戦の最中に出版されて人気を博した「黙示録の四騎士」がすでに三浦えつ造訳で出版されていたが、ブラスコが来日した翌年の一月には岡部荘一訳の「五月の花」が新潮社「泰西最新文芸叢書」として、三月には永田訳の「死刑をくふ女」が新潮社「海外文学新選」として刊行された。また八月には笠井訳のピオ・バローハ「バスク牧歌調」が同じく「海外文学新選」として刊行され、九月には永田訳のハシント・ベナベンテ「作りあげた利害」を収載した「近代劇体系」「仏蘭西及南欧編」が刊行されたのであった。

4 日本とスペインの皇室・王室外交

❖高松宮両殿下のスペイン訪問

スペインの王室と日本の皇室の出合いは、明治時代にさかのぼる。マドリードには在外公館があり、皇室の公式訪問が複数回あった。アルフォンソ一二世の治世の一八八二（明治一五）年に有栖川宮熾仁親王が、またアルフォンソ一三世の治世では、一八八九（明治二二）年に有栖川宮威仁殿下、一九〇二（明治三五）年に小松宮彰仁殿下、一九〇八（明治四一）年に久爾宮邦彦殿下、一九〇九（明治四二）年に梨本宮守正殿下夫妻がスペインを訪れている。

一方、スペイン側からは、大正時代の一九一二（大正元）に、明治天皇御大喪の儀にアルフォンソ・デ・オルレアン殿下がスペイン国王御名代として来日している。

アルフォンソ一二世と一三世の時代にスペインを訪れた皇族は、いずれも宮家の王と王女であった。昭和になると、天皇家からはじめて高松宮宣仁殿下ご夫妻がスペインを公式訪問している。

一九二九（昭和四）年五月二日、英国国王ジョージ五世の第三皇子グロスター公が、英国国王の名代として来日、皇居でガーター勲章を天皇陛下に贈呈した。これに対する答礼として、欧州に送られる陛下の名代に高松宮殿下が決まり、新婚一か月余という喜久子妃殿下もお供をすることになった。

高松宮殿下ご夫妻は一九三〇（昭和五）年にグランド・ツアーで一年におよぶ世界旅行をおこない、一四か月をかけて欧米二四か国を歴訪、そのうちイギリスとスペインは公式訪問であった。

英国に二週間滞在した後、ベルギー、オランダ、ベルリン、ストックホルム、オスロー、コペンハーゲン、ワルソーと廻り、その年の一一月三日、第二の公式訪問国スペインに到着する。昭和天皇が即位された一八二八年に、スペイン国王より勲章(Caballero de la Insigne Orden de Oro)が贈呈されたので、昭和天皇はその答礼として、弟宮である高松宮殿下を名代としてスペインに派遣されたのであった。

喜久子妃はその著『菊と葵のものがたり』のなかで、スペイン到着の日のことをこう回想している。

夏から秋にかけて、約三か月間、北欧をふくむヨーロッパ諸国を歴訪していた私達は、次、いよいよ第二の公式訪問国スペインに入ることになった。

一一月三日、故国では菊かおる明治節のよき日、午前一〇時三〇分、特別列車で「君が代」奏楽裡にマドリッド北駅へ到着すると、皇帝の御名代として御従弟に当るアルフォンソ・デ・オルレアンス殿下、皇后の御名代として第一内親王ベアトリス殿下がお迎えに出ていてくださった。航空兵少佐のオルレアンス殿下は、かつて明治天皇御大喪の儀にスペイン皇帝御名代として来日参列され、菊花大綬章をおいただきになっている。それをこの日佩用しておられた。私達は英国での前例にしたがってこの国でも三日間、マドリッドの宮殿に滞在する予定になっていた。[10]

❖アルフォンソ一三世の歓迎スピーチ

スペインはアルフォンソ一三世の治世下にあった。父王アルフォンソ一二世が二五歳という若さで亡くなり、一年後に誕生したアルフォンソ一三世は、珍しくも誕生とともに国王に即位し、一九三一年までのじつに四五年の長きにわたって王位に就いた。

一九二九(昭和四)年といえば、プリモ・デ・リベラ軍事独裁(一九二三—三〇年)の末期にあって、好調だった経済も世界恐慌の影響を受けて悪化の一途を辿り、独裁体制が崩壊して、リベラを信任し独裁政治を許してきた国王にも批判の眼が向けられようとしていた。

このように当時非常に不安定な国内情勢の中にあったが、国王は王族とともに高松宮殿下ご夫妻を白亜の王宮で出迎えた。正午に天皇陛下より国王へ大勲位菊花章頸飾(最高位の勲章)の贈呈の式典がおこなわれ、国王から高松宮殿下に勲章(Insignias del Collar de Carlos III)が、また喜久子妃にマリア・ルイサ大綬章が贈られた。式後一時半から国王陛下主催の午餐会が、そして夜にはまた国王陛下主催の公式晩餐会がおこなわれた。晩餐会のメニューは、さすがに美食の国だけあって皿数が多く、バッキンガム宮殿の倍ほどはあったというが、デザートが出ると、菊花章頸飾やいくつもの勲章を身に着けたアルフォンソ一三世は、次のような歓迎のスピーチをされた。

❖スペイン国王アルフォンソ13世(在位1886-1931年)。

高松宮両殿下の御来訪は数世紀来両国の間に存在する幸福なる関係の一確証であり、又今回日本に於てかの有名なる航海者、ドン・ロドリゴ・デ・ヴィヴェロの日本上陸記念塔を建て両国交通の発端を記念したことは朕の大いに嘉賞する所である。(……)日本の天皇皇后両陛下、貴両殿下及び皇室の

――ため、日本国民のため、この盃をあげ以てその幸福と繁栄を祈る。▼11

翌日の午後は、国王自らの案内で王室の廟所のあるエル・エスコリアルを訪れている。そこはマドリードから北西五〇キロのところにある。往路は国王が高松宮殿下と、妃殿下がプリンセル・ベアトリスと二台に分乗して一時間ほどのドライブを楽しまれたが、復路は国王がご自分の車に妃殿下を誘われ、高松宮殿下はプリンセスとドライブされた。国王は外交官はだしの社交術で知られ、狩猟、ポロ、テニス、フェンシング、ゴルフそして車までこなすスポーツマンであった。

その夜は、マドリードの日本公使館で高松宮殿下ご夫妻主催の晩餐会が開かれ、国王、アルバ公爵夫妻はじめそうそうたるゲストが勢揃いし、盛会であったと伝えられる。

高松宮殿下ご夫妻はその後、南部の主要都市を歴訪し、最後にスペイン第二の都市バルセロナを訪れ、「東京通り」の命名式に参列して、スペイン公式訪問を終わっている。

それからわずか五か月後の一九三一(昭和六)年四月におこなわれた総選挙で大都市を中心に共和派が勝利したことから全国で王制廃止の動きが強まり、国王一家はフランスに亡命を余儀なくされた。しかしスペインは共和制の成立で安定した国になったわけではなかった。その後も国は左右に大きく揺れ、ついに国を二分する内乱に突入して、一九三九年にはフランコ将軍が全権を握り、三六年に及ぶ独裁時代が始まるのである。

高松宮両殿下は、両国王室・皇室の関係がいつまでも変わらず友好的に続くものと思っていただけに、スペイン王室の運命に驚きを隠せなかったようだ。

国王アルフォンソ一三世は、一〇年後の一九四一年に亡命先のイタリアで亡くなった。王の霊廟でもあるエル・エスコリアルを訪れた際、「ここが私が眠る所です」と喜久子妃に指差した国王であったが、国王の遺骨が王の霊廟に戻ったのは、フランコ政権崩壊後の一九七五年のことであった。

5 スペイン美術・建築の紹介と摂取

1 エル・グレコと大原美術館

❖児島虎次郎と大原美術館

岡山県倉敷市にある大原美術館は、約三〇〇〇点にのぼる作品を収蔵しているといわれる。そんな中でも、大原美術館は一九二〇年代からエル・グレコの作品のある美術館として広く知られている。

大原美術館は、一九三〇(昭和五)年一一月五日に開館した。倉敷紡績社長であった大原孫三郎(一八八〇―一九四三)は、「大原コレクション」の蒐集に貢献した洋画家、児島虎次郎(一八八一―一九二九)の業績を称え、私財を投じて建設したものである。

児島は、岡山県川上郡下原村(現高梁市成羽町下原)に児島弥吉・雪の次男として生まれる。生家は「橋本屋」という旅館・仕出し業を営んでいた。幼時より画才に秀でていたが、早くに父を失い、小学校卒業後は絵筆を置いて家業を手伝っていた。しかし画家を志す気持ちは強く、一九〇一(明治三四)年、二一歳のとき、絵画を学ぶために上京、翌一九〇二(明治三五)年に東京美術学校(現東京藝術大学)西洋画科選科に入学する。苦学生の児島は大原奨学会に学費援助を申し出て、大原家の奨学生として受け入れられる。一九〇四(明治三七)年に大学を卒業。さらに同研究科に進学する。一九〇七(明治四〇)年、同科二年の在学中、恩師で洋画家の黒田清輝から、東京上野公園で開催される東京勧業博美術展に出品を勧められる。「里の水車」と「情の庭」の二点を出品したところ、前者が一等賞に入賞、後者は皇后陛下の目にとまり宮内省買い上げとなった。

児島の活躍を大いに喜んだ大原は、児島に一九〇八(明治四一)年から五年間ヨーロッパに留学させた。児島はベルギーの地方都市ゲントで西洋絵画を学び、印象派の影響を受けて帰国する。だがしかし、当時の日本には西洋画家の本格的なコレクションが必要であると考えた児島は、孫三郎に西洋画の蒐集を進言し、これが大原美術館誕生の

❖岡山県倉敷市の大原美術館は日本最初の西洋美術中心の私立美術館であり、エル・グレコをはじめ、ゴーギャン、モネ、ルノワール、マティス、青木繁、岸田劉生、小出楢重、佐伯祐三、松本竣介、萬鉄五郎ほか、近現代の貴重な作品をコレクションしている。

契機となるのであった。

❖児島とエル・グレコとの出会い

児島の二回目からの渡欧の目的は、後の大原美術館の基となる西欧絵画のコレクションの蒐集であった。一回目の蒐集は一九一九(大正八)年のこと、現代フランス絵画が中心で、モネの「睡蓮」、マチスの「画家の娘」など一八人の作品二七点を入手している。この時、児島は四四日間におよぶスペイン旅行を企てている。マドリードでは、当時スペインに留学中の京都の画家須田国太郎(一八九一―一九六一)と出会い、彼の案内でプラド美術館を訪れている。館内で児島は、エル・グレコ、ベラスケスやゴヤの作品と出合って驚きを禁じえなかった。なかでもエル・グレコの炎のようにゆらめく宗教画の前で児島は感動して体が動かなかったという。その絵は「La Anunciación」と記されていた。「受胎告知　聖母マリアへのお告げ」である。

「神秘的でしょう」

須田の声が耳に入らない。虎次郎は雷に打たれたように、立ちつくしていた。[12]

二回目の蒐集旅行は一九二二年のこと、このとき児島はゴーギャンの「かぐわしき大地」、ロートレックの「マルトX夫人の肖像」らとともにエル・グレコの「受胎告知」を手に入れたのであった。「受胎告知」を入手したのは、スペインではなくフランスであった。パリの凱旋門の近くにある有名画廊ルネーム・ジュンヌを覗いていた児島は、壁にかかっている「受胎告知」を見つけ、それを日本に持ち帰ったのであった。「受胎告知」

❖エル・グレコ（1541-1614）『受胎告知』。プラド美術館

は、大原美術館の顔である。

――素晴らしい。グレコ一点を見るだけでも来た価値があったよ。[13]

一九二三（大正一二）年七月三一日、京都の洋画家黒田重太郎（二科会会員、一八八一―一九七〇）は、倉敷の大原家の蔵に置かれていたエル・グレコの名画を前にうなったという。その後、日本でもエル・グレコの名は人口に膾炙し、スペインに旅する日本人は必ずトレドを訪れて、エル・グレコの家で名画を鑑賞するようになった。

2 大正モダン建築とスペイン

❖スパニッシュ風建築

大正から昭和にかけてスパニッシュ風建築が全国各地で建設された。

スパニッシュ風建築とは、スペインと関係はあるが、米国のスペインつまり北アメリカに渡ったスペイン系移民の伝統的な建築様式のことである。

スペイン人がアメリカ（現・アメリカ合衆国）にはじめて足跡を印したのは一五一三年のことであり、ポンセ・デ・レオンがその年にフロリダに上陸している。スペイン人は一五四二年にカリフォルニアを発見し、二二七年後の一七六九年には本格的な植民を開始している。この年、スペイン人神父フニペロ・セラが南のサンディエゴにミッションの第一号（サンディエゴ・デ・アルカラ）を建設している。その後、第二号のサン・ルイス・レイ・デ・ハランシア、第三号のサン・フアン・カピストラーノと建設が続き、サンフランシスコの北七〇キロにあるソノマ町に最後のミッション（二一号のサンフランシスコ・デ・ソラノ）が建設された。二一のミッションはカリフォルニア・ミッションとして知られている。

ミッションとは言うまでもなく「（キリスト教の）伝導村」を意味する。具体的には教会とそれに付随する建築群のことである。スペイン人が開拓した土地は一八五〇年にアメリカに譲渡され、スペイン風建築はアメリカの伝統的な建築様式の一つとして組みこまれ、やがてスパニッシュ・ブームの震源となり、太平洋を越えて対岸に伝えられることになる。

戦前の日本の建築界で、スパニッシュ風建築が大流行したといわれる。この様式が日本に入ってきたのは大正時代のこと。それは日本の新しいスタイルが模索されていた時代であり、そこで注目されたのがスパニッシュ風建築であった。

一九一五年にパナマ運河開通を記念してサンフランシスコで「パナマ・パシフィック博覧会」が開催され、これを契機にスパニッシュ風建築、正確に言えばスパニッシュ・コロニアル・リバイバル・スタイルが、かつてスペインの植民地であったフロリダやアメリカ南西部を中心にリバイバルしていた。スパニッシュ・コロニアルは一九二五年に流行のピークに達し、アメリカ全土で建設されたという。

第一次大戦後、スパニッシュ風建築真っ盛りのアメリカに建築の視察に訪れた日本の建築家に渡辺節、古塚正治、木子七郎、武田五一らがいた。彼らは、スパニッシュ風建築を前にして新しい建築の潮流を感じとって帰国し、日本での建築にスパニッシュ風建築を採り入れていったのであった。

日本で最初にスパニッシュ風建築を紹介したのは、関西建築界の父として知られた武田五一（京都高等工芸学校教授）であり、一九一五（大正四）年のことである。一九二一（大正一〇）年には谷本甲子三《かしぞう》によってはじめて日本に導入され、一九二二（大正一一）年には大林組が組内のスパニッシュ風作品第一号を桜ヶ丘住宅改造博覧会（箕面市）に出品している。

武田は、スパニッシュ風建築が和洋折衷にもっとも適していると考え、「理想の住宅」としてスパニッシュ風建築を推奨したという。スパニッシュ風建築は全国的な広がりをみせ、なかでも武田の影響力の強かった関西において、特にスパニッシュ風建築が広く受け入れられることになったのであった。

❖ウィリアム・メレル・ヴォーリズ

日本におけるスパニッシュ風建築を語る上で忘れてはならない人がいる。ウィリアム・メレル・ヴォーリズ（一柳米来留、一八八〇―一九六四）その人である。彼は一八八〇年一〇月二八日に、アメリカの西部開拓の地カンザス州レブンワースに生まれる。

一九〇四年にコロラド大学を卒業後、コロラド・スプリングス市のＹＭＣＡに勤務し、一九〇五（明治三八）年に北米ＹＭＣＡ本部から紹介された「青年英語教師」として来日し、琵琶湖畔の町、近江八幡市に来着、この地の滋賀県立商業学校（現滋賀県立八幡商業高等学校）で英語教師として働くとともに、下宿でバイブルクラスを開始する。しかし、キリスト教伝道活動が原因で、一九〇七年に高校教師を解雇される。ところが、これが逆に幸いして、以後、ヴォーリズは多面的な活動をはじめる。

翌一九〇八（明治四一）年一二月、京都三条柳馬場に建築される京都ＹＭＣＡ会館新築工事の現場監督に就任し、同会館内に「ヴォーリズ建築事務所」を開設する。元々建築家を志望していたが、その道を一度はあきらめていた。そんなヴォーリズがここで素人ながら建築家の道を歩みはじめることになる。しかし素人ではあったが、「ヴォーリズさんが図面殊に平面図を引かれるときは、インスピレーションに満ちた構図、計画は、忽然として出てくる天才肌のひと」（「近江ミッション・ハンドブック」）であったといわれるほどで、建築家として活躍し、大きな足跡をわが国に残すことになる。

一九一〇年には京都の設計事務所が発展して建築設計監理を主業務とするヴォーリズ合名会社となる。

ヴォーリズ来日五年目、三〇歳のときである。さらに一九二〇(大正九)年にはヴォーリズ合名会社を解散して、WMヴォーリズ建築事務所と近江セールズ株式会社となる。

ヴォーリズの手がけた建築物の件数は、明治の終わりから昭和一八年の三八年間に国内外含めて一六〇〇棟以上を数えるといわれ、作品は近江ミッション、キリスト教会、学校、小学校・幼稚園・保育園、病院、社会・文化施設、銀行・保険・商業、住宅など多岐にわたっている。

ヴォーリズの出身地であるアメリカ西部は、東部と比べて建築活動では保守的で、伝統的な建築様式が守られてきた。それらはコロニアル建築の名でひとくくりされるが、実際は中身が多様である。そこに来着した移民は北欧、ロシア、ドイツ、スペインとさまざまであったからだ。そんな土地で育ったヴォーリズは、さまざまな建築スタイルのレパートリーを持っていたことが想像できる。その一つがスパニッシュ風建築といっていい。そしてスパニッシュ風建築の原点は合衆国の中西部で二〇世紀初頭に復興したそれであった。

❖ヴォーリズのスパニッシュ風建築

ヴォーリズが範とした建築様式は、アメリカ植民地時代にその源を持つ米国コロニアル・リバイバル・スタイルであった。このコロニアル・リバイバル・スタイルにはコロニアル風とスパニッシュ風の二つの種類がある。スパニッシュ風が西部沿岸に渡ったスペイン入植者の精神を表す伝統的な建築様式であるのに対して、コロニアル風は東部沿岸に渡った英国人やオランダ人入植者の精神を表す伝統的な建築様式である。

ヴォーリズ研究の権威、山形政昭はヴォーリズが一九一二(大正元)年から一九四四(昭和一九)年までの三二年間に設計した住宅を調査して、その傾向を次の四期に分けている。

第一期――大正前半期の一〇年
第二期――大正後半期から昭和六年まで
第三期――昭和六年から一〇年まで
第四期――昭和一一年から一九年まで[14]

❖ヴォーリズ設計によるスパニッシュ・バロックの洋館、矢尾政レストラン(現東華菜館)。

❖矢尾政レストラン(現東華菜館)のメインエントランス上部の装飾。

第一期ではコロニアル風が中心であったが、第二期に入るとスパニッシュ風が中心になっている。スパニッシュ風にはスパニッシュ・コロニアルとスパニッシュ・ミッションとの二つの様式があり、まずはミッションが導入され、ついでコロニアルが導入された。そして第三期になるとスパニッシュ風に加えてさまざまなスタイルが取り入れられるようになる。

ヴォーリズは第二期の一九二一年にスパニッシュ風建築の実作第一号として鈴木邸（東京）を完成しており、その後池田邸（一九二三年、東京）、朝吹邸（一九二四年、東京）、駒井邸（一九二七年、京都）、小寺邸（一九二九年、京都）、佐藤邸（一九三一年、近江八幡）、住井邸（一九三一年、八日市市）、湯浅邸（一九三三年、西宮）、近江岸邸（一九三六年、堺）といったスパニッシュ風の住宅建築を手がけたほか、矢尾政レストラン（現東華菜館、一九二六年、京都）、関西学院上ケ原キャンパス（一九二九年、西宮）、神戸女学院（一九三三年、西宮）、彦根高商陵水館（現滋賀大学陵水館、一九三八年、彦根）などのスパニッシュ風建築を残している。

6 スペイン内戦と日本

わが国で二・二六事件の起こった一九三六（昭和一一）年七月一七日、スペインの反乱軍のフランコ将軍らは共和国政府に対して軍事クーデターを起こした。軍事クーデター側も政府側もともに短期間でしかも内乱程度で終結をみるだろうとの予測は見事にはずれ、スペインは共和国陣営と反乱軍陣営の真っ二つに分かれ、二年八か月に及ぶ熾烈な戦いに展開していった。

これはスペイン内戦と呼ばれるが、開戦直後からドイツやイタリアは公然とフランコ反乱軍を支援し、それらに遅れてソ連は共和国を支援し、双方とも兵器類や兵員を戦線に投入した。一方、ヨーロッパ列強はスペイン内戦が波及するのを恐れて、不干渉宣言をおこなった。これに対し、共和国にシンパシーを抱く世界四五か国の知識人や労働者およそ四万人を数えた義勇兵が「国際旅団」を編成し、スペイン各地の戦線で戦った。このようにスペイン内戦は国内の範疇を越えて国際的な戦いになったため、スペイン戦争とも言われる。

スペイン内戦が始まった一九三六年、日本はすでに三一年の満州事件に始まる一五年戦争の過程にあった。三六年には二・二六事件と日独防共協定、三七年には盧溝橋事件と、日本は軍国主義へと急傾斜してゆく。スペイン戦争たけなわの三七年一二月一日、スペイン内戦には静観主義の姿勢を堅持していた日本政府は、スペイン共和国政府と国交を断絶し、いまだ勝利を確信し得ないフランコ政権を正式政府として承認を宣言した。これは、日本にとって、泥沼化する日中戦争の活路を求めるためにも、外国政府、とりわけヨーロッパの列強から承認されることによって、日本が国際的孤立状態から脱却するよき契機となったのである。

日本の置かれていた国際環境の変化とくにスペイン内戦に参戦しているソ連との関係が、日本をしてスペイン内戦へ急接近させる契機となった。スペイン内戦は、ソ連軍の軍事情報の収集に格好の場となったからである。日本とフランコ反乱軍との接触は、まず軍部が動いた。日本政府のフランコ政権承認以降、スペインでの戦場での調査が順調に進み、スペイン公使館付武官守屋精爾《もりやせいじ》中佐は「作戦武官」としてフランコ軍に迎えられ、豊富な作戦情報を入手することができた。

しかしながら、各国の腕ききの特派員がスペイン内戦に乗り込んでいったとき、日本からはただひとりの特派員も姿を見せなかった。評論家として著名な石垣綾子は、対岸の火事視的な対スペイン政策を堅持していた日本から義勇兵として参戦した者は一人もいなかったと言っている。[15]

そんな中で義勇兵としてアメリカから参戦したジャック白井という日系人がいたこと、そしてまたスペイン内戦の真っ只中をフランコ側と共和側の両サイドから取材し、一九三七年七月一一日にマドリード郊外で戦死したジャック白井の死を報じた在米国際派ジャーナリストの坂井米夫がいたことをわれわれ日本人は誇りとしなければならないだろう。

歴史家色川大吉も「日本精神史の落丁」として、次のように述べている。

> ベトナム戦争が一九六〇年代の世界の良心を揺さぶった事件とするなら、スペイン戦争は一九三〇年代の全世界の真の人間の声を呑み込んだ感があったという。ところが、日本人はほとんどこれに関心を示さなかった。
>
> 当時の日本のおもな雑誌『改造』『中央公論』『文藝春秋』『セルパン』『世界文化』『自由』『行動文学』などが、一九三六年から三八年にかけて、かなりの量の情報をスペイン戦争について流していながら、日本の作家、思想家、労働者、社会運動家のうちだれひとり、銃をとって国際義勇軍に投じるものがなかった。[16]

1 義勇兵ジャック白井

❖ジャック白井、アメリカ合衆国へ

ジャック白井は一九〇〇年頃、北海道函館ないしはその近郊に生まれたとされる。生まれてすぐに両親に捨てられ、孤児となった。渡島当別《おしまとうべつ》のトラピスト男子修道院付属孤児院「トラピスト学園」で育てられたといわれる。ただし同修道院は子供の将来を考えて孤児の記録をいっさい残さなかったので、少年時代から青年時代まではまったくの空白時代である。修道院付属の野上小学校を卒業する頃、彼は孤児院から脱走し、函館で港湾労働者や漁船の労務者などさまざまな遍歴を重ね、浮浪児生活をしたともいわれる。

二七歳の頃にアメリカに密入国し、ニューヨークに上陸する。当時アメリカは経済パニック寸前であった。そんな時代にあって、白井は船員時代に身につけたコックの腕で職場を転々としながら、日本人の経営する日本食レストラン「島」でコックとして落ち着くことになる。

彼はもともとイデオロギーには目覚めていなかったが、劣悪な条件の下で働く労働者の実態などアメリカ社会の底辺に生きる人々との接触の中から、社会的な関心に開眼していったようだ。その結果、日本の中国侵略反対デモやワシントンに向かうハンガーマーチのような社会的な活動に参加し、「日本人労働者クラブ」の結成に参画していった。

スペイン内戦が勃発して間もなく、コミンテルンの指令で、各国の共産党にスペイン国際義勇兵を募ったとき、白井も応募することになる。一九三五年九月の段階で、すでに登録していた。スペイン内戦の研究で知られる川成洋《かわなりよう》によれば、彼には、虐げられた者に対する限りない優しさと、おのれの信じるものにただひ

❖ジャック白井(中央)とJ・フォード(1937年4月)

たすら突き進んでゆく、いわば、本当の意味でのクリスチャニティのようなもの、こうしたものが動機付けとなったようだ。[17]

一九三六年一二月二六日午後三時、白井はアメリカ人義勇兵第一陣九六人の一人として、フランスのルアノーブル行きの新型汽船「ルマンディ号」に乗り込み、ニューヨークを出航した。当時、アメリカ人がスペイン内戦、とりわけ共和国陣営の戦列に加われば、一〇〇〇ドルの罰金か三年の禁固刑を科せられるわけで、それを覚悟しての出征であった。

白井ら第一陣は、フランスのルアノーブルに着き、そこからパリに出て、パリの「スペイン人民戦線派遣義勇軍委員会」で再登録し、オストリッツ駅から七七号列車、後に「赤の列車」といわれる列車に乗り込み、ペルピニョンを通過して、フランス国境側で降り、あとはピレネー山脈を徒歩で越えた。翌年の一月六日、バルセロナ、さらに今や共和国中央政府の首都となっているバレンシアを経由して、国際旅団の基地と総司令部のあるアルバセーテに到着した。

❖ジャック白井の戦死

白井は英語を話したため、英語圏の旅団である第一五国際旅団「エイブラハム・リンカン大隊」の一兵卒、そして炊事兵として従軍した。最初の戦闘は、二月六日から二四日にかけてのことで、マドリード南西部にあるハラマ河の戦線であった。ついで、七月六日から二八日にかけてのことで、マドリード防衛戦の最大の激戦地となったブルネテの戦線であった。ここでは両軍ともに戦車や航空機など近代兵器を総動員した、内戦始まって以来最大の決戦がおこなわれた。

そんな中、一九三七年七月一一日、ブルネテ村から五キロメートル北の、ビリャヌエバ・デ・ラ・カニャーダ村で、白井は攻撃してくる敵弾のために動けなくなった味方の食糧車を動かそうと塹壕から飛び出したとたん、敵の狙撃兵の機関銃弾を頸部に受けて即死した。こうして三七歳の短い生涯を閉じたのであった。

その日、遅くなって戦塵が収まった頃、彼は戦死した五人のアメリカ義勇兵と一緒に埋められたのであった。白井のために、次のような粗末な墓標が立てられた。

―――

ジャック・シライ。日本生まれ、

一九三七年七月一一日戦死。

❖カタルーニャ州レウスを訪問したフランシスコ・フランコ。

──彼の故郷に敬意をよせて、彼の勇気を讃えて──

ジャック白井の戦死した日、すなわち一九三七（昭和一二）年七月一一日は、日本をあの悲惨な太平洋戦争へみちびいた盧溝橋事件発生から四日後のことである。日中戦争はこの日全面的に拡大され、ついに太平洋戦争に突入した。

白井の戦死後、スペインの戦況は人民戦線軍にとって、次第に敗北の色を濃くしていった。一九三八年国際義勇団は解散を命じられ、三九年三月にバルセロナが陥落、そしてついに三九年三月二八日、フランコ軍はスペインの心臓マドリードに入城、人民の武装革命は敗北し、フランコ独裁の時代が始まるのである。

2 坂井米夫の内戦取材

❖坂井、フランコ将軍に会見

国際ジャーナリストとして一世を風靡した坂井米夫（一九〇〇―七八）は、佐賀県の出身である。一九二六年、二六歳の頃、坂井はアメリカに行く機会に恵まれた。当時、日本はちょうど時代の転換期にあった。時代は大正デモクラシーから、軍国主義の昭和への道を歩みはじめており、まさに暗い時代であった。そんな時代を生きる坂井の眼前に現れた自由を享受できるアメリカは、坂井の心を魅了し、坂井はアメリカで新聞記者として働くことになった。

一九三七年三月にパンアメリカン航空によってマニラ＝香港間に定期航路が開かれることになると、坂井はその第一便に最初の日本人として乗り込むことを企画する。民間航空機を乗り継ぐことによって、二八日間で世界一周旅行をして、飛行機で立ち寄った先々から、現地便りを日本に送るといった国際的な企画であった。商業飛行による世界初の世界一周旅行を実現させようと、坂井は企画書を所属の朝日新聞東京本社に送ったところ、承諾の回答を受理した。しかしながら、いよいよ飛ぶ段になって企画中止となった。当時の朝日新聞は国産機「神風号」の欧亜連絡初飛行（立川―ロンドン間）に全社で取り組んでおり、そんな中で彼の企画は国威発揚にそぐわないという理由でボツになったのであった。

とはいえ、朝日新聞から提供された資金は有効であった。ではそれを何に使おうかと考えた坂井は、ニューヨーク支局長の森恭三と協議のうえ、その前年にヨーロッパの南端スペインで勃発していたスペイン内戦の取材にあて、その後、欧州からできればヴォルガ河を下ってアストランカに出て、中近東を一巡して東京に帰ろうと決めたのであった。

当時スペイン内戦の両陣営には、世界中の一流の特派員が取材に殺到し、世界の新聞の見出しを独占したといわれるほど、取材合戦が繰り広げられていた。しかしながら、日本からは一人も特派員を送っていないことを不思議に思うと同時に世間をあっと驚かせることをしたかった坂井は、スペイン内戦取材を思いつき、朝日新聞東京本社に、スペイン、近東巡礼計画を相談したところ、「それはよい、叛乱軍（フランコ将軍の支配地域）の側ではコルドバ、グラナダ、セビーリヤ、サラマンカ、ブルゴス、サラゴサを、政府軍（人民戦線といっていた）側ではマドリード、バレンシア、バルセロナなどを訪問し、マドリードにいる米人作家ヘミングウェイの話を聞くように、中近東については追って指令する」と回答してきたという。▼18

本社からスペイン内戦の取材の了承を得た坂井は、一九三七（昭和一二）年から三八（昭和一三）年にかけて、特派員として風雲急を告げる欧州を旅行、とくにスペイン内戦の報告に力を注ぎ、フランコ反乱軍と共和国人民戦線両軍から取材することになった。出発前に森恭三支局長から「ナチスとファシストが、露骨にフランコ軍を援助しているから、日本の軍部が増長しないように、政府軍のことも公平に見てください」[19]との助言を受けている。

坂井は東京朝日新聞の臨時特派員として、一九三七年六月に当時政権代表部のあったポルトガルのリスボンからスペインに入国し、そこで入国許可書を入手し、はじめはフランコ陣営（「反乱軍側」）へ、ついで共和国（「人民戦線側」）に入り、ほぼ三か月にわたって戦乱のスペイン全土を取材した。

坂井の取材は、アンダルシアのセビーリャから始まった。フランコ政権の本部のあったサラマンカでは、軍事蜂起一周年にフランコ将軍との単独会見に成功する。坂井によれば、フランコは独裁とか反動とかいう気分は微塵も感じられなかったという。フランコは坂井にスペインを共産主義の魔手より救うべく起ち上がったとのべ、さらにこう言ったという。

> 自分はトレド士官学校時代より日本及び日本国民を常に敬慕している……われわれのこの運動に対し最もよく理解しかつ同情されて、わが国民政府を一日も早く承認されんことを哀心より切望して止まない。[20]

一九三七年一二月四日、日本政府はスペイン共和国政府と国交を断絶して、フランコを正式に承認することになる。フランコの会見の背後には、すでに数か月前から日本政府との間に密約があったのであり、政治宣伝のために朝日新聞との会見に応じたものと思われる。

その後、坂井はサラマンカを発って北上を続け北の国境から難なく出国できるものと考えていた。ところが四月二六日にドイツ・コンドル飛行軍団による無差別爆撃によってバスク州の聖都ゲルニカの町が全滅して廃墟と化した。ゲルニカの真相が外国に広まるのを恐れたフランコ政府は、外国人新聞記者の出国を禁止した。坂井はアメリカ記者団の奔走で辛くも釈放され、出国が許可された。イルンとフランス側のエンダーヤの間に架かっている国境の橋を徒歩で無事に渡り、フランスへ引き上げたのであった。

坂井は、次のスペイン政府側の取材のため、フランコ陣営に入ったという証拠のついた旅券を破棄し、パリの日本大使館で旅券を再交付してもらい、さらに在パリのスペイン大使館でビザを取得する。また共和国大使館ではビザと記者証を改めて入手する。その後、南仏サン・ジャン・ド・リュスにあった「在西帝國公使館」に行くと、矢野眞公使から「あなたは本当に行くんですか。行かん方がよいがなあ。とても危険ですばい。万一のことが起ってても外務省としては『坂井個人の責任』ちゅうことになっとる」[21]といわれたという。

❖坂井、共和国側を取材する

共和国の取材は、南仏のトゥールーズから飛行機で、バルセロナを経由して、当時の共和国中央政府の首都があったバレンシアで始まる。

新聞はどれも支那事変を大きく取り扱っていて、日本はイタリア、ドイツなみにファッショの三悪玉というふうに書き立てており、日本人に対する人気はよくなかった。フランコ将軍側のようにここにはカトリックの修道士はおらず、また食べ物が不足していた。

坂井は、北米新聞連盟(NANA)の特派員としてスペイン入りしていたヘミングウェイに取材する機会を得た。

その後、共和国支配のマドリードに入った坂井は、野戦病院を取材した際、瀕死の重傷を負った米国人から、ブルネテで日本人義勇兵が戦死したという驚くべき事実をつかむ。

坂井はその後、政府側のヒラール外相、デルガード経済次官、ネグリン首相、ボラーニオス国防次官など共和国政府要人と会う一方で、日本人義勇兵のことを調べた。わかったのは、「ジャック、三五、六歳」だけであった。彼が「ジャック・白井」と判明するのは、それから三〇年後のことであった。

❖坂井の理想

坂井はバルセロナからフランスの国境のあるポウル・ボウに無事わたり、九月一四日にパリに戻った。ポウル・ボウに無事出たとき、坂井はひと言、「助かった」といっている。それは、一触即発の戦争をくぐりぬけた坂井の本音以外のなにものでもないであろう。

坂井のスペイン内戦の取材は、東京朝日新聞に三回にわたって連載された。第一回分は「坂井特派員ヴァガブンド通信」として、フランコ側の取材記事を掲載している。第二回掲載分は「ヴァガブンド通信――第二信」として共和国政府側の記事を掲載している。そして第三回掲載分は「フランコ将軍会見記――サラマンカにて　坂井特派員発」の記事を掲載している。

坂井は一九三八年から三九年にかけて十数か国を取材して綴った記事を掲載した『ヴァガブンド通信』を一九三九年に改造社から出している。その中から「ポルトガル」「スペイン戦場を行く　一」「スペイン戦場を行く二」を収録した『動乱のスペイン報告』が一九九〇年に出ている。

坂井はスペイン内戦の報道記事を書くにあたり、イデオロギーをこえ、「ありのままをありのままに報告する」姿勢を貫いたと言える。だから、彼の記事は今読んでも生き生きしており、読むものの心をうつ。坂井はフランコ側と人民戦線側の双方の言い分に耳を傾けるが、どんな言い分もしょせんは理屈にすぎないと考える。坂井の熱い眼は国際勢力の代理戦場で喘ぐ被害者の民衆に向けられている。畢竟、坂井の願いは、平和な社会の到来である。そんな坂井の思いは、次の言葉に集約されるだろう。

——この雲一つない紺碧の空の下で、同朋互いに憎悪し毎日殺傷し合うとは何という悲劇。一日も早く平和にならんことを。[▼22]

坂井の思想の根底には、アメリカ建設当時の自由、平等、個人の尊厳といった理想主義に対する共感があったのだろう。

7 内戦後のスペインを見た日本人

1 作家、野上弥生子のスペイン紀行

❖作家野上と矢野公使との出会い

スペイン内戦は、一九三九年四月一日、フランコ側の勝利によって終結した。内戦は多大な損害をもたらし、スペインは経済的に破滅状態に陥った。

戦後間もないスペインを訪れた日本人夫妻がいた。作家の野上弥生子《のがみやえこ》と夫で英文学者の野上豊一郎である。明治・大正・昭和の三代にわたって、その時期を画する作品を遺し、文学史上に巨歩を踏み続けた小説家野上が欧米の旅に出発したのは、一九三八(昭和一三)年、五三歳のときである。当時の日本人の平均寿命からすれば、人生の晩年にあったが、それからまだ四七年の人生を生きた弥生子にとって、欧米旅行を実現したのは人生の折り返し地点であった。

弥生子にとって海外旅行は二度目であった。一度目は、長男の素一のイタリア留学のお祝いで、台湾に旅行をしていた。

一九三八年一〇月一日、野上夫妻は次男の茂次郎と、三男の耀三に見送られて日本郵船の「靖国丸」で神戸を出帆、アジア経由で欧米の旅路についいた。東アジア、インドなどに寄港しながら西行を続け、エジプト、ギリシアを経て、イタリアに到着、留学中の長男素一と再会してローマで一か月余りを過ごした後イギリスに向かい、ロンドンで翌年四月まで滞在する。その後、ドイツ、スイス、オーストリア、ハンガリー、フラ

ンス、スペインなどヨーロッパ各国を歴訪する。

この一年一か月にわたる外遊は、後に紀行文『欧米の旅』（一九四二年上巻、四二年中巻、四三年下巻）としてまとめられることになる。これは上中下合わせて一〇〇〇ページを超す大部もので、また内容も「細密な批評性で第一級のもの、写生の冴えて、熱意、洞察、率直で筆遣いに独自の味がある」といわれる。作家の加賀乙彦はこう評価している。

ムッソリーニのイタリア、ヒトラーのドイツ、市民戦争が終わったすぐあとのスペインの様子、大戦が始まった時のヨーロッパの表情などを、弥生子の筆は、動乱の時代の証人として、生き生きとした驚きと興味をもって伝えてくれる。それはこの時期のヨーロッパを一日本人の目を通して見た、貴重な記録となっている。[23]

野上夫妻がスペインを訪れたのは、スペイン内戦終結からわずか四か月半後の一九三九年八月一六日のことである。スペイン内戦が勃発した一九三六年六月はまだ日本にいたが、フランコ軍の勝利で内戦が終結したニュースは、滞在中のロンドンで聞いた。

弥生子は日本にいるときからスペイン内戦に注目はしていた。弥生子が日本を発った一九三八年はスペイン内戦が開始してからすでに二年が経過していたが、まだ内戦の真っ只中であった。しかし、だからといって欧米旅行でとくにスペイン訪問を期待していたというわけではなかった。スペイン訪問の実現の背後には、一人の人物との偶然の出会いがあったのである。

その人物とは、駐スペイン特命公使であった矢野眞その人である。矢野との最初の出会いは、日本を出てヨーロッパに向かう「靖国丸」での船上のことである。彼らは同じ船に乗り合わせ、しかも同じ食卓のメンバーになったのである。バスク研究家の狩野美智子はそれを次のように説明してくれる。

出発は昭和一三年一〇月、神戸から靖国丸に乗った。この船の中で野上夫妻はスペインに行く機会をつかんだ。長い船旅で、食卓のメンバーは船長が決める。野上夫妻はスペイン公使矢野眞氏とおなじテーブルになった。このテーブルのメンバーは、時として食堂に誰もいなくなるまで討論会のように話がはずみ、お互いに非常に親しくなった。矢野公使は、ぜひスペインに来るように夫妻を招待した。[24]

矢野は一九三六年五月二四日に特命全権公使としてス

❖美しい海岸線で有名なサン・セバスティアンのコンチャ湾。

ペインに赴任している。日本は一九三一年に発足したスペイン共和国政府と国交があったが、一九三七年一二月にその関係を絶ち、反乱を起こしたフランコ政権と国交を結んだ。矢野はすぐに帰国して新たに信任状をもって、フランコ政府に提出すべく再びスペインに渡るところであった。

野上夫妻は船上で矢野公使からスペインに招かれたが、後に矢野公使とパリの日本大使館で再会しなければ、スペイン行きのチャンスはなかったであろう。パリの日本大使館で偶然にも再会の機会を得た野上夫妻は矢野公使から再度スペインに招待され、それでスペイン行きを決心したのであった。

八月一六日にパリを出た野上夫妻は、ボルドーまで汽車に乗った。一方、矢野公使はスペインからボルドーまで大使館の車で夫妻を迎えに出た。野上夫妻は矢野公使の車でスペインにはエンダヤから入国したが、赤軍関係の者が二〇万人以上フランスに逃げこんでいただけに、フランス側もスペイン側も国境の検問は厳重をきわめていた。普通の旅行者なら「指紋」までとられるなど、スペイン入国ははなはだ困難をともなったが、公使館の車で入国する野上夫妻はパスポートの提出だけで済んだという。

入国したところは、スペイン随一の避暑地サン・セバスティアンであった。フランス国境に近いここサン・セバスティアンは「ビスケー湾の真珠」と呼ばれる美しい町である。一九世紀にハプスブルク家の王妃マリア・クリスティーナが保養地として以来、高級避暑地としてその名を知られている。政府機関の多くも、スペイン駐在の外交団も、夏季の三か月はすべてこの都に移るので、ここは国家の首府になる。

❖内戦直後の市民の暮らし

スペインといえば一九世紀の前半にアメリカの作家ワシントン・アービングの『アルハンブラ物語』(一八二

二年)が出版され、これがスペインブームの火付け役となった。欧米では南部スペインすなわちアンダルシアが知られるようになり、その波は日本にも押し寄せ、人々はアンダルシアを訪れるようになった。豊一郎が『西洋見学』で、「私たちは楽しみにしていたセビーリャもグラナダもまだ見ていない」といっているように、野上夫妻にあっても当然スペインを訪問するなら、アンダルシア旅行を期待していたが、残念ながらピレネーの向こうでは情勢が刻々変化しており、戦争勃発を憂慮して、アンダルシア旅行はできなくなった。そのかわり夫妻は公使館を根城にして、八月一六日から月末までのおよそ半月、北部から中部の主要都市を公使館の公用車で見てまわったのである。

弥生子の小説はじつに詳しい描写をもって知られている。むろんその手法が紀行文にも生かされていることはいうまでもない。紀行文には弥生子が訪れた当時のスペインの表情が生き生きと描かれている。しかしその中心は宮廷でもなければ文人との交流でもない、あくまでスペインの街の日常生活であった。

夫妻は北部と中部の名所旧跡を訪れるが、同時に行き先々で目にする生々しい廃墟や残骸を前に、衝撃を禁じえなかった。肉親が、村人同士が、同国人が戦い殺しあった内戦の深い傷跡は、一朝一夕に消え去るものではない。しかし、弥生子は首都マドリードの夜の街の群衆の中に身をおいて、戦いが終わり街にも活気が戻っていることをこう記している。

八時過、マドリドに入る。伝えられた破壊も夜目にはわからず、町は近代式の高層建築と電燈で豪華に燦然としていた。それになんと夥しい群衆だろう。暑いマドリドでは夜の散歩はなによりの享楽で、夜っぴいて歩き廻るとさえいわれるが、歩道はまるでお祭であった。そうして女たちがなんと多

く、またなんと美しいだろう。私の正直な付記が許して貰えるなら白状しよう。三日後にパリに帰った時、夜のシャン・ゼリゼエの女たちがまるでオタフクのように見えたことを。[25]

また、ある日は、カステーリャ・イ・レオンの州都ブルゴスの夕暮れどきの賑わいの中に身を置いていた。その時目を引いたのは、兵士の姿であり、娘たちが楽しくはしゃぐ姿であった。弥生子はブルゴスの夕暮れに賑わう生活の中に、内戦から抜け出し平和の時代を迎えようとしているささやかな動きをとらえ次のように記している。

この頃やっと出たというコルセットや、桃いろの乳当を並べた店も、彼女らをひきつけている。二五ペセタから三八ペセタの正札がつき、下は一六ペセタからある。ハンドバックも二〇ペセタのから六〇ペセタ。ぽんぽんのうちあいが止んでか

❖ブルゴスのマヨール広場。

ら五か月目で、パンの、オリーヴの、肉の不足にも悩みつつも、一方こんな胃の袋に関係のないものが安物ながら現れる程度に、スペインの平和は恢復して来たのである。[26]

こうして弥生子は独特の丁寧な筆で、内戦直後のスペインの表情を紀行文の中に書き記していった。その結果、野上夫妻のスペイン旅行が駆け足の旅であったとはいえ、弥生子の「スペイン日記」は、内戦終結間もないスペインの状況を伝える貴重な内戦記録ともなっているのである。

三一日早朝、野上夫妻はスペインを出てフランスに入った。九月未明、ドイツはポーランドを爆撃、二日、ポーランドを援助する条約を結んでいた英仏はドイツに宣戦布告し、ついにヨーロッパは第二次世界大戦に突入した。夫妻はボルドーで一四五人の避難客を乗せた日本への引き揚げ船に乗り、リバプールからニューヨークに向かい、アメリカ西海岸まで汽車の旅をして、ふたたび船で日本に向かい一九三九年一二月四日に無事帰国している。

2 スペイン公使、須磨弥吉郎

❖須磨公使、中立国スペインへ

「情報の須磨」として一世を風靡し型破りの外交官として知られた須磨弥吉郎(一八九二―一九七〇)は一九三九年、外務省七代で最後の情報部長に就任した。歴代の部長より五、六歳若く、また同期のトップを切っての花形ポスト就任であった。しかしながら情報部は翌年解散となり、須磨は特命全権公使としてスペインに赴任することになる。

一九三九年に第二次世界大戦が開始したが、スペインは中立を宣言していた。内戦で国土が疲弊して参戦の余裕がなかったからである。がしかし、当時のスペインは内戦を収拾したフランコ将軍の一党独裁政権下にあり、中立とはいえ絶頂期のナチス・ドイツへの傾斜を深めていた。スペインは、日本にとって諸外国に関する情報収集の貴重な場であった。おそらく須磨のスペイン行きの目的は、スペインで欧米の情報を収集することであったのだろう。

須磨は一九四〇年一〇月二八日、日本郵船の新造豪華船「神田丸」の処女航海に便乗して、スペイン赴任の途に就いた。横浜を出てアメリカに立ち寄り、ニューヨークからはアメリカン・エキスポート・ラインの「エキスタ号」という六〇〇〇トンの米貨物船で大西洋を渡った。海路ニューヨークから一四日でポルトガルのリスボンに上陸し、ここから陸路公使館のあるマドリードに車で向かった。一九四一年の二月末日のことであった。

一九四一年といえば、スペイン内戦終結からわずか二年後のことであり、まだ戦火のなまなましい跡が見られた。一回目のスペイン旅行で訪れたマドリードを思い出しながら、須磨は当時をこのように回想している。

——私はマドリッドの市中をぶらりと散歩した。一五年前訪ねた

❖駐スペイン特命全権公使、須磨弥吉郎(1892-1970)。

郊外の大学街へ行ってみると爆撃のため見る影もない廃墟になっていた。

わたくしのマドリッドについたのは、三年半も続いた血なまぐさい内乱の創痍がマザマザと残っている頃であった。一九二六年最初のマドリッド訪問の頃は、緑蔭に紅い瓦を美しくならべていた郊外の大学町も一物も残さない広野に変わっていた。銀座通りにあたる、グラン・ヴィアでさえ、そこ此処の建物に弾痕が数多く見られた。町の男女も服装は実に惨めな姿であった。[27]

須磨は一九四一年三月から四六年一月までの五年間を公使としてスペインで過ごし、多大な足跡を残した。外交官として須磨は、世界の情報の展望台といわれたスペインの地で英米の動向を注視する。アメリカ海軍特製のスコット社三六ランプのラジオ受信機にかじりつき、欧米各国の放送に聴きいった。またアメリカの情勢を探るべくスペイン人スパイ機関「東」を編成して、スパイ活動をおこなった。ここから膨大な「須磨情報」が本省に送られたのである。

しかし、外交官としての職務を全うしながらも、須磨は趣味の絵画の分野でもはなばなしい活躍を見せた。戦時下の世界にあって、「絵の国」スペインは須磨にとってオアシス以外の何物でもなかっただろう。画家と交流し、名画を鑑賞し、莫大な金を使って多くの絵画を購入した。世にいう「須磨コレクション」は、中国絵画とスペイン絵画が双璧をなす。

❖国交断絶

須磨がスペインに赴任した一九四一年といえば、日本は三国同盟を背景にして日米交渉をおこなっている最中であった。しかしながら対米関係の行き詰まりはもはや限界となり、ついに日本軍はハワイの真珠湾を奇襲攻撃する。また引き続いて南方作戦も敢行し、第二次世界大戦の舞台はヨーロッパから太平洋地域へと推移していった。この年の一二月八日には太平洋戦争が勃発、翌四二年一月二日、日本軍がフィリピン駐屯中のマッカーサー指揮下のアメリカ軍を放逐して、マニラ入城を果たし、翌三日にフィリピンの軍政を宣布する。

三月一一日には総司令官マッカーサーは有名な「アイ・シャル・リターン（私はきっと帰ってくる）」のことばを残して、コレヒドール島を脱出した。そして翌年の四三年一〇月一四日には日本の占領下ながら「フィリピンの独立」が宣言される。

日本の真珠湾奇襲攻撃をはじめとする一連の動きこそ、フランコ政権のスペインにとって、一八九八年の米西戦争の惨敗によるアメリカへのフィリピンの割譲への憂さを晴らす慶事であり、スペインでは日本人はドン・キホーテともてはやされたのであった。一九四三年には公使館を大使館に昇格する案まで出るほどであった。しかしながら、緒戦はめざましい戦果をあげた日本軍だが、国力に勝る米軍が反撃の牙を剝きはじめるとたちまち戦況は不利になった。日本とアメリカの直接の戦争「太平洋戦争」に巻き込まれたフィリピンは「アイ・シャル・リターン」のことばを残してフィリピンを去ったマッカーサーの約束から、「太平洋戦争」の主戦場になった。一九四五年二月三日、アメリカ軍はマニラに突入し、二二日までの激しい市街戦の後、マニラを制圧した。この市街戦の最中の出来事がスペインの対日感情を悪化させることになる。

——一九四五年一月から二月にかけてのマニラ攻防戦における日本軍の常軌を逸した残虐行為がおこな

われ、スペイン人だけで二〇〇人が死亡し、領事館が襲撃された。さらに旧市街全体が破壊されたのである。スペインでは憤激が拡がった。こうした事態は、国交断絶のための恰好の口実をスペイン政府に与えた。▼28

須磨は国交断絶を回避すべくスペイン政府と日夜交渉をおこなったが、この事件を契機にフランコ政権は四月一二日、公文書をもって須磨公使に対し日本との国交断絶を通告した。無論、フランコとしては、戦後処理を考えていたわけで、敗北必至な枢軸国側と決定的に断絶しておく必要があったのである。

一九三七年一二月に、日本政府は共和国政府と国交を断絶し、フランコ政権を正式政府として承認したのであったが、それから八年余り続いた日本とフランコ・スペインの外交関係はここで終焉し、一八六八年の日西修好通商条約の締結によって再開していた日西関係が再び断絶したのであった。

日西関係の断絶に加えて、ソ連の対日宣戦、広島・長崎の原子爆弾の投下、無条件降伏と矢継ぎ早に祖国は低落していった。加えて、東京から連合国総司令部指令により須磨がA級戦犯容疑者として上位に指名されているという情報まで届く。

❖『須磨コレクション』

一九四六年一月二一日八時一五分、ポルトガル公使館森島公使ほか四四名、マドリード公使館須磨公使ほか四八名は、マドリードのアトーチャ駅発特別列車で帰国の途に就く。夜の一二時にバルセロナに着き、ここでスペイン船「プルス・ウルトラ号」に乗船する。マニラで日本船「筑紫丸」に乗り換え、浦賀に着いた。三月二六日のことである。

須磨は入獄を覚悟して帰国するが、「居宅逮捕」で拘禁はなく、在宅のまま七、八度の訊問を受けただけで、一九五一年の夏、戦犯指定が解除された。

須磨のスペインでの生活は、後に日記に記した「マドリッドの五年間で疲れ果てた」の言葉に集約されるであろう。外交官としてまた絵画・闘牛評論家として華々しい活躍をする一方で、祖国の低落、国交断絶、戦犯容疑など筆舌に尽くしがたい苦渋を味わった。波乱万丈の五年間であったといえよう。

第二次世界大戦が終わって須磨は、スペインでの収集品一七六〇点をスペインに残したまま帰国した。その後収集品の返還についてスペイン政府との間で交渉がおこなわれ、一九六四年の最初の返還の際には、一〇七点が須磨の手に戻った。

スペインから返還された作品は、一九六九年から七〇年にかけて「スペイン美術巨匠展」という全国巡回の展覧会で公開された。展覧会は東京、山口、新潟、岩手、熊本、そして長崎の順で約一年半をかけて巡回した。最後の長崎での公開は折しも長崎港の開港四〇〇周年目にあたり、記念行事の一環となった。

長崎は南蛮時代からスペイン・ポルトガルとは大変深い関係にあり、また須磨個人にとっても中国に赴任の際や上海から保養に訪れた大変思い出深い町であり、そうした理由から須磨は、展覧会出品作品のうち七八点を長崎県に寄贈する意向を伝えた。須磨はそれから一〇日後に亡くなったため、同年八月には遺族が二六点の追加寄贈をおこなった。一〇四点は「須磨コレクション第一次寄贈」と呼ばれている。

それ以降も長崎県は受贈と購入を重ね、現在長崎県美術館には、須磨がスペイン赴任時代に蒐集した一七六〇点の作品のうち五〇〇点が収蔵されている。長崎県美術館では、常設展示室第三室を「須磨コレクション専用の展示室」として、年に三―四回の展示替えをおこないながら、須磨コレクションを順次紹介している。

▼01――『浅草オペラの生活――明治・大正から昭和への日本歌劇の歩み』、一〇七―八ページ。

▼02――勝田保世「アンダルシーアとの出会い」『HISPANOFILOS』三八ページ

▼03――勝田保世『外遊だより』、五八―五九ページ。

▼04――勝田保世『外遊だより』、六五ページ。

▼05――勝田保世『外遊だより』、七三ページ。

▼06――『増補　西和辞典』増補二版、i-ii。

▼07――「ブラスコ・イバーニエスの来日とその日本観（二）」、三二―三ページ。

▼08――『同時代史（五）』第五巻、三四六ページ。

▼09――「ブラスコ・イバーニエスの来日とその日本観」、三〇―一ページ。

▼10――『菊と葵のものがたり』、二六四ページ。

▼11――『菊と葵のものがたり』、二六九ページ。

▼12――『夢をかける――大原美術館の軌跡』、四一ページ。

▼13――『夢をかける――大原美術館の軌跡』、八四ページ。

▼14――『ヴォーリズの住宅』、七〇―七七ページ。

▼15――『スペインで戦った日本人』、一八二ページ。

▼16――『ユーラシア大陸思索行』、四一ページ。

▼17――「函館とスペイン」、一〇七―八ページ。

▼18――『私の遺書』、一三八ページ。

▼19――『私の遺書』、一三八ページ。

▼20――『動乱のスペイン報告』、七六―七ページ。

▼21――『動乱のスペイン報告』、一〇五ページ。

▼22――『動乱のスペイン報告』、五〇ページ。

▼23――加賀乙彦「解説」『欧米の旅』（下）、四〇二―三ページ。

▼24――「晴子さんと弥生子さんのスペイン」、一七九ページ。
▼25――『欧米の旅』(下)、二四四―五ページ。
▼26――『欧米の旅』(下)、二三二ページ。
▼27――『スペイン芸術精神史』、一五ページ。
▼28――「第二次世界大戦下の日本＝スペイン関係と諜報活動(一、二)」、二五六ページ。

第7章 みたびの交流再開から現在まで［第二次世界大戦後］

開国後の日本は欧米先進諸国を目指してきたが、明治末の日露戦争に勝ってようやく世界の一等国の仲間入りを果たした。その後、大正時代の一五年間は日本が先進列強国に追いつこうとする時代であり、第一次大戦に参戦して自他ともに許す世界の列強になっていった。しかし一九三一年に満州事変が開始し、三三年の国際連合の脱退によって、日本は国際社会から孤立の道を歩むことになる。

一方、スペインも第二次世界大戦後、国際社会に孤立の道を歩みだす。枢軸国側の完敗の余波はフランコ体制にも押し寄せてきた。一九四五年のポツダム会談では、スペインを世界機構から締め出すことが決議され、また同年のサンフランシスコ会議では、スペインの国際連盟からの排除が決定する。四六年の国連総会でフランコ政権を非難する決議がおこなわれ、マドリード駐在大使や全権公使の引き揚げを勧告し、国際連盟からの排除を決めた。ここにスペインは国際社会から孤立することになる。

スペインの国際的な孤立を救ったのは、米ソ冷戦構造であった。一九四〇年代後半以後、米ソ冷戦が始まり、ソ連が西欧民主主義諸国から離れると、スペインは反共チャンピオンとしてフランコ体制が注目されるのである。まずアメリカがスペインに接近する。世界地図を広げると、大西洋を挟んでアメリカとスペインが隣国であることが明白である。合衆国はスペインを西ヨーロッパ、地中海、大西洋にかかわる戦略基地とみなし、そこから西側の統合を模索した。国連の排斥決議があったが、合衆国の働きかけにより、国連総会は一九五〇年一一月、ソ連とイスラエルが反対し、イギリスとフランスは棄権したものの、排斥決議を撤回した。

スペインは国連食糧農業機関（FAO）や世界保健機構（WHO）などに加盟し、外国との外交を回復していった。そしてついに五五年一二月に国連の加盟が認められ、スペインの国際社会への復帰が果たされたのである。日本もまた冷戦への移行の中で、一九五六年に国連総会で日本の加盟が全会一致で可決され、ようやく国際社会に復帰することになる。

1　戦後の日本とスペインの交流

戦後といっても、スペインと日本とでは時期が異なる。スペインにとっての戦後とは、スペイン内戦（一九三六―三九年）以後のことであり、日本にとっての戦後とは第二次世界大戦（一九三九―四五年）以後のことである。しかし、ともに戦後はゼロからの出発であったことはいうまでもない。

スペインはフランコ将軍の独裁政権下で、一方日本は米国の占領下で、復興が始まった。

「フランコの時代」は一九四〇年四月一日に始まる。それからわずか二か月後の六月二日に、日本の商工会議所の招きで、スペインから経済使節団一行二一名が来日して、東京で天皇への謁見や外務、大蔵、陸軍、海軍、商工、農林、拓務などの各省での会合、二つの会議、多数の企業訪問など過密なスケジュールをこなし、さらに東京、横須賀、日光、名古屋、鳥羽、奈良、大阪、神戸などを歴訪している。目的は「日西間の相互通商と関係強化の促進。通商・産業の諸条件の検討と日本の関係機関との接触」と「スペインの対日友好親善」であった。ただ、スペイン側は日本から必死に何かを学ぼうとしたが、日本側の閉鎖的な態度にスペイン側は失望の色を隠せなかったようだ。▼01

この時期、スペインではジャポニスムが再び普及していた。帝国日本とフランコスペインの交流で重要な役割を果たしたのは、日本を熟知する宣教師らであり、その中心にはイエズス会士がいた。彼等はマドリードで日本展を開催したり、長崎二十六聖人関連の映画『日本の血』を上映したりしている。『武士道』や『茶の本』、『怪談』など日本ものの出版もあった。しかし、このときのジャポニスムは大きな展開もなく、一九四五年の突然の国交断絶で終わりを告げる。

前述のように、第二次世界大戦の最終段階の一九四五年春のこと、フィリピンのマニラで日本軍兵士によるスペイン人宣教師虐殺事件が発生したため、スペインからわが国に対して国交断絶が宣言されたのである。こうして一八六八年以来続いた外交関係はわずか七年の短期間ではあったが断絶したのであった。

スペインとの国交断絶の時期は、米国が日本を占領する時期でもあった。しかし、このような状況の中にもかかわらず、一九四九年にスペインから宗教団体が来日している。この年は、フランシスコ・ザビエル渡来四〇〇周年を記念する年だったからである。

「ザビエルの右腕」と教皇特使がローマから来日したほか、世界二〇か国から参列者が集り、鹿児島、平戸、博多、山口、京都、長崎、奈良、広島、名古屋、大阪、東北各地、北海道と、聖人ゆかりの地をはじめ、全国各地で一五日間にわたり厳かな式典がくり広げられた。国交断絶中にもかかわらず、スペインからもホセ・ロペス・オルティスを団長とする三三名の巡礼団も来日したのであった。

一九五一年一〇月、在日スペイン外交代表デル・カスティーリョ公使より日本との外交関係の再開について申し出があり、協議の結果、一九五二年四月二八日(サンフランシスコ平和条約発効の日)をもって、日本とスペインの間で外交関係が再開されることになり、両国に大使館が設置されることになる。

両国の国交樹立を祝うかのように、翌一九五三年、明仁親王殿下(現在の天皇陛下)がスペインを訪問している。このとき、殿下は英国エリザベス女王の戴冠式に、昭和天皇のご名代として出席することになり、イギリスを含む一四か国(+スイスお立ち寄り)を訪問している。スペインには同年六月二一日から二八日まで滞在し、二四日にはフランコと会談をおこなっている。会談の場はエル・パルド宮殿。会談時間は二〇分、その間フランコがほとんど一人でしゃべっていたと伝えられている。

それはともかく国交回復後のスペインで皇太子殿下は大歓迎を受けたようで、直後にスペイン入りした芥川賞作家・火野葦平も「一体スペイン人は日本人には好感情を持っているようです。皇太子がきて以来さらによくなったように思います。皇太子は大歓迎を受けました」とその著『血と黄金』の中で書いている。▼02

皇太子のスペイン訪問が契機となって、一九六二年、ギリシャのソフィア王女と結ばれたファン・カルロス皇太子は、世界一周の新婚旅行の途次、非公式ながら日本にも立ち寄り、東京や京都を訪れている。

ファン・カルロス皇太子は、一〇歳のときに家族を離れて、単身スペインにきてフランコの下で帝王学を学んだ。二年後の一九六四年には、スペイン各地を視察、またフランコと並んで軍隊を閲兵するなど大衆の前に公式に姿を見せるようになった。フランコスペインの時代がまだ一〇年ほど続くとはいえ、〝雪どけ〟の日が近いことを国内はいうまでもなく、世界の人びとにも感じさせた重要な出来事であった。

一九六四年は、日本が繁栄に向けてスタートを切った大変重要な年でもあった。東京―大阪間に新幹線が開通し、東京オリンピックが開催されたからである。オリンピックでスペインはメダルをひとつも獲得できなかったが、東京オリンピックの開催は、多くのスペイン人の間で、戦後はじめて日本のプレゼンスを高める好機となったといえよう。

日本企業がスペイン進出を始めるのは、一九六〇年から七〇年にかけてのこと、水産関連企業が水産資源の確保が目的でカナリア諸島に向かった。一九七〇年代になると、製造業を中心に日系企業による本土への進出が始まる。

一九七五年一一月、スペインを四〇年の永きにわたって支配したフランコが亡くなり、スペインは独裁制から民主制へとおおきく変わってゆくことになる。

一九八〇年には、両国間に航空協定が調印され、同年七月から日本航空は東京とマドリードを結ぶ直行便を開設し、これによって両国間の距離は縮まり、観光・留学・商用などの相互の往復が一段と便利になった。

この年、フアン・カルロス一世は国王として王妃とともに日本を公式訪問している。天皇陛下は国王に大勲位菊花章頸飾を授与され、またスペイン国王は天皇陛下に金羊毛騎士団の記章を再度授与されている。先の大戦で紛失したからであった。

一方、明仁皇太子殿下も一九五九年にご成婚され、一九八九年に即位して、一九九四年に天皇陛下として皇后陛下とともにスペインを公式訪問している。

両国の王室・皇室外交にはすでに歴史があり、親善外交は家族をあげて繰り広げている。これに対して、首脳外交はどうだろうか。

スペイン最初の首相の来日は一九八五年のフェリペ・ゴンサレス首相である。ゴンサレス首相は「カンビオ（変革）」をスローガンに弱冠四〇歳で社会労働党の党首として政権の座に就いた。盆栽ファンで知られる首相は一九九一年にも再来日して、その時は飛行機いっぱいに盆栽を積んで帰国の途に就いたといわれる。スペインは先端技術面で外国企業への依存度が高かった。とうぜん日本に対する期待も高く、首相は「ハイテク分野に日本企業の投資は不可欠」と、熱いメッセージを投げかけたといわれる。

それから六年後の一九九七年には、国民党のホセ・マリア・アスナル首相が来日している。彼は中道右派の立場から国内外で「強いスペイン」を確立しようとした。しかしこの強行路線が国民党後退の原因となった。アスナル首相といえばイラク攻撃の際、ブッシュ米大統領を支持することで一躍その名を世界にとどろかせることになった人である。二〇〇四年の総選挙では、アスナル政権の後継者マリアノ・ラホイ候補が断然優位にあったが、三月一一日に首都マドリードのアトーチャ駅で連続列車爆破テロが勃発し、三日後の選挙では「イラクからのスペイン軍の撤退」をスローガンとする社会労働党のロドリーゲス・サパテロが大逆転して、首相の座に就いた。

好景気に支えられての順調な船出であったが、サパテロ政権は四年後には金融危機と住宅バブルの崩壊によってかつてない経済危機に直面し、中国からの経済援助を求めて中国詣でを繰り返していた。二〇一〇年に上海万博を利用してようやく来日が実現し、首相は「日本は技術革新がある。再生エネルギーなどで協力を進めたい」、と日本に対して環境面などの協力を求めた。しかし国際的な経済危機でつまずき、二〇一一年の総選挙でラホイ率いる国民党が七年ぶりに第一党に返り咲いた。ラホイは三度目の挑戦で一躍ヒーローに躍り出たが、史上経験したことのない経済危機の中で復興への道は長く、険しい。二〇一三年一〇月に来日したラホイ首相と安倍首相の間では、次のことが確認された。❶価値、歴史、文化を共有するパートナーであるとともに、海洋の自由・安定の重要性を深く分かちあえる、❷中南米において深い経験とネットワークを有し、アジア、欧州、中南米をつないで地球を一周する協力関係を共に作る、❸共にイノベーションを促進し経済成長を実現するパートナーであること。

首相に加えて、自治州も好景気の中で日本に関心を示し、一七州の内、カタルーニャ、バスク、ガリシア、バレンジア、アンダルシア、アラゴン、ムルシアなどの自治州は東京に事務所を開設して、経済・文化交流を積極的に進めた。

一方、日本の首相ではじめてスペインを訪れたのは、一九七八年の中曽根首相であり、次いで二〇〇三年には小泉首相が、また二〇一四年には安倍首相がスペイン訪問を実現している。スペインからは政権下の首相が必ず来日しているが、日本からスペインを訪れた首相は、短期政権が続くなかで、長期政権を担う三名の首相だけである。もっと積極的な首脳外交を望みたいところであるが、あまり活発でない首脳外交を補って余りあるのが、一九九七年以来、毎年、両国の外務省が主体になって開催している「日本・スペイン・シンポジウム」である。

外務省のホームページでは、同シンポジウムの「経緯及び目的」がこのように説明されている。

一九九四年、天皇皇后両陛下スペイン訪問の首席随員を務めた中山元外相が、両陛下の御訪問の成果を生かし、日本・スペイン間でさらに幅広い関係を構築すべく「日本・スペイン二一世紀委員会」の設立を提案した。この提案を基に、日本・スペイン友好四五〇周年を二年後に控えた一九九七年二月、長期的視野に立って両国の相互理解の促進及び協力関係の強化を図ることを目的に、両国の各界要人の参加を得て、「第一回日本・スペイン・シンポジウム」がマドリードにて開催された。[03]

以来、同シンポジウムは、原則毎年一回、スペインと日本で会場を交代して開催されている。両国の経済、通商、ビジネス、文化、学術、芸術、科学技術、観光、市民社会の交流、姉妹都市交流など様々なテーマが時宜に応じて選ばれ、それらの促進および強化のために、両国の政治家、有識者、財界人、芸術家など、各界のトップクラスが参加して、意見の交換をおこなっている。官民あげてのシンポジウムの成果はおおいに期待できよう。

こうした官民一体となった両国の交流とは異なり、まったくの民間レベルでの交流も日本では活発である。文化交流団体はすでに戦前の一九二九年にスペイン友の会(会長、大倉男爵)として結成されており、また戦後も一九五七年にスペイン友の会(会長、須磨弥吉郎)が再結成され、これが一九六四年に財団法人日本スペイン協会(会長、堀田庄三)として改組され、今日のスペイン友好団体のパイオニア的存在となった。その後、神戸、北海道、名古屋、横浜など全国各地でスペイン協会が相次いで設立され、日本・スペイン文化交流の中心的存在としてその発展に貢献している。

前述のように、一九七五年にはフランコの死去とともに独裁時代は終わりを告げ、民主化がスタートするともに一九八六年にはEC加盟が決まり、ピレネーの壁が崩壊した。晴れて一九九二年、スペインもようやくオリンピック開催の年を迎えることになる。加えて開催地は首都マドリードではなく、第二の都市バルセロナであった。バルセロナ開催には歴史的な経緯があったからだ。一九三六年の第一一回オリンピックはベルリンで開催されたが、ナチスのオリンピックに対抗して人民共和国スペインはバルセロナで〝人民のオリンピック〟を開催予定であった。ところが開催直前にスペイン内戦が勃発して、幻のオリンピックとなってしまったのである。「五〇年ぶりの夢」を実現した第二五回バルセロナ大会（一九九二年）には、一七二か国・地域が参加してモンジュイックの丘のオリンピック・スタジアムで、華々しく幕を開けた。

またこの年、世界に例のないセビーリャ万国博覧会との同年開催となり、加えて、コロンブス新大陸到達五〇〇周年でもあった。日本でも委員会が組織され、コロンブスの旗艦であったサンタ・マリア号はスペインで復元されアメリカを経由して神戸に来航している。かつて「陽の沈まない大帝国」と謳われたスペインは、久しぶりに世界の注目を集めた一年であった。

一九九七年、名著『ドン・キホーテ』の作者セルバンテス生誕四五〇周年を迎え、また翌九八年には国際的な詩人ガルシア・ロルカ生誕一〇〇周年を迎え、記念シンポジウムと記念出版が東京と京都でおこなわれた。日本ではスペイン関係の出版物の中では、その出版数においてセルバンテスものとロルカものが双璧をなす

❖詩人、劇作家フェデリコ・ガルシア・ロルカ（1914年）。

が、ロルカの存在はフラメンコ・ファンと強くつながっており、シンポジウムはロルカの方が圧勝であった。

二〇〇五年は『ドン・キホーテ』前篇刊行四〇〇年にあたり、スペイン語圏で盛大に記念行事が開催されたが、日本でも明治以来出版されてきた『ドン・キホーテ』の翻訳本を一同に並べる展示会やシンポジウムが開かれ、『ドン・キホーテ』とは何かについてさまざまな角度から検証がおこなわれた。

翌二〇〇六年、愛知万博が開催され、ナショナルデーには、スペインから皇太子ご夫妻が参加された。

二〇〇八年六月にはスペインのサラゴサで「水と持続可能な開発」をテーマに国際博覧会が開催された。「ジャパンデー」の公式行事には、日本を代表して皇太子殿下が出席され、「水との共存——人々の知恵と工夫」をテーマに特別講演をなされた。

そしてこの年の秋、スペイン語とスペイン文化の普及を目的にしたセルバンテス文化センター東京が国王ご夫妻のご臨席の下でオープンし、また京都外国語大学では「日本におけるスペイン語の将来」について国際会議が開催され、国王の閉会の辞で幕を閉じた。

二〇一三—一四年は「日本におけるスペイン年」であり、また「スペインにおける日本年」であった。二〇一三年が常長慶長遣欧使節がスペインに向けて日本を発ってから四〇〇年になることを考慮して、二〇一三年六月から一四年七月まで「日本・スペイン交流四〇〇周年事業」がおこなわれることになった。期間中、日本とスペイン両国でさまざまな記念行事が開催された。四〇〇周年事業の日本の名誉総裁を務められた皇太子殿下は、一三年六月にスペインを訪問され、交流四〇〇年オープニングセレモニーが両国の皇太子殿下ご臨席のもと、開かれた。一方、一四年九月にはスペインの名誉総裁を務められる皇太子殿下が妃殿下と返礼の形で来日して、交流年の閉会式にご臨席が予定されていたが、スペイン国王フアン・カルロス一世が異例の退位を表明し、皇太子殿下がフェリペ六世新国王に即位されたため、来日が延期になった。

2 スペインを訪れた日本人知識人

すでに見たように、明治以来、多くの日本人知識人がスペインを訪れてその体験を紀行文として残してきた。以下では、一九七五年にスペインを訪れた評論家の清水幾太郎、一九八二年にバスクを訪れた作家の司馬遼太郎、一九二六年にバルセロナを訪れた建築家の今井兼次を取り上げ、彼らの遺した紀行文を中心に清水幾太郎とフランコ、司馬遼太郎とバスク、今井兼次とガウディについて考える。

1 清水幾太郎とフランコ

❖スペインとの出合い

社会学者で評論家の清水幾太郎（一九〇七―八八）といえば、戦前・戦後を通じて、五〇年余りの間、つねにオピニオンリーダーとして論壇で活躍し、内灘と砂川での軍事基地反対運動や安保反対闘争といった闘いの場に身をおいたことは、改めていうまでもない。

清水とスペインとの結びつきは、第二次世界大戦のリハーサルと言われたスペイン内戦を通してである。一九六〇年の安保闘争に敗北を喫した清水は、十数年にわたる運動の整理をすべく研究生活にもどる。そんななかで左翼革命の可能性を探るため、スペイン内戦やキューバ革命に関心を抱くようになる。本格的なスペイン内戦研究を開始する経緯を、清水は『昨日の旅』のなかで次のように述べている。

> 正確な日付は判らないが、安保闘争の或る時期から、ひょっとすると、美しい言葉で語られるスペイン人民戦線というものも、近くで見たら、この安保闘争に似たものではなかったのか、と私は考えるようになった。（……）昭和三五年の夏に騒ぎが終わると同時に、私は、半分気違いのようにスペインの勉強を始めた。日本語の文献は何もなかったので、横文字の本を次から次へと読んでいった。読みながら、私は何度もブルッと慄えた。時代は二〇年以上も違うし、規模の違いは、お話にもならぬ。しかし、骨格というか、構造というか、それは同じであった。少なくとも、重なり合う部分が多かった。▼04

スペイン内戦は一九三六年の勃発当時から日本人の関心を引き、その動向は新聞や雑誌で報道されていたが、内戦終結後に出た関連の文献となると一九四〇年代には一冊も出版されておらず、一九五〇年代になってようやく斉藤孝の論文「スペイン内乱」（一九五一—二年）に加えて、翻訳ではA・ケストラー（平田次三郎訳）『スペインの遺書』（一九五一年）とJ・エルマーノス（松浪信次郎訳）『希望の終わり』（一九五四年）が出版された。一九六〇年代には、後にスペイン内戦研究の名著となる翻訳ものとしてH・トマス（都築忠七訳）『スペイン市民戦争（I・II）』（一九六二—三年）、J・オーウェル（鈴木隆・山内明訳）『カタロニア讃歌』（一九六六年）、F・モロウ（山内明訳）『スペインの革命と反革命』（一九六六年）、F・ボルケナウ（鈴木隆訳）『スペインの戦場』（一九六六年）、G・

ブレン（鈴木隆訳）『スペインの迷路』（一九六七年）が出版されるが、清水がスペイン内戦研究を開始した一九六〇年の時点ではこれらの文献をまだ日本語で読むことができなかった。

清水は当時唯一のスペイン内戦研究者であったろう斉藤孝の存在を知ることもなく、ある期間、来る日も来る日も、スペイン内戦に関する外国語の文献を読んで過ごした。その結果、一九六三年にトロツキーの論文「スペイン革命」の翻訳をまず出版する。これは内戦研究のすべての要求に応えるものではなかったが、人民戦線の全体像をつかむには欠かせない資料と考えて、清水は翻訳をしたのであった。それから三年後の一九六六年には、全学連主流派の同志と「現代思想研究会」を結成し、その研究活動の成果として、『現代思想』（上下、岩波全書）を刊行することになる。

清水の愛弟子の一人である松本晃も述べているように、『現代思想』の中で清水はスペイン内戦を現代思想のテーマの一つとして取り上げ、スペイン内戦におけるフランコの政府軍、人民戦線、社会主義、国際共産主義などの思想と行動を客観的に分析する努力をした。その結果、世界から「悪魔の申し子」のごとく評されていたフランコ総統の名誉回復、美しい悲話を生んだ人民戦線の偽善性、国際共産主義の非人間的な残忍性に多くの光があてられた。それらは、作家のケストナーやジョージ・オーウェルらが文学を通して世界の良心に訴えた真実であった。▼05

❖一回目のスペイン旅行

清水とスペイン内戦の関係は少なくとも出版の上では終わっていた。その後、清水はヨーロッパに行く機会は何度もあったが、内戦を勝利した独裁者フランコのいるスペインを訪れる機会は一度もなかった。清水はその理由を、「とくに用事がなかったからであり、それに、少し気味が悪かったからである」と述べている。しかしながら清水にはかつて研究したスペイン内戦を再考し、内戦の地で安保闘争の個人的敗北の経験を思想的に反芻する課題が残されていた。そのためにはどうしてもフランコのいるスペインに行く必要があったのである。

今からおよそ四〇年前の一九七五年と言えば、スペインで四〇年の長きにわたって独裁をほしいままにしたフランコが死去し、一つの時代が終焉した年であった。こんな年に清水にスペイン訪問の機会が訪れようとは、誰が予想したであろうか。

清水は文藝春秋社発行の雑誌『諸君!』に「わが人生の断片」という文章を一九七三年七月号から七五年七月号まで連載し、それが同社から同名の書物(上下二巻)として出版された直後のこと、当時の編集長から「骨休みに外国旅行でもなすっては」と海外旅行をすすめられ、これが契機となって一九七五年一〇月から一一月にアメリカ合衆国、メキシコ、ペルー、チリ、アルゼンチン、ブラジル、スペイン、ポルトガルの旅行が実現したのであった。

清水は若くして社会学の研究者になることを心に決め、大学で生涯の研究テーマの一つとなるフランスの哲学者オーギュスト・コント(一七九八―一八五七)と出会う。卒業論文のテーマには「オーギュスト・コントに於ける三段階の法則に就いて――知識社会学的研究」を選び、コントの学説を論じている。

ラテンアメリカの目的地の一つであるブラジルは、近代国家の建設においてコントの影響を受けており、一〇〇年以上を経た今日でも晩年のコントが提唱した人類教の信奉者がいるという。ブラジルのコント主義者たちに「駄々っ子のように」会うことを願い続けていた清水は、リオデジャネイロにある実証主義教会を訪れ、彼らから温かく出迎えられて長年の宿願を果たしている。

その後、一一月一九日、イベリア半島に向かうべくリオデジャネイロからエール・フランス機で大西洋を越えてパリに向かった。パリのシャルル・ドゴール空港到着は翌日の午後である。清水は日本を発つ前からフランコが危篤であることを耳にしており、そのため旅の道中ではさまざまな新聞に目を通してその動静に注目していた。フランコの死が先かあるいは自らのスペイン入りが先か、焦る思いをおさえつつフランスに到着した清水であったが、そこで彼を待っていたのは奇しくもフランコ死去の訃報であった。

度重なる危篤状態を鍛えに鍛えた肉体で克服してきたフランコであったが、ついに終わりを迎える日が来たのであった。一九七五年一一月二〇日、フランコは八二歳の生涯を閉じたのである。

清水はフランコ死去の翌二一日、国民が喪に服すマドリードに向かってフランスを発ち、フランコのいないスペインに到着する。翌二二日はフアン・カルロス皇太子が国王即位を宣誓し、二三日には多数の参列者の見守る中でフランコの国葬が挙行された。ひとつの時代の終焉と新生スペインの誕生というスペイン現代史の一大ドラマに、清水は遭遇したのであった。

清水が日本で抱いていたスペイン像とは、「ファシズムの国、全体主義の国」であった。かつて訪れた共産主義国のイメージをスペインに重ねていた彼は、パリからスペインに向かう機内からすでに緊張の色を隠せず、とりわけフランコが死去したことでスペインで内乱が勃発しないか、国の分解が始まらないかと緊張は募るばかりであった。しかしながら、マドリードのバラハス国際空港に降り立って見たスペインは、想像したものとははるかに違っていた。「日本のような野放図な自由はないとしても、共産圏とは比較にならない自由があった」のである。加えて、杞憂していた内乱もなければ、クーデターも、騒乱も、戒厳令も何も起こらなかった。街にはシャンパンで乾杯する人がいたり、あるいは号泣する人もいたというが、それはともかくスペインは全体としてフランコの死を静かに受け止めていただけであった。皮相的であれ明るく自由で平和なスペインの地に立って、長年抱いていた清水のスペイン像は音をたてて崩れ落ちるのであった。

❖二回目のスペイン旅行

清水はスペインを二度訪れている。最初のスペイン旅行は、フランコの葬儀から二日後の二五日に終え、ポルトガル経由で帰国の途についている。この時は、スペインに数日間滞在しただけで、マドリード市内をわずかに見学しただけであり、他の都市を訪れる余裕などなかった。

それから五か月後の一九七六年五月三日、清水はスペインを再訪して、今度はじっくり時間をかけてスペインの主要都市を南北に旅している。しかし、旅の目的はあくまでスペイン内戦であり、清水の頭の中には観光という二文字はなかった。清水は内戦以外のことにはまったく興味を示さなかったのである。

清水は内戦の痕跡を求めて、かつての激戦区マドリード、トレド、バルセロナを訪れ、とくにマドリードでは大学都市、トレドではアルカサル、そしてバルセロナではオリエントホテルに立って、当時の善玉と悪玉の戦いに思いを馳せるのであった。善玉はスターリンによって代表され、悪玉はフランコによって

❖社会学者、評論家の清水幾太郎(1907-1988年)。

代表されていた。

清水は一回目のスペイン旅行でスペインに関する己の無知を大いに反省して、二回目の旅までに大いにスペイン研究に取り組んだ。それ故、二回目にスペインを訪れた清水は、とにかく饒舌であった。本で得た知識を吐き出さんばかりに、スペインについて語るのである。しかしスペインを語れば語るほど清水のショックは募るばかりであった。スペインはあまりにも変わり過ぎていたからである。

清水がスペインを訪れた一九七五年と言えば、前述のようにスペインは奇跡の経済成長を成就してすでに準先進国の仲間入りを果たしていた。そこに彼は日本をはじめ先進資本主義国がすでに経験していたある現象を見るのであった。高度大衆消費社会の登場とイデオロギーの終焉である。また、内戦以後に生まれた世代が人口の半分以上を占めていた。清水は内戦の痕跡を求めて、かつての激戦区マドリード、トレド、バルセロナを訪れたが、石川県の内灘と同様に、変わり果てて別世界の趣きを呈していた。内戦はすでに風化していたのだった。内戦の風化を前に、清水はバルセロナのホテルで、二度目の旅を次のように締めくくっている。


勿論、あの内乱がなかったら、私はスペインへは来なかったろう。しかし、それから四〇年を経た今日、痕跡らしいものが残っている筈はないことも、初めから想像していたし、実際、その通りであった。そうなると、やはり、例の「感傷旅行」——その定義は知らないが——というものになるのか。「スペイン感傷旅行」か。▼06

❖スペイン問題

スペインが変わり、内戦は風化しても、変わらないものがあった。それは「スペイン問題」である。日本、フランス、イギリスには「日本問題」、「フランス問題」、「イギリス問題」などと呼ばれるものはないが、スペインには「スペイン問題」というものがある、という清水はさすがである。短期間のスペイン研究でも、スペインの本質を見事に見抜いていたのであった。「スペイン問題」とは、国を分裂へ導いて行く諸力のことである。それを清水はこう説明している。

独自の言語、文化、風俗、習慣、利害を有する諸地方は、長い歴史を通じて、絶えず独立の運動を続けてきた。スペインを一つの国家として維持しようとするマドリッドの中央政府への反抗というのが、多くの地方の伝統的な態度であった。少しでも気を許すと、スペインはバラバラになってしまう。バラバラになってしまう傾向は、「スペイン的独立心」と呼ばれているが、スネルグローヴ──だけではない──は、独立心には「際限がない」(no limits)と附け加えている。中央政府からの地方の独立だけでは済まず、地方政府からの町や村の独立へ進み、町や村のアミーゴ(友人)や家族の独立へと進んで行く。[07]

清水はこの国の歴史を分析する中で、スペインは遠心力が特別に強く、エントロピー(無秩序の量)が特別におおきい社会であると考え、そういう社会では、特別に強大な求心力が働くことによって、ようやくバランスが得られるのではないかという結論に達する。

そう考える清水にとって、フランコこそが現代スペインの救世主であった。スペイン問題は根強く、エントロピーが特別に大きな社会において、教会と軍隊を二本柱として国家統一をおこない近代化をすすめるフランコのような存在はどうしてもスペインには必要だったのである。言い換えれば、清水にとって、フランコは悪玉どころか善玉だったのである。

スペインはフランコ体制下で経済的テイクオフに成功した。もう一つの課題は政治的テイクオフ、すなわち民主主義の導入であった。スペインはフランコの独裁制から民主主義に移行するにあたり、革命の道を避け、独裁制下の法と制度を尊重しつつ、民主化を実現する道を選んだ。一九七八年には民主主義憲法が国民の圧倒的な支持を得て承認され、フランコ死後からわずか二年という短い期間に、民主主義の枠組みを構築するのに成功した。そこでもっとも注目されたのは、フランコ時代に無視されてきた地方自治の復権であった。かつては持たざるものの貧困が「スペイン問題」を促す要因の一つであったが、今や豊かさが「スペイン問題」の大きな要因として働いている。カタルーニャ、バスク、ガリシアを中心に、各自治州の人々が生活レベルの向上の中で、地方ナショナリズムの高揚に与しているのである。

フランコが亡くなってはや四〇年が経過している。スペイン社会はテロ、外国人移民、経済危機など不安要因はいくつも抱えているが、政治的、社会的にはおよそ安定している。スペイン内戦後はフランコという強大な求心力が働いてバランスがとれていた。では、ポストフランコではいかなる求心力が働いているのであろうか。

一つ考えられるのは、スペイン人の平和への強い希求である。それはスペイン史とりわけスペイン内戦から学んだ教訓に由来している。二〇〇四年三月一一日にマドリードで発生した列車同時爆発テロに対する姿勢（例えば、一〇〇〇万人を超す反テロのデモ）は、国民の平和への希求の証の何物でもないだろう。

コントは、フランス革命という伝統の破壊から、いかにして秩序を回復し社会の安定を得るかを追求した人であった。清水の生涯の課題もまたそれに他ならなかった。内戦は風化したかに見えたが、じつは内戦の教訓はフランコ時代からポストフランコへと国民の間で脈々と受け継がれ、スペインの平和社会を形成する礎となっているのである。

2 司馬遼太郎とバスク

❖バスクとの出合い

一九八二年、バスクとザビエルに熱い眼差しを注ぐ作家司馬遼太郎はスペインを訪れる。時あたかも、ヨーロッパで最年少のフェリペ・ゴンサレス首相が誕生した年でもある。フランコ独裁制終焉から七年、彼の強力なリーダーシップによって、スペインの民主主義は社会に根を張り、一九八六年には念願の欧州連合への加盟が決まりピレネーの壁が崩壊して、スペインの欧州化はおおいに進んだ。

バスク地方はピレネー山脈西端に位置し、ビスケー湾岸からカンタブリア山脈までスペイン・フランス国境をなかにおいてスペイン領とフランス領に分かれる地域で、緑が豊かで北西のガリシア地方とともにグリーンスペインを形成している。ここに住むバスク民族とその言語であるバスク語はともにいまだルーツが不明である。スペイン側に約二八〇万人、フランス側に約二七万人が住んでいる。全人口約三〇〇〇万の内バスク語話者はおよそ三〇％と推測される。

一九世紀にスペイン屈指の重工業地帯に発展したバスク地方には工業労働者として国内のスペイン語話者が大量に流入し、バスク伝統社会は崩壊の危機に直面する。そんな中からバスクナショナリズムが興り、バスク語はバスク人の唯一のアイデンティティとして発展する。しかしその道は決して平坦ではなかった。プリモ・デ・リベラ独裁政権(一九二三—三〇年)ではその使用が抑圧され、第二共和制(一九三一—三六年)では地方の公用語として復活するが、一九三九年からのフランコ独裁時代になると再び中央から弾圧を受けたからである。

司馬とバスクとのかかわりは、司馬の学生時代にさかのぼる。よく知られているように、司馬は中学生の頃からはじめた図書館通いは大阪外国語大学(現大阪大学)を卒業するまで続き、しまいには読む本がなくなってしまったという。博覧強記の司馬は、日本から遠く離れたヨーロッパの孤島バスクのことまで知っていたのである。

司馬は一九四〇年に大阪外国語大学に進学してモンゴル語学科に入学していたが、バスクへの関心断ちがたく、

❖バスク地方の風景。

同大のイスパニア（スペイン）語学科のスペイン人教員に司馬は、とくにバスク語について次のような質問をしている。

「バスクのことばについては、私は学生時代、珍説を聞いた。――ヨーロッパにバスク語というタタール―ウラル・アルタイ語族――と似た構造のことばがあって、だから日本語とも似ている」というのである。この当時、スペイン語の教授に、ホセ・ルイス・アルバレスという、短躯で色の浅黒い先生がおられた。このひとが廊下のむこうからくるのをつかまえ、そのことをきいたところ、ゆっくりかぶりをふられて、

「バスク語の正体も歴史も、よくわかっていない。しかし非常に古い。ヨーロッパタタールが侵入した歴史は、それにくらべると新しい」

という意味のことをいわれたのを記憶している。いまでも通用する、正しくて明快な答えではないかと思う。▼08

ホセ・ルイス・アルバレス・タラドゥリス（一九一〇―九五）はスペイン・バリャドリード出身。一九三五年、大阪外国語学校教師として来日してスペイン語教育に従事、のちに天理外国語学校のスペイン語も担当した。この間、内戦さなかの一九三七年四月から一二月にかけてはスペイン共和国政府の代理公使を務め、故国の激動と近現代日西関係史の重大局面に当事者として立ち会うこととなった。戦後は大阪外国語大学、天理大学等で教鞭をとり、一九六五年には英知大学（現聖トマス大学）イスパニア文学科創設とともに初代学科長に就

任。わが国におけるスペイン語教育の発展に尽力する一方、一六・一七世紀日西交渉史の研究にも取り組み、A・ヴァリニャーノの『日本諸事要録』をはじめとするこの時代のスペイン語史料の翻刻・翻訳紹介を精力的におこない、多数の論文を世に問うた。個人的には敬虔なカトリック教徒であったが、特定の修道会等に属していなかった彼の作業は、「キリシタン史」等の枠組みの中で発展してきた近世日西交渉史研究を、独立した学問として深めるのに多大な貢献をなしたといっていい。

それはともかく、司馬はスペイン人とはじめて出会い、彼の知識によってバスク語への理解を深めることになった。司馬のバスクそしてバスク語への関心はやがて日本にはじめてキリスト教を伝えたフランシスコ・ザビエルとの出会いへと展開する。

❖バスクへの旅

一九四九年といえば日本は米国の占領下にあって、スペインとの国交は断絶の真っただ中にあった。しかしそんな状況にもかかわらず、この年、スペインから宗教団体が来日している。前述のように、ザビエル渡来四〇〇周年を記念する年だったからである。

この年、司馬は京都で働いていた。まだ、本名の福田定一の頃である。司馬は産業経済新聞社京都支局でとくに大学と宗教の担当記者として多忙を極めていた。そんな中でザビエル来日四〇〇年祭と出合い、司馬もまた取材を開始したのであった。カトリック教会を訪れ、また資料を漁って『聖フランシスコ・デ・ザビエル書簡集』まで読み、「ザビエルの右手が日本に来る」という記事を書いた。

六月四日、ギルロイ枢機卿によって日本に運ばれたザビエルの聖腕が京都に到着、ただちに三条河原町カトリック教会にて記念荘厳ミサが挙行された。午後は岡崎公園にて聖体降福式、続いて聖腕を奉持して市中を行進、ザビエル来日四〇〇年が祝われた。このとき司馬もまた聖腕を見たことは言うまでもない。

司馬はザビエルを調べる中で、彼がバスク人であることを知り、ザビエルへの関心が膨らんでいった。

その後、一九五二年に司馬は大阪本社に異動して、翌五三年には文化部勤務となり、文学・美術担当として活躍するが、三二歳を数える一九五五年頃には当時親しかった成田有恒（寺内大吉）にすすめられて小説を書くようになる。一九五六年には『史記』の著者司馬遷に遼かおよばぬという意味で司馬遼太郎の筆名を使って小説家としての処女作『ペルシャの幻術師』を第八回講談社倶楽部賞に投稿し、司馬の出世作となる。新聞記者福田定一からいよいよ作家・司馬遼太郎のデビューであった。さらに四年後の一九六〇年には、『梟の城』で第四二回直木賞を受賞、翌六一年には作家活動に専念すべく、出版編集局次長を最後に産経新聞社を退職する。

ザビエル渡来四〇〇周年祭から三三年後の一九八二年、司馬は再びザビエルに取り組むことになる、しかも今度は作家としてザビエルを産んだバスク地方への旅を企てた。

司馬の歴史小説の傑作の一つとされる『坂の上の雲』の連載が佳境にさしかかった一九七一年のこと、司馬は後にライフワークとなる紀行『街道をゆく』を開始している。街道の旅は日本に始まり、アジアからヨーロッパそしてアメリカへと拡がり、『街道をゆく』は壮大な文明紀行となる。司馬はヨーロッパ最初の旅に「南蛮のみち」を選んだ。「南蛮」とはスペイン・ポルトガルの謂である。その旅は大航海時代に日本に南蛮文化をもたらしたヨーロッパと日本の南蛮時代を世界史的な視野の中で見直す大事業でもあった。

『南蛮のみち』の旅は、ザビエルが青春時代を過ごしたフランスはパリで幕をあける。一九八二年秋のことである。旅人・司馬遼太郎とその一行は、ヨーロッパ線北回りで、アンカレッジ、ロンドンを経由して一九八二年九月二八日にパリに到着、ザビエルが一九歳から留学生活を送った大学区カルチェラタンを訪れ、彼の青春時代の痕跡を追った。

それから司馬一行はパリ南郊のオルリー空港から、空路フランス・バスク地方に向かった。バスクは元来一つであった。しかし、一六五九年のこと、バスク人が与り知らぬところで、スペインとフランスがピレネー条約を結んで両国の国境を確定した。その結果、バスクはピレネーを挟んで二つに分かれ、フランス領バスク（ラブール地方、低バス＝ナヴァール地方、スール地方）とスペイン領バスク（アラバ県、ビスカヤ県、ギプスコア県、ナバラ県）からなる。

司馬一行はまずフランス側バスクの中心地でバスク文化復興運動の盛んな小都市バイヨンヌに到着し、そこからサン・ピエ・ド・ポールに向かった。ここはザビエルの父方の先祖の住んでいた町であり、また日本と縁の深いカトリックのカンドウ神父の故郷でもあった。また、スペインの巡礼の道の出発地点であり、ナバラ王国時代には王都であったところでもある。

その後、司馬一行はフランスとスペインの国境をバスで通過する。当時はまだEU連合誕生以前のことであり、入国手続きが必要であった。スペイン領バスクに入ると、武勲詩『ローランの歌』の舞台となったローラン戦死の地で知られるロンセスバジェス峠を越え、ナバラの州都パンプローナを経てローマ時代以来の街道を一路東南へ、一〇〇キロメートル以上走ったところでようやくザビエル村に到着する。そこで司馬を待っていたのは、ザビエルの生地すなわちザビエル城であった。

フランシスコ・ザビエルはこの城で生まれた。一五〇六年のことである。両親はともにナバラ王国の名家の出身で、ザビエル城は母が父の許に輿入れした際の嫁資の一つであった。司馬はザビエル城を外から凝視し、また内からよく観察して、ヨーロッパの他の国々や日本の城が平和的であるのに比べて、この城は戦闘的な要塞であると考える。

ザビエルはこの城で末っ子として恵まれた幼年時代を送った。しかし六歳を数えた一五一二年、ナバラ王国はスペインに占領され、一家は離散した。父と兄二人はフランスに亡命、父は二年後に亡くなっている。ザビエルは母と姉らと城内に残り、苦難の少年時代を過ごしている。ここでザビエルは一九年間を過ごした後、将来は聖職者となってナバラに帰るべく、母と姉を残して独りパリに留学する。パリではイグナチオ・デ・ロヨラと運命的な出会いをし、イエズス会の創設に加わる。ロヨラは同会の総長としてローマに残る一方、ザビエルはキリスト教の海外布教戦士としてアジアに渡り、マラッカで日本人と出会い、これを契機として来日したことは広く知られている。

❖ザビエル城。宣教師フランシスコ・ザビエルの生地である。

ザビエル城を訪れたなら、兄貴分にあたるロヨラの生地であるロヨラ城(聖堂)をも訪れるのが礼儀であると考えた司馬は、ロヨラ城を訪れている。しかし、かつて野上夫妻がここを訪れて、聖堂の外見は悪くはないのだが、内部のバロック様式の過剰な装飾に呆れはてたように、司馬もまたバロック様式の過剰な装飾に悪い印象しか持てなかったようだ。

バスク地方の旅を終えると、司馬とその一行は飛行機でいっきに首都マドリードに向かう。ピレネー山脈の緑は過ぎ去り、やがて眼下に赤茶けたスペイン内陸部が現れる。多くの日本人はフランスから空路スペインに入る。そんな時、誰もが経験するのは、景色の一変であろう。

> フランスから一歩スペインへはいると、緑あふれる沃野から、荒涼たる不毛の台地へ、すべての景観が一変する。自然によって国境を感じさせる珍しい国である。▼09

フランスからスペインに入る日本人はたいてい両国の間にバスク地方が存在していることに気付かない。気付くのは、景色の急激な変化だけである。しかし実際には、司馬が「バスクの自然は、ゆたかである」と述べているように、フランスとスペインの間にはバスクというじつに豊かな自然に恵まれた地方が三〇〇〇年の時を超えて存在しているのである。スペイン語学者の笠井鎮夫は、昭和初期にスペイン紀行文を通じて、バスク地方を紹介したことがある。しかし、当時はスペインものの読者は限られていた。それとは比較にならないほどの幅広い読者をもつ当代随一の人気作家司馬遼太郎が帰国後に最初は『週刊朝日』誌上で、後に『街道をゆく――南蛮のみち』によってバスク地方を紹介するや、バスク地方は日本社会でも一躍脚光を浴び、バスクブームを惹き起こす契機となった。こうしてバスクの存在は日本でも広く人口に膾炙することになった。

❖バスク語の復活

バスク語はバスク民族の唯一のアイデンティティである。フランコ独裁時代には「スペインはひとつ」という文化政策によってカタルーニャ語やガリシア語などとともにバスク語もまた中央の弾圧を受けて公的な使用はいっさい禁止され、衰退を余儀なくされた。しかし、一九七五年にフランコ独裁時代の幕が下りると、民主国家の誕生と新憲法の制定によってスペインは多民族多言語国家になり、国の公用語としてスペイン語が使用される一方で、地方の言語であるカタルーニャ語、ガリシア語、バスク語などが準公用語としてその使用が公的に認められるようになり、各地で言語復活運動が盛んになっていった。

司馬は、バスク語の復活運動についてこう述べている。

なんと厄介なことだろう。

もはや絶滅しかけているバスク語をゆりうごかし、息を吹きかえさせよう、というのだ。バスク語を学校や職場で教え、バスク人たる者すべてがバスク語を使うようにする……それが三年前に発足したバスク国の最大の国家事業なのである。バスク国は厳密にはスペイン王国から承認された自治州で、いまは国家がやるべき多くのことはスペイン王国がやっている。バスク国としては、まずバスク語の回復をやらねばならない。[10]

バスク地方に滞在中に司馬は、一二世紀に建設された古都で現在はバスク自治州の州都となっているビトリアを訪問している。新憲法でバスク州の自治権が認められて以来、ここに大統領府（現在は首班の名称が使用されている）が置かれている。スペインという国家があるなかで、バスクという少数者が大統領府をもち、国会までもっていることに二重構造ではないかと疑問を抱きながら、司馬は大統領府で当時のバスク国大統領ガライコチェアと会見を行う機会を持っている。

そこで司馬は「政治学的に、どういう位置の国にしたいか」と質問すると、大統領は「私どもがめざしているのは、連合国家です」と回答している。[11]

司馬は、大統領の回答をこう解釈している。

——スペインは、ふつう四つの自立気分のブロックが存在するといわれる。大統領にすればそれぞれが国家をつくり、中央に連邦機構を置き、たがいに独立性の高い寄合国家にしたいということであろう[12]

繰り返して言うが、一九七八年の憲法公布によって、スペインの民族的・文化的な多様性がなによりも尊重され、既存の県と中央政府の間に、自治権を有する「自治州」があらたに設けられた。一九八三年までに計一七の自治州が誕生し、九四年には海外の領土のセウタとメリーリャの二都市にも自治権が与えられた。

司馬がスペインを訪れた一九八二年といえば、バスク自治州の自治権の法的整備が整い実際に法を行使し始めた時代であった。しかし、憲法第二条にも明らかなように、この国は法的に単一国家であり、連邦制はとらないことになっている。したがって、バスク大統領の発言には無理があることは言うまでもないが、自治州のなかでも、固有語をもつカタルーニャ、バスク、ガリシアの三州は歴史的に地域主義の強い地域であり、なかでもバスクとカタルーニャは自治権拡大に非常に活発な州であり、スペイン国内における独立国家の樹立さらにはスペインから分離して国外での完全な独立国家の樹立を目指すほどに強烈な地方ナショナリズムを展開しており、中央政府とは常に対立している。

従来、バスク、カタルーニャ、ガリシアの自治州は他の自治州と比べてはるかに大きな自治権を享受しており、こうした自治州間の政治格差に加えて、二〇〇八年に始まった経済危機の中で、豊かな自治州と貧しい自治州の間の経済格差までが顕著になってきた。二重構造が続くなかで中央政府は今後いったいどのような政治的経済的体制を作ろうとするのだろうか。自治州国家体制は成立からおよそ四〇年を経た今、大きな岐路に立たされている。

3 今井兼次とガウディ

❖日本のガウディ

前章で触れたように、一九世紀後半、フランスを中心に欧米でスペインブームがあり、多くの人が異国情緒あふれるスペイン南部アンダルシアに憧れ、また旅をした。フランスを通じて日本にもエキゾチックなスペインが紹介され、日本人にとってももっともスペイン的なスペインは、長い間、アンダルシアであった。

今でも、アンダルシアはスペインの観光スポットであることに変わりはないが、近年スペイン第二の都市

❖日本人に人気の高いサグラダ・ファミリア(聖家族教会)。

バルセロナもまた芸術の都として観光スポットに選ばれるようになった。一九八四年、サントリーウイスキー・ローヤルのCM「スペイン、バルセロナ、ここはアントニオ・ガウデイに会えるまち……」を通じて、奇才の建築家アントニオ・ガウディと未完の建築物「サグラダ・ファミリア」が紹介され、日本でも一躍有名になった。いまやバルセロナはスペイン訪問の第一歩を印す土地なのである。

ガウディが有名になり、日本でも関係書が多数出版されている。とはいえ、建築家といえどもその名が一般に知られるようになる前に、ガウディに注目した人はごく少数であった。ましてや一九二〇年代にすでにガウディに注目していた建築家が日本にいたというのだから驚きである。日本人建築家は、今井兼次(一八九五―一九七八)その人である。日本のガウディと呼ばれている。

イベリア半島の根っこに生まれたガウディの建築は、遠く海を越えて日本にも大きな影響を与えた。インターナショナル・スタイルの流れを汲む正統なモダニズムの系譜がメイン・ストリームとなるなかで、日本に新たな流れを生んだのである。日本のガウディ建築の系譜には、もうひとつの日本の近代の姿が刻まれている。▼13

―――――

❖バルセロナへの旅

今井は一九一九年に早稲田大学理工学部建築科を卒業と同時に同学科の助手として大学に残り、一年間の助手時代を経て二〇年には同大学理工科助教授に就任する。六年後の一九二六年一二月三〇日に、今日の東京地下鉄(東京メトロ)のルーツにあたる東京地下鉄道が開業している。東京地下鉄道を民業として興したのは、「地下鉄の父」として知られる早川徳次(一八八一―一九四二)である。彼は一九一四年にヨーロッパを視察し、近代都市にとって地下鉄が不可欠な施設であると考えたのであった。この早川の考えによって、今井はヨーロッパの地下鉄の視察に派遣されることになった。これを好機として今井は早稲田大学派遣留学生として、ソ連、北欧、その他欧米の近代建築の調査もまたおこなった。

今井はこの時の視察旅行で、当時欧米で勃興していた近代建築を精力的に行脚して廻った。この旅で今井は、ドイツのメンデルスゾーンやタウト、グロピウス、フランスのコルビュジエ、北欧のエストリベリやアスプルンドなど当時を代表する第一線の建築家たちと会って語らい、彼らが設計した近代建築に触れている。このように多くの建築家と近代建築との邂逅を果たした欧米建築視察旅行のなかで、今井が建築家としてとくに影響を受けることになったものとして、エストリベリのストックホルム市庁舎、シュタイナーのゲーテアヌム、そしてガウディのサグラダ・ファミリアが挙げられる。今井は欧米旅行を利用して、バルセロナを訪れ、ガウディとの面会を願っていた。一九二六年一二月二六日一一時四五分にパリからバルセロナに到着、翌二七日今井はガウディに会いたくてサグラダ・ファミリアを訪れたが、ガウディの後継者の一人として教会建築に携わっていたドゥメナク・スグラニェスから「先生は今から六か月前に交通事故によって亡くなりました」との声を聞いて、今井は愕然とする。しかし、彼からガウディの作品の説明を聞き、深い感銘を受ける。バルセロナ滞在はわずかであったが、ガウディの作品との出合いは、今井に大きな影響を与えることになった。

今井は、帰国後、山田守、蔵田周忠、吉田鉄郎、山脇巌らとまず一九二九年に木造時代の新宿紀伊國屋書店の一階で「近代建築写真展」を開いたり、一九三三年には、東京朝日新聞社で「欧州新建築展」を催してガウディの二、三の写真をシュタイナーのものと一緒に出展したが、「こんなものは建築じゃないねぇ」と相手にされなかったという。当時の世界の建築界は、機能的な建築の勃興期であり、ル・コルビュジエの台頭、ワルター・グロピウスのデッサウにおけるバウハウスの新運動に陶酔しており、ガウディの名はまったく抹殺され、建築界は彼の名さえ知らない有様であった。

しかし、今井は、大学の授業で学生にガウディについて語り続け、また講演や論文、著書の出版さらには「ガウディ友の会」の設立などを通じて、ガウディの紹介に孤軍奮闘しながら、その時の到来を待った。

❖ガウディブームの到来

今井の弟子の池原義郎早稲田大学教授はこう言っている。一九五〇年代になると、ヨーロッパの建築の本流の中から、その方向を異にするものが見え始めた。近代建築の旗頭の一人であるコルビュジエの、ロンシャン巡礼小聖堂の作品発表に注目する建築界の反応に接し、先生はあるいはガウディが理解されるのが近づいたのではないかと察知した、と。[14]

日本でガウディの評価が本格化するのは、一九五五年以後のことである。しかし道が開けたのは、建築よりもむしろ前衛芸術の分野においてであった。一九五八年に美術評論家の瀧口修造の翻訳で出版されたシュルレアリスムの巨匠サルバドール・ダリの『異説・近代藝術論』のなかでガウディがとりあげられたり、前衛芸術家の勅使河原宏や美術評論家の東野芳明などに注目されるようになったのである。

一九六二年、今井は「ガウディ精神の映像と私」の中でこう述べている。

> 機能主義華やかなころに訪れ、今もなお建築界に多大な影響を与えているコルビュジエ・ブームが、にわかに今日ガウディ・ブームに置き換えられつつあることに私の大学の建築学生たちはいささかもてあまし気味のようでもある。しかし、世界の建築界から久しきにわたって埋没していたガウディのはなばなしい台頭を多年心に描き続けてきた私は、バルセロナのガウディ友の会の人々とともに、この傾向について互いに慶賀の喜びをわかつであろう。[15]

第二次世界大戦後、ガウディへの関心はブームのように広がり、芸術、建築の領域をこえて一般化していった。ガウディは「奇怪な建築家」「アウトサイダーの建築家」といったイメージで、またサグラダ・ファミリアは「未完の建築」「異質の作品」「狂人の作品」といったイメージで括られ、マスコミによって作られたイメージだけが先行した。自らの眼で再発見したのではなく、単にブームに便乗した評論家やカメラマンが多く登場したのであった。

今井は、ガウディの評価が高まる中で、ガウディの捉え方があまりに表面的であり、ガウディを深く読んでいないといって、次のような批判の言葉を残している。

独創性の外面的な評価から彼の芸術を理解しようとしても、それは不可能なのである。激しさの中に冷徹な判断と批判とを秘めて制作されたガウディの芸術は、内面からの理解なくしては到底正しい評価は得られないのである。[16]

彼の創造精神の中に内在する宗教的詩的感動の根源を探らずに評価することは不可能である。[17]

ガウディの建築は異質なものではなく奇怪なものでもなく、むしろ親しみ深い、ものやさしい真の建築の様相を呈している。創意とは神に向かう事であるという彼の信仰精神、燃えるような設計態度、愛の精神が静かに溢れ出ているからである。ガウディの作品は現在に尚生きている。[18]

今井はバルセロナでガウディの作品と出合い、大きな感銘を受け、そこから機能主義や合理主義に向かって走り続けようとする近代建築運動とは別の道を探り始めた。言い換えれば、モダニズムを金科玉条とする近代建築運動に対して、中世主義の中に「真理」を探ろうとしたのであった。そしてその真理はガウディの中にあったのであった。

今井のガウディに関する文献的研究はやがて実験的研究に移り、そんな中でガウディに啓発されてモザイク芸術を試みようとする。

今井のモザイク芸術は処女作である大多喜町庁舎の屋上のベンチやペントハウスの壁面に始まる。その後、東洋女子短期大学壁面と陶片モザイク『岩間がくれの菫花』（一九六一年）や大阪本町ビル東邦商事屋階陶片モザイク『糸車の幻想』（一九六一年）によって準備され、そのすべてがアントニオ・ガウディに想いを寄せつつ「日本二十六聖人記念館」に集約される。そして一九六六年に香淳皇后還暦記念ホール「桃華楽堂」が竣工して、今井のモザイク芸術は頂点を極めることになる。

❖フェニックス・モザイク

ガウディはタイルの使用に当たり、自然主義に今でいうエコロジーの発想を付け加えた。従来、タイルは完成品を貼っていた。しかし、それでは曲面は貼れないという限界があった。そこで考えたのが、破砕タイルを使うことであった。そこではタイルは必ずしも完成品である必要はなくなり、古いタイル、壊れたタイルなどあらゆる種類のタイルを使用する可能性が出てきたのである。

——タイルというのは、割れたものはもちろん、欠けたりヒビが入ったりしたものも商品にならなくなっ

❖バルセロナのグエル公園の建築物に見られる曲面と破砕タイルを用いた装飾。

てしまいますが、ガウディはあえてそういうタイルを引き取り、割って使うことで、四角いままでは上手く貼れない曲面の被覆に活かしていました。（また、タイルを破砕して使うことで、地中海地方の強すぎる光を拡散させることも考えていました）。

しかも、色とりどりのタイルがモザイク状に貼られたベンチは、芸術作品としてもすばらしいものです。トランカディスと呼ばれるこの技法は、後に多くの芸術家たちに影響を与えました。▼[19]

今井は〝ガウディ風〟に始めた自身のタイルモザイクを、フェニックス・モザイクと呼んでいる。この名称の使用をはじめたのは、東洋女子短大の制作時からだという。フェニックスとは、広辞苑によれば、アラビアの砂漠に住み、五〇〇年生きると、その巣に火をつけて焼け死んだのち、生まれかわるという。火は迫害のシンボルであり、再生はキリストの甦りを意味する。

今井のフェニックス・モザイクでは、火鉢や陶器などで捨てられたもの、壊れたものなど、いわば不遇な運命にあった陶片を集め、それらに新しい生命を吹き込み、宗教的な象徴として生き続けることになるのである。

一九五八年のこと、今井は、イエズス会管区長アルペ神父から日本二十六聖人記念館の設計依頼を受ける。二十六聖人のための記念館の設計であるから、それはキリスト者の今井にとって、生涯最大の課題であった。今井はガウディを研究する中で、ガウディ精神の内面的なものに実証的にぶつかってゆくのもまた研究の一方法だと考え、記念館の設計に陶片モザイクを試みることにした。資料館の東側と西側の壁そして記念館横のフィリポ教会の塔の部分にフェニックス・モザイクを試みたのである。

今井の設計態度は京都から長崎まで三三日にわたって「死の行進」をおこなった二十六聖人の精神もまた受継いでいる。ことは豊臣秀吉の時代にまで遡る。秀吉は一五八七年、九州征伐の後、「伴天連追放令」を発布した。当初は大規模な迫害はおこなわれず、布教活動も継続しておこなわれていたが、一五九六年一〇月のサン・フェリペ号事件以後、キリシタン弾圧政策が推し進められ、京都に住むフランシスコ会会員とキリスト教徒全員を捕縛して処刑にする命令が下されたのである。大阪と京都で布教活動をおこなっていたフランシスコ会員の宣教師六人（スペイン人四人、メキシコ人一人、ポルトガル人一人）のほか、日本人キリシタン一八人を含む合計二四人が捕縛された。一五九七年一月四日、彼ら二四人は京都から約一か月に及ぶ受難の旅へと出発する。まず京都から堺まで行く。そこから瀬戸内海沿岸を歩き、三原（広島）に入る。その後、唐津に到着し、彼杵から船で時津に向かう。そして、時津を経て長崎に到着するのである。なお、山陽道で二人の日本人信徒が捕縛され、合計二六人の旅となった。

一五九七年二月五日、現在の長崎市西坂町の海に突き出した丘の上で、外国人宣教師六人、日本人キリシタン二〇人の計二六人が処刑された。これは日本の最高権力者によって処刑された最初の殉教事件であり、日本ばかりかヨーロッパのキリスト教世界にも衝撃を与えた。

今井は、東京から長崎までの各所の陶器工場、とくに二十六聖人が歩いた京都から長崎に至るルートの途中にある陶器の産地を訪れた。知多半島の常滑《とこなめ》焼の窯元、瀬戸、織部、泰山《たいざん》タイルなど、滋賀県の信楽焼火鉢の窯元、福岡の高取焼の陶工の窯場、佐賀県の唐津焼、伊万里の鍋島焼の窯場、長崎県の波佐見の白山陶器工場、佐賀県の有田焼の窯元やタイル工場などを訪れ、じつにさまざまな陶器や陶片を入手することになった。▼20

旅の道中で、また長崎の現場で集められた皿、杯、大皿、小皿、タイル、タイルの破片、陶板、ガラス、火鉢、花瓶などは原形のままで、あるいは小片にして使用され、今井の手によってフェニックス・モザイクとして二十六聖人の眠る地に見事に甦ったのであった。

長谷川堯《たかし》はその著『都市回廊』の中で、今井の陶片モザイクをガウディのそれと比較して、次のように述べている。

❖今井兼次が設計を手がけた日本二十六聖人記念聖堂（聖フィリポ教会）の特徴的な双塔。

今井氏の陶磁片モザイクを見るとき、私はそこにある種の隠喩を感じないではいられない。それを一言でいってしまえば、〈破片の命〉の讃歌だ、ということになろう。同じ陶磁片モザイクといっても、今井氏の場合にはガウディそれよりもはるかに大胆である。というのも今井氏のモザイクには、ガウディのそれにあまり見ることのできない、皿や碗や盃などの破片が、まだ原型を十分推測できる程度のまま、オブジェ風に壁面などに張り付けてあるからだ。おそらくガウディならもう少し細かく砕いて全体のパターンなりテクスチャーの中にそれらの部分を溶け込ませるだろうと思われるのを、今井氏は、こわれた皿なら皿を、なまなましい姿のままにモザイクの中に組み込んでいる。私が隠喩だと

――思うのは、そのような場面に接した時である。[21]

二六人の殉教者は一六二七年に列福、一八六二年六月八日にローマ教皇ピオ九世によって列聖された。一九四七年には、キリシタン研究者たちによって、西坂が二十六聖人の殉教地として確定される。スペインやメキシコからの募金が集り、二十六聖人列聖一〇〇周年にあたる一九六二年六月一〇日、隣接する聖フィリポ教会とともに殉教地に記念館がオープンして、聖地として現在に至っている。

3 日本ブームとスペインブーム

1 スペインにおける日本ブーム

スペインでは一八八八年の第一次日本（ジャポニスム）ブーム、一八三〇年前後の第二次日本ブームそして戦後の第三次日本ブームを経て、今、第四次日本ブームに沸いている。従来の日本ブームでスペイン人が興味を示していたのは、伝統的な日本つまり浮世絵、芸者、着物などエキゾチックな日本であったが、今のスペイン人が関心を示しているのは主としてマンガ、アニメなどのサブカルチャーであり、逆にそこから伝統文化への接近がおこっている。

❖マンガ・アニメを楽しむスペイン人

一九七〇年以後、日本の芸術家が世界で活躍し、その一方でヨーロッパにおける日本文化への関心の高まりから、ヨーロッパにおける日本文化の存在感が高まった。しかしこの日本文化への関心の高まりを支えるのは、マンガやアニメなど視覚文化、いわゆる新ジャポニスムである。これらの視覚文化は、浮世絵のような伝統的な芸術文化ではなく、科学技術やアニメ、テレビゲームの産業、つまり芸術より低俗とされる「ポップカルチャー」に根を置いている。ジャポニスムの対象は歌麿の浮世絵から親しみやすい「かわいい」キティーちゃんへと移行したのである。

すでに述べたように、スペインは内戦によって国土は焦土と化し、ゼロからの戦後復興を目指すことになった。一九五〇年代にはじまる観光産業の繁栄とあいまって、一九六〇年代には奇跡の経済成長を経験する。そんな一九六〇年代の後半から、日本のアニメがスペインのテレビに登場するようになる。「アルプスの少女ハイジ」、「母をたずねて三千里」、「キャンディ・キャンディ」、「マジンガーZ」、「キャプテン翼」、「ドラゴンボール」、「ドクタースランプ」、「聖闘士星矢」、「ポケットモンスター」と名作の放映が続き、スペインのテレビ市場を席巻していった。とくにスペインは多言語国家、一九七五年以後、ガリシア、バスク、カタルーニャ、バレンシアでは地方語が復活して自治州の公用語となり、アニメもスペイン語だけでなく、ガリシア語、バ

❖日本のコミックの翻訳が並ぶスペインの書店。

スク語、カタルーニャ語、バレンシア語の吹き替え版が登場して、これらがさらに日本のアニメの人気に拍車をかけた。

しかし、新ジャポニスム到来の火付け役になったのは、なんといっても「クレヨンしんちゃん」の登場であろう。最初、「クレヨンしんちゃん」はカタルーニャ語版のマンガでスペインに渡った。二〇〇一年に「クレヨンしんちゃん」がテレビで放映されると大ブームが到来、アニメの人気にともなってマンガの人気も高まり、やがてスペイン全土に広がり爆発的な人気を得るようになった。マンガの売り上げ部数は、スペインでは一二四万部、ドイツ四万四〇〇〇部、アメリカ四万部など他の欧米諸国と比べて群を抜いている。

日本のマンガやアニメは子どもだけではなく、大人も楽しめるものであり、今後もますます多くのファンを惹きつけることであろう。

❖村上春樹を読むスペイン人

ノーベル文学賞の発表が近づくとハルキストが集り、「今年もダメだったか」とその結果にため息をつく。それが契機となってますますハルキストが増加しているようだ。

スペインでも年々ハルキストが増加の傾向にあり、二〇〇九年には、ガリシアの高校で生徒たちの投票によって与えられるサン・クレメンテ賞に村上春樹が選ばれた。高校側の要請に応えて村上は初渡西を果たし、代表の生徒たちとの会食まで実現している。

日本におけるスペイン文学の翻訳は、古くは南蛮時代の宗教書にさかのぼり、明治以後は『ドン・キホーテ』を中心に多くの小説、詩、戯曲が翻訳を通して紹介されてきた。一方、日本文学の初めてのスペイン語への翻訳は『武士道』(一九〇九年)であり、『怪談』(一九二二年)や『茶の本』(一九三一年)が続いた。しかしスペインでは間もなく勃発するスペイン内戦の影響で、日本文学の翻訳の舞台はラテンアメリカのスペイン語圏に移る。スペインで日本文学ブームが到来するのは、川端康成が一九六八年にノーベル文学賞を受賞してからのことである。川端受賞以前では川端の『雪国』(一九六一年)、『千羽鶴』(一九六二年)や太宰治の『人間失格』(一九六二年)、三島由紀夫の『金閣寺』(一九六三年)、芥川龍之介の『邪宗門』(一九六五年)など六〇年間に十数点の翻訳が出版されたにすぎなかったが、川端受賞以後では翻訳がつぎつぎと刊行され、一〇年で十数点が出版されている。また一九七〇年の三島の割腹自殺と一九九四年の大江健三郎のノーベル文学賞受賞は翻訳出版の助長に大きな貢献をしている。

翻訳は英語やフランス語などからの重訳の時代が長く続いた。まだ直接日本語からスペイン語に訳せるすぐれた翻訳者は皆無に等しかったからである。しかしながら、川端のノーベル賞受賞後は徐々に日本語から直接翻訳できる翻訳者が育ってきた。

村上の最初のスペイン語版は『羊をめぐる冒険』(一九九二年)である。しかし最初の翻訳に対する反応はとても冷たいものでほとんど注目されず、次の翻訳『ねじ巻き鳥クロニクル』(二〇〇一年)まで九年もの間があいた。しかし二〇〇五年の『ノルウェイの森』のヒット以来、村上春樹はランキングの常連となり、ベストセラー作家の仲間入りを果たしたのである。

村上文学がスペインで成功を収めた理由はなんであろうか。次の四点が考えられる。

第一に、現代のスペインは、二、三〇年前と違って、典型的な資本主義の消費社会になっており、競争社会のなかで、大都会では人と人との絆が希薄になり、そんな社会に生きる人が村上の作品を読んでいる。

第二に、村上文学の主人公の自己認識の問題と社会のなかでの孤独の問題は、近年のスペイン人にとって非常に近いテーマである。

第三に、作品が生きにくさや喪失感を感じながらも生に立ち向かう若者の成長小説として書かれている。このような形で青春という普遍性のあるテーマを扱ったことで、村上文学はスペインでも多くの読者の共感を得ている。

第四に、伝統とテクノロジーが共存するエキゾチックな街「トウキョウ」、自殺のテーマ、独特の死生観に日本らしさを見出し、村上文学に魅力を感じている。

❖和食を食べるスペイン人

アメリカ、ロンドンそしてパリで始まった日本食と寿司のブームは、二〇〇〇年になって、好景気のスペインにも波及し、日本食ブームが全国に広まっている。

観光立国スペインには年間を通じて多数の外国人が訪れるが、とくに一九七〇年代後半になると外国人移民の流入が急激に増え、そんな中でスペインでもいよいよファースト・フードの時代を迎えることになる。

一九八一年には首都マドリードに最初のファースト・フード店マクドナルドが開店し、その後バーガーキング、ケンタッキーフライドチキン、ウェンディーズなどが続々進出して、若者の心を一気につかんでしまった。安くて早いファースト・フードが若者の間にあっという間に広まり、アメリカ型のファースト・フードがスペインの食生活のなかに入り込んでいる。伝統的なバルは中心街から追い出され、ファースト・フード店が軒を並べている。しかし、ファースト・フード店で使われる肉や油の品質が悪く、健康上よくないということで一時、店の客が途絶えたことがあった。

中国人の移民の増加に伴い、中国料理が入ってきてスペイン人の心をとらえる。中国料理のように皆で分けて食べる様式は珍しく、加えて量も十分なため、中国料理ブームが到来する。

スペイン人の食生活の基本は、よく食べ、よく寝ることだ。しかも食べる量は日本人と比べると半端ではない。その結果、大人の間でも子供の間でも肥満が蔓延してきている。そんな中で見直されているのが日本食である。スペイン人は日本食は軽くて、栄養があり、健康にもよいと考えているのである。

スペインはヨーロッパでももっとも多く魚介類を消費する国である。三方を海に囲まれ、豊かな漁場に恵まれた国だからこそ、魚を中心にした日本料理に抵抗がないのだ。ただ海岸都市ではもともと魚を生で食べる習慣があり、寿司にもなんら抵抗はないが、内陸では魚よりむしろ肉食が中心なため、日本食に抵抗のある人が多い。

日本食は中国料理など他の外国料理と比べて、スペインでは高価な食べ物であり、寿司のことは誰でもが知っているが、誰もが手の届く食べ物ではない。

六〇歳以上の人は伝統的な食事の習慣から、日本食にはいささか抵抗がある。また若い人はハンバーグ、ピザ、中国料理と比べると高くなるので、食べる人は限られるし、若い人は健康より食い気で量を好む。したがって、スペインで日本食を食べる人は中流から中流の上の階層以上に限られている。

❖日本語を話すスペイン人

日本では今、スペイン語ブームで、学習者は増加の一途を辿っている。日本と比べると雲泥の差はあるが、スペインでも日本語ブームが続いている。

スペインで日本語教育が始まったのは、一九八五年以降のことで、一九九二年前後の日本語学習者はおよそ一〇〇〇人、一九九八年・一三九〇人、二〇〇三年・二三二七人、二〇〇六年・二八〇二人、二〇〇九年・四〇四五人と今日までその数は増加の一途を辿っており、二〇一二年現在では四九三八名を数えている。

日本語の学習の場は、公・私立大学、公・私立語学学校、教師の自宅や生徒の自宅などで行う個人レッスン、インターネット(e-ラーン)などである。

日本語学習者の年齢層は一五歳から七〇歳と広いが、大半が二〇代の大学生である。スペインにおいても日本語ブームを支えているのは、やはり日本文化と日本語そのものへの関心であることはいうまでもないが、動機は実に多岐におよんでいる。[22]

❶マンガ・アニメなどサブカルチャー、とくにマンガを日本語で読みたいと日本語を学ぶ層が増加している。
❷マンガ世代の中にはインターネットを使って、独学で日本語を勉強する人が増えてきている。かれらは日本人とチャットをして日本語を磨いている。
❸翻訳者、通訳者、観光ガイドとして働きたい。
❹ホテルで働きたい。
❺異国趣味や誰もやっていない日本語を勉強したい。
❻日本のアニメの主題歌が気にいってそれを日本語で歌いたい。
❼マンガファンが高じて、マンガの中から出てきたような格好で授業に出席する人が出てきている。全く

新しい日本語ジェネレーションの出現である。

❽サロン・デ・マンガ(コミック・マーケット)に出かけ、コスプレコンクールに出場して、愉しむうちに日本語を学ぶようになった。

❾セビーリャのコリア・デル・リオにその大半が暮らす日系スペイン人は「ハポンさん」と呼ばれ、先祖の言葉に関心を抱き、日本語を学んでいる。

❿スペイン人の習慣とはまったくことなる日本人の礼儀正しさに触れて日本文化に関心を抱いて、日本語を学んでいる。

⓫欧米諸国に留学、滞在、旅行中に日本人と知り合い、日本語を学び始める。

他のヨーロッパ諸国では、日本語が主に仕事上の必要性に迫られて学習する傾向があるが、それに比べて一般にスペインにおける日本語学習は個人の文化的嗜好、趣味、興味などを満たすためであると思われる。ときには日本語熱が高じて、本来の勉学や仕事に支障をきたす学習者がいるといわれる。

2 日本におけるスペインブーム

スペインというとほとんどの日本人は情熱、フラメンコ、闘牛など相変わらずステレオタイプでスペインを見ようとする。日本人のスペインに対する基本的な見方はまったく変わっていないが、それはそれとして一九七五年以降のスペインはヨーロッパ連合の一員としてダイナミックな変貌を遂げ、もはや古いイメージだけでは語れないスペインが存在している。伝統的なスペインのイメージであるフラメンコに加えて、日本人が注目している新しいスペインのイメージとしてサッカー、ガウディ、料理、ファッションを考えてみよう。

❖フラメンコを踊る日本人

フラメンコのルーツを辿れば、インド北西部に行きつく。この地を原郷とするジプシーは、イスラム教徒のインド侵入によってこの地を追い出され、流浪の旅に出る。アジアから中近東を経てヨーロッパに到着し、北へあるいは南へと四散する。

一五世紀末、彼らの一部はイベリア半島に到来し、温暖の地アンダルシアに定着する。彼らがもたらした中央アジアの音楽や旅の道中で身につけた調べなどが、アンダルシアの民謡と融合して生まれたのが、フラメンコの原型である。

日本にスペイン舞踊が初めて紹介されるのは大正時代のことである。スペイン舞踊を本格的に日本で披露したのは、「世紀のカスタネットの女王」と謳われたラ・アルヘンティーナである。一九二九年一月のことだ。一方、フラメンコを日本で最初に披露したのは、一九三二年に来日したカタルーニャのテレジーナ・ボローナであろう。

今日、日本で見られるようなフラメンコとなると、一九五二

❖「カスタネットの女王」と呼ばれたフラメンコ・ダンサーのラ・アルヘンティーナ(1890-1936)。

年五月のエスパニータ・コルテスによるスペイン舞踊公演まで待たなければならない。この公演は、ギターのフランシスコ・ヒル、ピアノのジャン・ラフォルジュの伴奏で「アレグリアス」「カディスのタンゴ」のほかアルベニスの「コルドバ」やファリアの「火祭りの踊り」などの演目で鮮烈な印象を日本のファンに与えた。

そして日本における本格的なフラメンコの登場は、一九五五年一月のこと、スペイン政府使節として来日したマノロ・バルガス率いるドローレス・デ・ペドローソ・フラメンコ舞踊団が正統フラメンコを披露したのである。

一九五〇年代から六〇年代にかけて、現在の日本のフラメンコ・ブームの基礎を築いた第一期世代のスペイン留学が始まる。一九五四年の斎京昇、五六年の河上鈴子、五九年の長嶺ヤス子、六二年の香取希代子、小松原庸子、岡田昌巳、佐藤桂子などである。そして彼女らは七〇年代フラメンコ公演ブームのきっかけをつくった。さらに八〇年代後半になると、フラメンコは一部のプロ志向の人から一般の愛好者まで広がっていった。

フラメンコというと舞踊だけが目立つが、基本的にフラメン

❖学生フラメンコ大会から（2013年、京都外国語大学森田記念講堂）。

コはカンテ（歌）、バイレ（踊り）、トーケ（ギター）からなる。

今日、日本ではフラメンコ・ブームが進行しているが、このフラメンコ・ブームはフラメンコ舞踊のブームというべきである。ブームが舞踊に偏ったために、ギターは、ごく一部のアーティストをのぞいて舞踊の伴奏専従者となり、可能性を放棄したようにもみえる。また、ことばの壁のあるカンテはなかなか専門化が育たなかったが、日本フラメンコ協会の努力で底辺が増えてきているという。

日本はフラメンコの第二の故郷といわれるほど、フラメンコが市民の間に広まり、今日、フラメンコ教室は全国に三〇〇〇を数えるともいわれる。ではフラメンコが日本の土壌に根付いたのはなぜか。次の三つの理由が挙げられる。

第一に、フラメンコは東洋と西洋の文化を合わせもつ、日本人に大変親しみやすい舞踊音楽として受け入れられた。

第二に、戦前から河上鈴子、蘆原英了《あしはらえいりょう》、勝田保世、伊藤日出夫のような熱心なフラメンコ紹介者がいたことである。

第三に、タブラオと呼ばれる、フラメンコの踊りやギターを演奏する店が開店したことである。

❖サッカーを観る日本人

スペインスポーツ界は、「黄金時代」を迎えている。F1のフェルナンド・アロンソ、テニスのラファエル・ナダル、バイクのダニ・ペドロサ、バスケットのリッキー・ルビオ、ゴルフのセルヒオ・ガルシア、自転車のオスカル・フレイレ、体操のヘルバシオ・デフェル、スキーのマリア・ホセ・リエンダ、競歩のフランシスコ・ハビエル・フェルナンデス、ハンドボールFCバルセロナ、フットサル、サッカー、そして女子水泳のミレイア・ベルモンテ・ガルシアと、挙げれば枚挙に暇がないほどである。

スペインではサッカーは今や、国民的祝祭の闘牛に代わって国技の趣があるが、とくに一九六〇年代まではサッカー一色であった。六〇年代の「スペインの奇跡」による経済発展により、スポーツの世界にも多様性が出てきて、テニス、自転車ロードレース、ゴルフ、モトGP選手権で世界的選手を輩出するようになり、さらに一九九二年のバルセロナオリンピックを境にしてスポーツの多様化が著しく展開してゆき、その結果が今日のスポーツ界の黄金時代なのである。

スペインのサッカークラブの誕生は一九世紀末にさかのぼる。まず南部のウエルバに「レクレアティボ・ウエルバ」が誕生し、その後北岸部のバスク地方に「アスレティック・ビルバオ」（一八九八年）、バルセロナに「FCバルセロナ」（一八九九年）、マドリードにレアル・マドリード（一九〇二年）と誕生が続き、いまやその数は膨大である。

まずトップリーグの「リーガ・エスパニョーラ」があり、その下に二部リーグAが二〇チーム、Bが八〇チーム（四グループ各二〇チーム）、さらに三部リーグが三四〇チーム（一七グループ各二〇チーム）がひしめきあっている。

スペイン代表チームは、欧州選手権で一九六四年と二〇〇〇年に二度優勝していたが、世界一の座をかけたワールドカップでは、何度も優勝候補に挙げられながら、勝てなかった。それが二〇一〇年南アフリカ大会で悲願の初優勝をとげた。スペインチームはなぜ勝てなかったのだろうか。いくつか理由が考えられる。

第一に、スペイン人の個人主義だ。スペインは「人口の数だけ、国がある」といわれるほど個人主義、あるいは個性が強い国である。

第二に、地域主義が強く国家への忠誠心が欠如していた。

第三に、多彩なパスワークを駆使した魅せるサッカーを貫いていた。

第四に、外国人の大量流入でスペイン人選手の弱体化があった。

こうした中で、スペインサッカー協会は選手にもまたファンにも「スペイン代表」という共通意識を根付かせる努力を地道におこなってきた。言い換えれば、多様性と統一性の調和が見事に実を結び、それが世界制覇へとつながったのであろう。

日本からも過去に五人のJリーガーがスペインへ渡っている。城彰二(元バジャドリード)、西澤明(元エスパニョール)、大久保嘉人(マジョルカ)、福田健二、中村俊輔(元エスパニョール)である。

日本でスペインサッカーが注目されるようになったのは、とくに二〇〇二年の日韓ワールドカップが開催されてからのことであろう。熱心なソシオ(会員)やファンが急増し、サッカーを観るためにあるいはグッズを求めてスペインを訪れる日本人とくに若者は後をたたない。

❖レアル・マドリードの公認サッカースクール「レアル・マドリード・ファンデーション・サッカースクール横浜校」では5歳の園児から中学生までを対象に指導をおこなっている。

❖スペイン料理を食べる日本人

日本各地で、「バル」が人気だ。BARと書いてバルと呼ぶ。これは「横木、カウンター」を表す英語のbar（バー）に由来している。日本のバーとは異なり、ホステスはいない。いるのは店の経営者と給仕だけだ。ここは子供も出入りできる飲食店。カウンターでの立ち飲み、立ち食いを主とするところから、バルと呼ばれるようになり、スペイン人にとっては最高の社交の場となっている。日本では立ったままでの飲み食いは慣れていないので、テーブルを置いているバルもあるが、それはともかく気楽に入って飲食ができるバルは北海道・

❖バルセロナの長い歴史を持つボケリア市場（サン・ジュゼップ市場）内のバル。常に大勢の客でにぎわっている。

❖気軽に小皿料理やワインを楽しめるスペイン・バルやスペイン料理の店が日本でも流行しており、最近は多様化も進んでいる。

函館にあるバル街からスタートして全国各地に広がり、今ではスペイン料理に限らずバルの名称が広く使われている。

バルが流行する一方でスペイン料理店も各地で増加の一途を辿り、スペイン料理ファンが増加していることも事実である。

スペインは地方色豊かな国だ。産物も地域によって異なる。スペインの料理を「スペイン料理」とひと言では言えない。各地で料理がおおいに異なっているからだ。日本ではスペイン料理店としてオープンされるが、経営者あるいは料理人がスペインのどこで料理を学んだかで、おのずと料理はカタルーニャ風とかバスク風などと決まってくる。最近はスペイン料理店からカタルーニャ料理店、ガリシア料理店、バスク料理店といった個性豊かな料理店がオープンしてきており、スペイン料理の楽しみが広がっている。

そんな中で、何よりも嬉しいのは、日本で食べるスペイン料理も驚くほど美味しくなったことだ。

スペイン料理というと、パエリアなど種類そのものがあまりにもステレオタイプで、味の方もかなり日本風にアレンジされていた。しかしようやく「パエリアだけではない」時代が到来したように感じられる。その理由はいくつか挙げられる。

第一に、本場スペインで料理を学んできた料理人が増えたことである。特にスペインに修業に行く若者が増えている。

第二に、スペイン旅行者が増え、本場の味を知っている日本人が増えたため、本格的なスペイン料理を出す必要に迫られた。

第三に、食材の多くを直接スペインから輸入できるようになった。

第四に、生ハム、オリーブ油、ワインなどスペインの食材が安くて良質であることが日本でも認められるようになってきた。

❖スペイン・ファッションを身に着ける日本人

スペインのファッションというと、誰もがZARA(ザラ)の名前を口に出すだろう。日本進出を始めた一九九八年当時こそ人気がなかったが、二〇〇三年に旗艦店を銀座と六本木に同時オープンしてから人気が出て今では全国に一〇六店舗を数えている。ファースト・ファッションブランドには他にマンゴなどが続く。ファッション産業はZARAのような衣類だけではない。他にも靴、バッグ、アクセサリー、ジュエリー、ブライダルウェアなど人が身に着けるもののデザイン、製造、販売部門にかかわる総称であり、日本にもさまざまなファッションがスペインから入ってきて、多くの日本人が身に着けている。

スペインのファッションを考えるとき、その成長を支える三つの要素を知っておくことが必要であろう。それはスペインが質の高い原料の生産国であり、職人の国であり、またピカソやダリら世界的な芸術家を輩出した芸術の国であるということだ。そこから素晴らしいファッションが生まれているのである。

ワインやオリーブオイルとともにスペインを代表する製品に、レザーがある。レザー産業でスペインを代表するのは、ローマ時代にまでさかのぼる伝統のあるロエベ(LOEWE)である。バッグなどの皮革小物のほか、香水、レザーグッズ、レザーウェア、ネクタイ、スカーフ、アパレルなどを手がける総合ブランドにまで成長している。

スペインはイタリアについでヨーロッパ第二位の靴の生産国である。高級紳士靴のヤンコ、カジュアルなカンペール、高級エスパドリーコ（縄底のサンダル）のカスタニェール、バレーシューズのマスカロ、トレンド感あふれるラスやアリマなどの有名ブランドがある。

ジュエリー・ブランドは芸術の域をきわめたといわれるほどで、すぐれた作品が多数ある。ハイジュエリーとしてヤーネス、マリエラ、カレーラ・イ・カレーラ、ホアキン・ベラオトマスなどがある。

スペインはビューティ（スキンケアや香水）の分野で、ヨーロッパ第五位の生産国であり、安定した成長を続けている。さらにスペインは世界第二位のウェディングドレスの輸出国でもある。スペインには約七〇〇社ものブライダルファッション関連企業が存在するといわれ、日本に上陸するとともに、日本人がスペインに赴いて、結婚式をあげるケースが増えている。

一例をあげよう。二〇一三年の秋、サッカーファンの日本人カップルが、スペインのブライダル・ファッションに身を包んで、FCバルセロナのホームスタジアム、カンプ・ノウで結婚式をあげたのである。同スタジアムでの日本人最初となる結婚式のニュースは、インターネットを通じて瞬時に世界中のサッカーファンに届けられ、新聞をはじめ、インターネットサイト、

❖サッカーファンの聖地、FCバルセロナのカンプ・ノウ・スタジアム。2013年10月、岸本夫妻はジョイア・ウェディングスのコーディネイトによって、日本人として初めて同地で結婚式をおこなった。

facebook、スペインや日本のテレビ番組など各種メディアでとりあげられた。

▼01——『フランコと大日本帝国』、六〇ページ。
▼02——「血と黄金」、八七ページ。
▼03——http://www.mofa.go.jp/mofaj/area/spain/sympo0106.html
▼04——『昨日の旅』、三〇四—五ページ。
▼05——『清水幾太郎の「二〇世紀検証」の旅』、七二ページ。
▼06——『昨日の旅』、三〇〇ページ。
▼07——『昨日の旅』、二〇六—七ページ。
▼08——『南蛮のみち 一』、二五ページ。
▼09——「スペイン美術の旅」『スペイン・ポルトガルの旅』、五〇ページ。
▼10——『南蛮のみち 一』、三七七—八ページ。
▼11——『南蛮のみち 一』、三七八ページ。
▼12——『南蛮のみち 一』、三七八ページ。
▼13——「日本のガウディ」『不思議の国のガウディ』、二五九ページ。
▼14——池原義郎「序」『アントニオ・ガウディ論』、iiページ。
▼15——「ガウディ精神の映像と私」、一七六—七ページ。
▼16——『作家論II——芸術家の論理』、一六ページ。
▼17——『作家論II——芸術家の論理』、一六ページ。
▼18——『作家論II——芸術家の論理』、六六ページ。
▼19——『ガウディの伝言』、九七ページ。
▼20——「長崎だより」、一六九ページ—一七一ページ。
▼21——『都市回廊——あるいは建築の中世主義』、三八〇ページ。
▼22——「スペインの日本語熱」

あとがき

今から五年前の二〇一〇年、日本人学者二〇名とスペイン人学者六名とともに、日本最初の『日本・スペイン交流史』を上梓する機会があった。

従来、日本とスペインの交流史と言えば、南蛮時代のそれが中心に置かれ、幕末・明治以降の交流は断片的な扱いでしかなかった。かつて世界の大帝国だったスペインだが、江戸時代には三流国に転落し、世界の先進諸国を目指す日本にとってスペインは辺境の地となってしまったからであった。

そんな中でも幕末・明治以降、両国の交流は変わらず続いたことは言うまでもない。『日本・スペイン交流史』では、前半で南蛮時代の交流史を扱った後、後半では「幕末・明治以降の交流史」として、美術・文化交流、ジャポニスム、須磨コレクション、漆工芸、フラメンコ、音楽、内戦と日本、皇室・王室外交、スペイン語教育と日本語教育、スペイン文学と日本文学、ポップカルチャー、観光、日系企業などさまざまな分野から両国の交流の足跡を辿り、両国の交流史の全貌解明に取り組んだ。

したがって、本書はわれわれにとっては『日本・スペイン交流史』を補完する役割を持つ。南蛮時代の両国の交流史は従来のものと大きく変わらないが、鎖国時代のスペイン情報を取り上げたのは新しい試みであろう。また幕末・明治以降の交流史は、特に歴史上の人物を中心に述べている。惜しむらくは、日本を訪れたスペイン人による日本観を取り上げていないことであろう。しかしながら、最終章の後半で、日本におけるスペインブームとスペインにおける日本ブームをとりあげることで、両国の相互交流が今、最高潮に達していることに言及できたことは喜ばしい限りである。

二〇一三・一四年は日本におけるスペイン年であった。ところが、誰が考えたのかあるいは思い付いたのか、ちょうど四〇〇年前の一六一三年に支倉常長の慶長遣欧使節がスペインに向けて日本を発っていること に白羽の矢が立てられたのである。日本とスペインの交流は一般に一五四九年のフランシスコ・ザビエル来日に始まるとされ、そこから考えれば両国の交流史はおよそ四六五年に及ぶことになるが、区切りのいい四〇〇年を利用して、いつしか二〇一三・一四年は日本・スペイン交流四〇〇周年となり、両国でかつてないほど数多くの記念イベントが開催された。二〇一三年六月には日本の皇太子殿下がスペインで開催された開会式に名誉総裁として出席され、おおいに場を盛り上げられた。二〇一四年九月には日本で、スペインの皇太子殿下をお迎えして、閉会式の開催が予定されていたが、皇太子殿下がフェリーペ六世に即位されることになり、来日は延期となった。

また、四〇〇周年記念の二〇一三・一四年には、まずスペインのラホイ首相が一三年六月に来日し、ついで安倍首相が一四年六月にスペインを訪問した。ラホイ首相の出身地であるガリシアで首脳会談が開催され、その中で二国間経済関係について「中南米、アジアにおけるゲートウェイとして、双方の強みを提供しあうことが有益である点で意見が一致した」との報告が公開された。

日本の企業はアジア諸国とのビジネス経験が豊かである一方、スペインの企業はスペイン語圏の市場に強いといわれる。日本企業はスペイン企業を通じてスペイン語圏の市場を、スペイン企業は日本企業を通じてアジア諸国の市場へのアクセスの強化を期待する訳である。国際競争を勝ち抜くには己の弱点を補う相手国が必要であり、日本とスペインは相互補完による国際協力強化がおおいに期待できる。

従来の交流は友好関係の樹立が目的であったように思われる。しかしながら、今日のようなグローバル時代にあって、友好関係にも新たな形態が求められようとしている。日本とスペインの場合は、特に経済面を重視した協力体制の構築の可能性を探求することであろうか。本書が両国の新しい交流形態を考える契機の一つになれば、筆者にとって望外の喜びである。

最後に、本書の成立にご尽力いただいた原書房編集部の百町研一氏に心よりお礼を申し上げたい。

二〇一五年五月

坂東省次

参考文献一覧

❖凡例

一、ここでは、本書の内容に関連した邦語・邦訳文献の中から、以下の基準に照らして選定し、掲載した。

❶各章を執筆するにあたって参照したもの。とくに本文の注で、引用元として言及したもの。

❷その他当該個所の理解に役立つと思われるもので、代表的かつ入手・参照が容易なもの。

二、文献の配列は以下のようにおこなった。

❶各章ごとに、史料、ついで著書・論文(著書の一部をふくむ)。

❷史料および著書・論文それぞれに、著者・編者(一部は訳者)名の五十音順。

❸同一の著者・編者によるものは、初版・初出年の順。

三、復刻、再版または文庫化された文献は、まず最新版の書誌情報を記し、(　)内に初版以降の情報を付記した。

四、本書の執筆にあたって随所で参照した『日本・スペイン交流史』(二〇一〇年)については、「交流史」と略記し、執筆者と論題につづいて、第1部(近世初期の交流史)・第2部(幕末・明治以降の交流史)の別、章番号を記した。

各章共通［概説・通史・事典等］

◉池上岑夫他監修『スペイン・ポルトガルを知る事典』(新訂増補版)平凡社、二〇〇一年(初版一九九二年)。

◉池端雪浦編『東南アジア史2　島嶼部』山川出版社、一九九九年。

◉牛島信明、坂東省次、川成洋編『スペイン学を学ぶ人のために』世界思想社、一九九九年。

◉関哲行、立石博高、中塚次郎編『世界歴史大系　スペイン史』全二巻、山川出版社、二〇〇八―二〇〇九年。

◉立石博高編『スペイン・ポルトガル史』山川出版社、二〇〇〇年。

◉田中健夫、石井正敏編『対外関係史辞典』吉川弘文館、二〇〇九年。

◉坂東省次編『スペイン・中南米関係文献目録』渓水社、一九九七年。

◉坂東省次編『スペイン関係文献目録』行路社、二〇〇五年。

◉坂東省次・川成洋編『スペインと日本　ザビエルから日西交流の新時代へ』行路社、二〇〇〇年。

◉坂東省次・川成洋編『日本・スペイン交流史』れんが書房新社、二〇一〇年。

◉増田義郎・山田睦夫編『ラテン・アメリカ史』全二巻、山川出版社、一九九九―二〇〇〇年。
◉『日本キリスト教歴史大辞典』教文館、一九八八年。

序章

◉荒野泰典「唐人町と東アジア海域世界――『倭寇的状況』からの試論」歴史学研究会編『シリーズ港町の世界史3――港町に生きる』青木書店、二〇〇六年。

◉五十嵐一成「『帝国』とモナルキーア・イスパニカ」(上・中・下)札幌大学『経済と経営』三四―一、三四―二、三六―一、二〇〇三―二〇〇五年。

◉生田滋『大航海時代とモルッカ諸島』中央公論新社(中公新書)、一九九八年。

◉ジョン・H・エリオット(越智武臣、川北稔訳)『旧世界と新世界 一四九二―一六五〇』岩波書店(岩波モダンクラシックス)、二〇〇五年(初版一九七五年)。

◉応地利明『「世界地図」の誕生』日本経済新聞出版社、二〇〇七年。

◉金七紀男『エンリケ航海王子』刀水書房、二〇〇四年。

◉合田昌史『マゼラン――世界分割を体現した航海者』京都大学学術出版会、二〇〇六年。

◉関哲行、立石博高編『大航海の時代――スペインと新大陸』同文館出版、一九九八年。

◉高橋裕史『イエズス会の世界戦略』講談社、二〇〇六年。

◉立石博高「『スペイン王国』の構造」立石博高他編『スペインの歴史』昭和堂、一九九八年所収。

◉立石博高「『スペイン王国』成立に関する一考察――バルセローナ市への異端審問制度導入をめぐって」渡辺節夫編『ヨーロッパ中世の権力編成と展開』東京大学出版会、二〇〇三年所収。

◉(展示図録)『西洋人の描いた日本地図――ジパングからシーボルトまで』OAGドイツ東洋文化研究協会編一九九三年。

◉マキアヴェリ(池田廉訳)『君主論』中央公論新社(中公クラシックス)、二〇〇一年(初版=中央公論社〈中公文庫〉、一九七五年。新訳、中公文庫、一九九五年)。

◉増田義郎『コロンブス』岩波書店(岩波新書)、一九七九年。

◉的場節子『ジパングと日本――日欧の遭遇』吉川弘文館、二〇〇七年。

◉三好唯義『図説 世界古地図コレクション』河出書房新社、一九九九年。

◉三好唯義、小野田一幸『図説 日本古地図コレクション』河出書房新社、二〇〇四年。

◉アンソニー・リード(平野秀秋、田中優子訳)『大航海時代の東南アジア』全二巻、法政大学出版局、一九九七―二〇〇二年。

第一章

◉ルイス・フロイス(松田毅一・川崎桃太訳)『完訳フロイス日本史』全一二巻、中央公論新社(中公文庫)、二〇〇〇年(初版=『日本史』中央公論社、一九七七―八〇年)。うち第一章関連は1~3(織田信長編)、6、7(大友宗麟編1、2)、9、10(大村純忠・有馬晴信編1、2)
◉松田毅一監訳『十六・七世紀イエズス会日本報告集』第一期全五巻、第二期全三巻、第三期全七巻、同朋舎出版、一九八七―九八年。うち第一章関連は第三期一―六巻。
◉ヴァリニャーノ(松田毅一他訳)『日本巡察記』平凡社(東洋文庫)、一九七三年。
◉河野純徳訳『聖フランシスコ・ザビエル全書簡』全四巻、平凡社(東洋

文庫）、一九九四年（初版＝平凡社、一九八五年）。
●東京大学史料編纂所編『大日本史料』第十一編別巻之一、二（天正遣欧使節関連史料）東京大学出版会、一九七四年（初版一九五九―六一年）。
●安野眞幸『港市論　平戸・長崎・横瀬浦』日本エディタースクール出版部、一九九二年。
●伊川健二『大航海時代の東アジア』吉川弘文館、二〇〇七年。
●内村俊太「十六世紀カスティーリャにおける商業都市と王国議会――タホ川航行可能化（一五八一―一五八八年）をてがかりとして」『スペイン史研究』二四、二〇一〇年。
●河野純徳『聖フランシスコ・ザビエル全生涯』平凡社、一九八八年。
●岸野久『西欧人の日本発見――ザビエル来日前日本情報の研究』吉川弘文館、一九八九年。
●岸野久『ザビエルと日本――キリシタン開教期の研究』吉川弘文館、一九九八年。
●岸野久「ザビエルと日本開教」、交流史第一部1章
●岸野久『ザビエルの同伴者アンジロー　戦国時代の国際人』吉川弘文館、二〇〇一年。
●五野井隆史『日本キリスト教史』吉川弘文館、一九九〇年。
●椎名浩「十六世紀スペイン語文書の日本記述における「権力・空間」イメージについての一考察　A・ヴァリニャーノの『日本諸事要録』（一五八三年）を中心に」『イスパニア図書』一一、二〇〇八年。
●椎名浩「日本布教初期のスペイン人イエズス会士による権力・空間イメージの形成過程――トーレスとフェルナンデスの書簡群を事例として。一五四九～七〇年」『イスパニア図書』一二、二〇〇九年。
●椎名浩「『ポルトガル優越の時代』における日西の往来」、交流史第一部2章。
●椎名浩「A・ヴァリニャーノの見たイダルゴとサムライ　『日本諸事要録』（一五八三年）の身分・官職呼称をめぐって」『スペイン学』一四号、二〇一二年。
●藤田一成「近代スペインの一局面　マドリッドへの遷都をめぐって」神奈川大学『人文研究』一〇四、一九八九年。
●フェルナン・ブローデル（浜名優美訳）『地中海』（普及版）全五巻、藤原書店、二〇〇四年（初版＝全五巻、一九九一―一九九五年。小型版＝全一〇巻、一九九九年）。
●根占献一『東西ルネサンスの邂逅　南蛮と彌寝氏の歴史的世界を求めて』東信堂、一九九八年。
●パブロ・パステルス（松田毅一訳）『十六―十七世紀日本・スペイン交渉史』大修館書店、一九九四年。
●フアン・ヒル（平山篤子訳）『イダルゴとサムライ――十六・十七世紀のイスパニアと日本』法政大学出版局、二〇〇〇年。
●松田毅一『ヴァリニャーノとキリシタン宗門』朝文社、二〇〇八年（初版一九九二年）。
●松田毅一『天正遣欧使節』朝文社、二〇〇八年（初版＝『史譚　天正遣欧使節』講談社、一九七七年。朝文社、一九九一年／二〇〇一年。講談社〈講談社学術文庫〉、一九九九年）。
●松田毅一、川崎桃太編訳『回想の織田信長――フロイス「日本史」より』中央公論社（中公新書）、一九七三年。
●結城了悟『長崎を開いた人――コスメ・デ・トーレスの生涯』サンパウロ、二〇〇七年（初版＝パチェコ・ディエゴ（佐久間正訳）『長崎を開いた人――コスメ・デ・トーレスの生涯』中央出版社、一九六九年）。
●若桑みどり『クアトロ・ラガッツィ――天正少年使節と世界帝国』（上・下）集英社（集英社文庫）、二〇〇八年（初版単行本は一冊、集英社、二

〇〇三年）。

第二章

●『イエズス会日本報告集』、第一期一—三巻、第三期六—七巻。
●アビラ・ヒロン（佐久間正、会田由、岩生成一訳注）、ルイス・フロイス（岡田章雄訳注）『日本王国記・日欧文化比較』（大航海時代叢書　第一期11）、岩波書店、一九六五年。
●『完訳フロイス日本史』4、5（豊臣秀吉編）、7、8（大友宗麟編2、3）、10—12（大村純忠・有馬晴信編2—4）。
●ルイス・フロイス（結城了悟訳）『日本二十六聖人殉教記』聖母の騎士社、一九九七年。
●安野眞幸『バテレン追放令——十六世紀の日欧対決』日本エディタースクール出版部、一九八九年。
●伊川健二『大航海時代の東アジア』。
●伊川健二「フィリピンと日本、日西関係の黎明」、交流史第一部3章。
●伊川健二「豊臣秀吉とスペイン」、交流史第一部4章。
●折井善果「ルイス・デ・グラナダとキリシタン文学」、交流史第一部7章。
●五野井隆史『日本キリスト教史』。
●五野井隆史『キリシタンの文化』吉川弘文館、二〇一二年。
●坂本満、菅瀬正、成瀬不二雄『原色日本の美術20　南蛮美術と洋風画（改訂第三版）』小学館、一九九四年（初版一九七〇年）。
●坂本満ほか編『南蛮屏風集成』中央公論美術出版、二〇〇八年。
●清水有子『近世日本とルソン』東京堂出版、二〇一二年。
●セゾン美術館、静岡県立美術館編（展示図録）『「ポルトガルと南蛮文化」展——めざせ、東方の国々＝Via orientalis』日本放送出版協会、一九九三年。
●鳥津亮二『小西行長　「抹殺」されたキリシタン大名の実像』八木書店、二〇一〇年。
●パステルス『交渉史』。
●平山篤子『スペイン帝国と中華帝国の邂逅』法政大学出版局、二〇一二年。
●ヒル『イダルゴとサムライ』。
●松田毅一『秀吉の南蛮外交——サン・フェリーペ号事件』新人物往来社、一九七二年。
●松田毅一『豊臣秀吉と南蛮人』朝文社、二〇〇一年（初版一九九二年）。
●松田毅一、川崎桃太編訳『秀吉と文禄の役——フロイス「日本史」より』中央公論社（中公新書）、一九七五年。
●皆川達夫『洋楽渡来考——キリシタン音楽の栄光と挫折』日本キリスト教団出版局、二〇〇四年。
●J・G・ルイズデメディナ『遥かなる高麗（カオリ）——十六世紀韓国開教と日本イエズス会』近藤出版社、一九八八年。
●若桑みどり『聖母像の到来』青土社、二〇〇八年。

第三章

●『イエズス会日本報告集』、第一期三——四巻、第二期。
●アビラ・ヒロン『日本王国記』。
●東京大学史料編纂所編『大日本史料』第十二編之十二（慶長遣欧使節関連資料）東京大学出版会、一九八二年（初版一九〇九年）。
●ロドリゴ・デ・ビベロ、JT中南米学術調査プロジェクト編、大垣喜志郎監訳『日本見聞記　一六〇九年』たばこと塩の博物館、一九九三年。
●村上直次郎訳注『ドン・ロドリゴ日本見聞録・ビスカイノ金銀島探検

報告』〈改訂復刻版〉雄松堂書店（異国叢書11）、二〇〇五年（第一刷一九六六年）。（初版一九二九年、第二版一九四一年）
●ペドゥロ・モレホン（佐久間正、野間一正訳）『日本殉教録』（正・続）（キリシタン文化研究シリーズ10、11）キリシタン文化研究会、一九七三―一九七四年。
●蝦名裕一、高橋裕史「『ビスカイノ報告』における一六一一年慶長奥州地震津波の記述について」『歴史地震』二九、二〇一四年。
●大泉光一『支倉常長』中央公論新社（中公新書）、一九九九年。
●太田直樹『ヨーロッパに消えたサムライたち』角川書店、一九九九年。
●五野井隆史『日本キリスト教史』。
●五野井隆史『支倉常長』（日本歴史学会編「人物叢書」）吉川弘文館、二〇〇三年。
●五野井隆史「スペイン系修道会の日本宣教」、交流史第一部6章。
●清水有子「『鎖国』政策の進展とスペイン」、交流史第一部8章。
●清水有子『近世日本とルソン』。
●田中英道『支倉六右衛門と西欧使節』丸善、一九九四年。
●パステルス『交渉史』。
●早川育「徳川家康とスペイン――ビベロとビスカイノの日本観」、交流史第一部5章。
●平山篤子『スペイン帝国と中華帝国の邂逅』。
●ヒル『イダルゴとサムライ』。
●ロレンソ・ペレス（野間一正訳）『ベアト・ルイス・ソテーロ伝』東海大学出版会、一九六六年。
●松田毅一『慶長遣欧使節――徳川家康と南蛮人』（新装版）朝文社、二〇〇二年（初版一九九二年）。
●渡辺偉夫「ビスカイノが見た慶長（一六一一年）三陸津波」『月刊地球』三三―四、二〇一一年。

第四章

●『新井白石全集』四、国書刊行会、一九七七年（初版一九〇六年。『西洋紀聞』、『采覧異言』収録）。
●新井白石、宮崎道生校注『西洋紀聞』平凡社東洋文庫、一九六八年。
●大槻玄沢『金城秘韞』（上・下・補遺）、大槻茂雄編『磐水存響』乾巻、思文閣出版、一九九一年（初版一九一二年）所収。
●朽木昌綱『泰西與地図説』青史社、一九八二年。
●新村出監修『海表叢書』六、成山堂書店、一九八五年（初版一九二八年。「呂宋覚書」収録）。
●西川如見『日本水土考・水土解弁・増補華夷通商考』岩波文庫、一九四四年（一九九八年復刊）。
●日蘭学会・法政蘭学研究会編、岩生成一監修『和蘭風説書集成』（上・下）吉川弘文館、一九七七・七九年。
●松方冬子『別段風説書が語る十九世紀――翻訳と研究』東京大学出版会、二〇一二年。
●山村才助（平野満編）『訂正増訳采覧異言』（上・下）青史社、一九七九年。
●荒野泰典『近世日本と東アジア』東京大学出版会、一九八八年。
●荒野泰典「近世の対外観」『岩波講座　日本通史一三　近世三』岩波書店、一九九四年所収。
●荒野泰典編『日本の時代史14　江戸幕府と東アジア』吉川弘文館、二〇〇三年。
●岡本信照「対照文法の先駆的著書――オヤングレンの『日本文典』（一七三八年）」『スペイン現代史』二〇号、二〇一一年。

◉松方冬子『オランダ風説書と近世日本』東京大学出版会、二〇〇七年。

◉松方冬子『オランダ風説書——「鎖国」日本が知った「世界」』中央公論新社（中公新書）、二〇一〇年。

◉三好唯義「『三国』から『五大陸』へ」『日本の対外関係六　近世的世界の成熟』吉川弘文館、二〇一〇年所収

第五章

◉浅香武和『スペイン語事始』同学社、二〇一三年。

◉アルマサン、ダビッド「スペインにおけるジャポニスム」交流史第二部2章。

◉池端雪浦編『世界各国史六　東南アジア史II　島嶼部』山川出版社、一九九九年。

◉池端雪浦「フィリピン革命と日本の関与」池端雪浦・寺見元恵・早瀬晋三『世紀転換期における日本・フィリピン関係』東京外国語大学アジア・アフリカ言語文化研究所、一九八九年。

◉池端雪浦「明治期日本人のフィリピンへのまなざし」池端雪浦、リディア・N・ユー・ホセ編『近現代日本・フィリピン関係史』岩波書店、二〇〇四年。

◉木下亮「19世紀後半のカタルーニャ美術の〝日本〟」『スペイン・ラテンアメリカ美術史研究』一〇号、二〇〇九年。

◉久米邦武（水澤周訳注）『現代語訳　特命全権大使　米欧回覧実記　四、五』慶應義塾大学出版会、二〇〇五年、選書版、二〇〇八年（岩波書店（岩波文庫）全五巻＝田中彰校注、一九七七—八二年、単行版　一九八五年）。

◉蔵本邦夫「日本における『ドン・キホーテ』」『日本における「ドン・キホーテ」』京都外国語大学、一九九七年。

◉蔵本邦夫「森鷗外比較文学研究」『サピエンチア英知大学論叢』一八号、一九八四年。

◉小堀桂一郎『森鷗外——日本はまだ普請中だ』ミネルヴァ書房、二〇一三年。

◉鴻巣友季子『明治大正翻訳ワンダーランド』新潮新書、二〇〇五年。

◉佐藤直助『西洋文化受容の史的研究』東京堂出版、一九六八年。

◉田澤耕『カタルーニャを知る事典』平凡社、二〇一三年。

◉土肥恒之『西洋史学の先駆者たち』中公叢書、二〇一二年。

◉中川清「明治期におけるスペイン語及びスペイン文学への関心（一、二）」『国士舘大学教養部教養論集』三五号、一九九二年・三六号、一九九三年。

◉西川長夫・松宮秀治編『米欧回覧実記』を読む——一八七〇年代の世界と日本』法律文化社、一九九五年。

◉宮永孝『海を渡った幕末の曲芸団——高野広八の米欧漫遊記』中央公論新社（中公新書）、一九九九年。

◉バルデス・バゲナ「一九世紀後半から二〇世紀前半にかけての日西美術・文化交流」、交流史第二部1章。

◉森鷗外「独逸日記」『鷗外全集』第三五巻、岩波書店、一九七五年。

◉森鷗外「再び劇を論じて世の評家に答ふ」『鷗外全集』第二二巻、一九七三年。

◉森鷗外「調高矣洋絃一曲」『鷗外全集』第一巻、一九七一年。

◉森鷗外「演劇場裏の詩人」『鷗外全集』第二二巻、一九七三年。

◉安井祐一『ホセ・リサールの生涯　フィリピンの近代と文学の先覚者』芸林書房、一九九二年。

◉安岡章太郎『大世紀末サーカス』朝日文庫、一九八八年（『大世紀末サーカス』朝日新聞社、一九八四年）。

●吉田彩子「森鷗外のカルデロン翻訳(一八九九年)をめぐって」清泉女子大学紀要、五一号、二〇〇三年。
●吉田博『アメリカ・ヨーロッパ・アフリカ　写生旅行』日本葉書会、一九〇七年。
●Ramiro Plana(フランシスコ・G・アセル訳)「明治時代のスペインと日本の外交関係の概略」『広島修大論集』二五巻二号、一九八四年。
●渡辺保『明治演劇史』講談社、二〇一二年。

第六章

●蘆原英了『舞踊と身体』新宿書房、一九八六年。
●石垣綾子『スペインで戦った日本人』朝日文庫、一九八九年(『オリーブの墓標——スペイン戦争と一人の日本人』立風書房、一九七〇年)。
●井上太郎『大原總一郎——へこたれない理想主義者』中央公論新社(中公文庫)、一九九八年(『へこたれない理想主義者——大原總一郎』講談社、一九九三年)。
●色川大吉『ユーラシア大陸思索行』平凡社、一九七三年。
●内山惣十郎『浅草オペラの生活——明治・大正から昭和への日本歌劇の歩み』雄山閣出版、一九六七年。
●瓜谷良平「日本におけるスペイン語の学習、教育、研究の歴史」『HISPANICA』、三四号、一九九〇年。
●加賀乙彦「解説」野上弥生子『欧米の旅』(下)、岩波書店、二〇〇一年。
●狩野美智子「晴子さんと弥生子さんのスペイン」『イスパニア図書』六号、二〇〇三年。
●川成洋「太平洋戦争期の日西関係」『スペイン歴史の旅』行路社、二〇〇二年。
●川成洋「第二次世界大戦期のスペイン公使　須磨弥吉郎論——スパイマスターとして、美術コレクターとして」『スペイン語世界のことばと文化』京都外国語大学、二〇〇九年。
●川成洋『スペインへの道』れんが書房新社、一九八三年。
●ゲルハルト＝クレーブス(田嶋信雄・井出直樹訳)「第二次世界大戦下の日本＝スペイン関係と諜報活動(2)」『成城法学』六四号、二〇〇一年。
●児玉悦子「我が国におけるスペイン語教育の歴史と現在」『桜美林エコノミックス』三二号、一九九四年。
●児玉悦子「西和辞典の過去と現在」『教養論集』(国士舘大学)四七号、一九九九年。
●児玉悦子「江戸末期漂流民のスペイン語学習」『国際学レヴュー』第八号、一九九六年。
●小宮正安『オペラ——楽園紀行』集英社新書、二〇〇一年。
●坂井米夫著、川成洋編『動乱のスペイン』彩流社、一九八〇年。
●山陽新聞社編『夢かける——大原美術館の軌跡』山陽新聞社、一九九一年。
●勝田保世『砂上のいのち——フラメンコと闘牛』音楽之友社、一九七八年。
●勝田保世「アンダルシアとの出会い」『HISPANOFILOS』二四号、一九七二年。
●勝田保世「外遊だより」『HISPANOFILOS』四九—六一号、一九八二—九四年。
●須磨弥吉郎『スペイン芸術精神史』みすず書房、一九四九年。
●高松宮妃殿下『菊と葵のものがたり』中央公論社、一九九八年。
●田村研平「坂井米夫『ヴァガボンド通信』『日本人は何を見たか？　海外旅行記の昭和史』社会思想史、一九九五年。
●東京外国語大学史編纂委員会編『東京外国語大学史——独立百周年記念』一九九九年。

●東京外語スペイン語同学会編『東京外語スペイン語部八十年史――内外活動異色ドキュメント――』一九七九年。
●富永浩「ブラスコ・イバーニエスの来日とその日本観（一―三）」『HISPANICA』一二号、一三号、一九六七―八年。
●野上弥生子『欧米の旅』(下)、岩波書店、二〇〇一年。
●平野久美子『高松宮同妃両殿下のグランド・ハネムーン』中央公論新社、二〇〇四年。
●村岡玄『増補　西和辞典』白水社、一九三七年。
●森園敦「長崎美術館の所蔵する須磨コレクション」『スペイン語世界のことばと文化』京都外国語大学、二〇〇九年。
●山形政昭『ヴォーリズの住宅――「伝道」されたアメリカンスタイル』住まいの図書館出版局、一九八八年。
●山道佳子ほか『近代都市バルセロナの形成』慶應義塾大学出版会、二〇〇九年。
●渡辺保『明治演劇史』講談社、二〇一二年。

第七章

●青江杏香「スペインファッションの今」京都外国語大学スペイン語学科編『スペイン語世界のことばと文化』二〇〇五年。
●池原義郎「序」入江正之『アントニオ・ガウディ論』早稲田大学出版部、一九九七年。
●今井兼次「長崎だより――日本二十六聖人殉教記念建築現場の寸描」『建築創作論』鹿島出版会、二〇〇九年。
●今井兼次「ガウディ精神の映像と私」『建築創作論』鹿島出版部、一九九七年。
●今井兼次『作家論II――芸術家の論理』中央公論美術出版社、一九九四年。
●上松佑二「今井兼次――時代の真の予見者」『素顔の大建築家たち』建築資料研究社、二〇〇一年。
●内田瑞子「スペインに進出した日系企業」交流史第二部18章。
●大久保元春「日本のフラメンコ黎明期の歩みと受容化への道」交流史第二部5章。
●潮崎空・編集部「スペインの日本語熱」『OCS NEWS』二〇〇六年三月一日号。
●清水幾太郎『昨日の旅』文藝春秋社、一九七七年。
●司馬遼太郎『街道をゆく　二二　南蛮のみちI』朝日文庫、一九八八年。
●外尾悦郎『ガウディの伝言』光文社新書、二〇〇六年。
●長谷川堯『都市回廊――あるいは建築の中世主義』中公文庫、一九八五年（『都市回廊』相模書房、一九七七年）。
●坂東省次「今井兼次とスペイン」『スペイン語世界のことばと文化三』、京都外国語大学、二〇一三年。
●古家久世「スペイン語に翻訳された日本文学の流れ」交流史第二部一五章。
●火野葦平「血と黄金」『小説ヨーロッパ』東京創元社、一九五八年。
●松葉一清「日本のガウディ」『不思議の国のガウディ』エクスナレッジ、二〇一一年。
●森直香「スペインにおける村上春樹の受容に関する予備的考察」『国際関係・比較文化研究』二〇一二年。
●ロダオ、フロレンティーノ（深澤安博ほか訳）『フランコと大日本帝国』晶文社、二〇一二年。

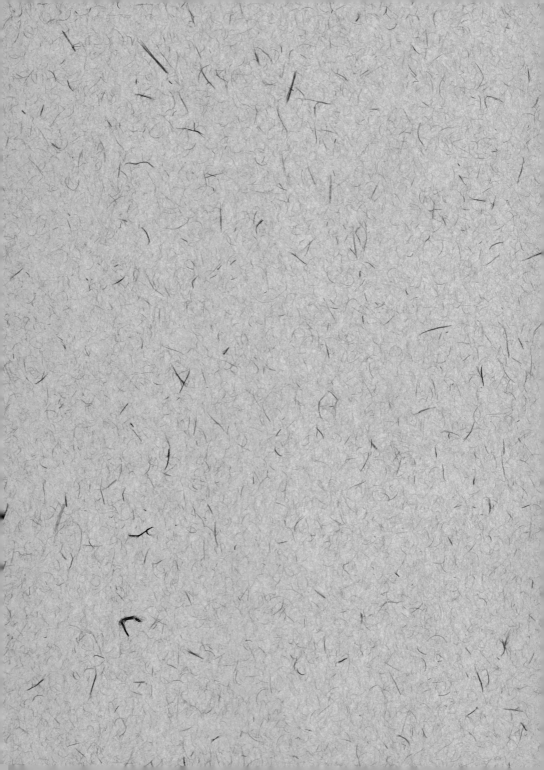

著者

坂東省次 ❖ *BANDO, Shoji*
1947年、兵庫県生まれ。京都外国語大学スペイン語学科卒業。京都外国語大学大学院修士課程修了。スペイン語学、日西交流史を専門とする。京都外国語大学外国語学部スペイン語学科教授・学科長、京都セルバンテス懇話会代表。主な著書に『現代スペインを知るための60章』（編著、明石書店、2013年）、『スペイン王権史』（共著、中央公論新社、2013年）、『スペイン文化事典』（共編、丸善出版、2011年）、『日本・スペイン交流史』（共編、れんが書房新社、2010年）などがある。

椎名浩 ❖ *SHIINA, Hiroshi*
1966年、熊本市生まれ。1994年、中央大学大学院文学研究科西洋史学専攻修士課程修了。専攻はスペイン中世史・近世史。現在、熊本学園大学、福岡大学非常勤講師。『日本・スペイン交流史』（共著、れんが書房新社、2010年）、『集いと娯楽の近代スペイン』（共訳、彩流社、2011年）。

日《に》本《ほん》とスペイン文《ぶん》化《か》交《こう》流《りゆう》の歴《れき》史《し》
南《なん》蛮《ばん》・キリシタン時《じ》代《だい》から現《げん》代《だい》まで

2015年5月31日　初版第1刷発行

著者――――**坂《ばん》東《どう》省《しよう》次《じ》＋椎《しい》名《な》浩《ひろし》**

発行者――――成瀬雅人
発行所――――株式会社原書房
〒160-0022 東京都新宿区新宿1-25-13
電話・代表 03（3354）0685
http://www.harashobo.co.jp
振替・00150-6-151594
ブックデザイン――小沼宏之
印刷――――新灯印刷株式会社
製本――――東京美術紙工協業組合

ISBN978-4-562-05161-8
Printed in Japan

索引

え

お

か

き

く

け

こ

さ

し

す

せ

そ

た

ち

つ

て

と

な

に

ぬ

ね

の

は

ひ

ふ

へ

ほ

ま

れ

ろ

わ

日本・スペイン交流史年表

1375年頃	▶A・クレスケス『カタルーニャ地図帳』作成、インド沖の島々が描かれる
15世紀後半	▶マルコ・ポーロ『東方見聞録』スペイン語を含む各国語に翻訳出版、再読される
15世紀末-16世紀前半	▶ポルトガル・スペインの海外進出の成果が欧州各国の世界図に反映
1544	▶ガリシア出身の航海士P・ディエス、日本の港を訪れる
1547	▶ヤジロウ、マラッカでザビエルと会う
1549	▶ザビエルら鹿児島上陸、キリスト教伝来
1551	▶ザビエル、豊後より離日。日本人ベルナルドら同行
1552	▶トーレス、フェルナンデスら、山口の宗論。ザビエル死去(1506-)
1554	▶ベルナルド、ポルトガル到着、スペイン経由でローマに至り、教皇、ロヨラらと会う(1557年ポルトガル・コインブラで死去)
1563	▶トーレス、大村純忠に洗礼を授ける(初のキリシタン大名)
1567	▶フェルナンデス、平戸で死去(1523-)
1570	▶トーレス、天草志岐で死去(1510-)
1582-90	▶天正遣欧使節
1584	▶スペイン人托鉢修道士を乗せた船、平戸に漂着 ▶天正遣欧使節、マドリードでフェリペ2世に謁見
1587	▶天草崎津にスペイン船来航 ▶伴天連追放令
1592	▶秀吉、原田孫七郎をマニラ総督に遣わす ▶J・コボ、マニラ総督使節として来日 ▶『ヒイデスの導師』(原著L・デ・グラナダ)天草で出版
1593	▶原田喜右衛門、使節としてマニラに渡る ▶マニラ総督使節P・バウティスタ来日 ▶この頃からスペイン系托鉢修道会の布教活発化
1596	▶土佐沖にサン・フェリペ号漂着
1597	▶長崎でスペイン人宣教師を含むキリシタン26名殉教 ▶有馬セミナリオで銅版画『セビーリャの聖母』制作
1599	▶『ぎやどぺかどる』(原著L・デ・グラナダ)長崎で出版
17世紀前半	▶マニラ居住の日本人、3,000名を超える
1609	▶フィリピン総督を離任したビベロの乗船、上総沖に漂着

1611	▶S・ビスカイノ艦隊来航
1613	▶伊達政宗の使節支倉常長、奥州月の浦を出航(1620年帰国)。フランシスコ会士L・ソテロ同行
1615	▶高山右近、追放先のマニラで死去(1552-) ▶支倉常長、フェリペ3世に謁見
1617	▶スペイン人托鉢修道会士数名、大村で公然と布教し殉教
1618年頃	▶B・アビラ・ヒロン『日本王国記』を著す
1622	▶ザビエル列聖
1624	▶幕府、スペイン船の来航禁止(近世初期の関係断絶) ▶ソテロら、大村で殉教
1630	▶エスキベル編『日西辞書』マニラで出版
1632	▶コリャード編『羅西日辞典』ローマで出版
1641	▶『オランダ風説書』の幕府への提出始まる(-1857)
1709	▶新井白石、イタリア人宣教師シドッチを尋問、スペインを含むヨーロッパ情勢を聞く
1738	▶オヤングレン編『日本文典』メキシコで出版
18世紀後半	▶蘭学の普及により世界地理書の出版盛ん。スペイン情報の精度も増す
1812	▶大槻玄沢、仙台で支倉常長の遺品を閲覧
1862	▶日本二十六殉教者列聖
1868	▶日西修好通商・航海条約締結(関係の再開) ▶欧米巡業中の高野広八一座、スペインに入国
1870	▶スペイン、日本へ代理公使を派遣
1873	▶岩倉遣欧米使節、ヴェネチアにて天正・慶長両使節の史実に接する(スペインは訪問せず)
1887	▶『ドン・キホーテ』の抄訳「鈍喜翁奇行伝」
1888	▶バルセロナ万博に日本出展 ▶フィリピン独立運動家リサール来日
1889	▶カルデロン『サラメア村長』森鷗外訳
1893	▶東京西班語学会設立
1895	▶国境確定に関する日西共同宣言。台湾・フィリピン間の国境を定める
1897	▶東京外国語学校西班牙語科設立 ▶日西修好交通条約調印
1898	▶米西戦争。スペイン領フィリピンの終焉
1899-1902	▶村上直次郎、ヨーロッパ所在の日本関連史料調査(1900年にはスペインで調査)
1901	▶特別通商条約締結
1904	▶ドミニコ会士アルバレス来日、四国を拠点に宣教開始
1920	▶フランシスコ・ザビエル肖像、大阪府の民家より発見
1923	▶作家V・ブラスコ・イバニェス来日、東京で講演 ▶大阪外国語学校西語部設立

1925	▸天理大学西語部設立
1930	▸高松宮スペイン訪問 ▸倉敷市に大原美術館開館、エル・グレコ『受胎告知』所蔵
1937	▸日本政府、共和国政府と断交しフランコ政権承認 ▸坂井米夫、スペイン内戦に従軍取材 ▸スペイン内戦従軍のジャック白井戦死
1939	▸野上弥生子夫妻、欧州旅行にてスペインに立ち寄る
1945	▸日本軍、マニラでスペイン人宣教師殺害、国交断絶 ▸イエズス会士P・アルペ、広島で被爆者の救護にあたる
1948–77	▸永田寛定・高橋正武訳『ドン・キホーテ』
1949	▸ザビエル来航400年。聖腕来日他記念行事、出版事業盛ん
1952	▸外交関係再開(大使に昇格)
1957	▸スペイン友の会設立(1961年より日本スペイン協会)
1958	▸上智大学イスパニア語学科開設
1960	▸南山大学イスパニヤ語学科開設 ▸小松原庸子、長嶺ヤス子、フラメンコ習得のため渡西
1960–62	▸会田由訳『ドン・キホーテ』(本邦初の完訳出版
1961	▸清泉女子大学スペイン語スペイン文学科開設 ▸P.カザルス来日
1962	▸第1次貿易取り決め締結 ▸長崎市に日本二十六聖人記念館開館・同記念聖堂落成。初代館長D.パチェコ(結城了悟)、設計今井兼次 ▸神戸市外国語大学スペイン語スペイン文学科開設 ▸ディエス・デル・コラール来日(1968年再来日)
1963	▸京都外国語大学イスパニア語学科開設
1965	▸英知大学イスパニア語イスパニア文学科開設 ▸神奈川大学スペイン学科開設 ▸P・アルペ、第28代イエズス会総長に就任(-1983)
1966	▸第2次貿易取り決め締結 ▸関西外国語大学スペイン語学科開設
1968	▸愛知県立大学スペイン語学科開設
1969–70	▸須磨彌吉郎のスペイン美術コレクション、全国各地を巡回展示後、長崎県に寄贈
1971	▸スペインに対し特恵関税適用
1972	▸フアン・カルロス殿下夫妻来日 ▸奈良市とトレド姉妹都市提携
1973	▸日本スペインギター協会創立 ▸第1回スペイン語検定試験実施
1974	▸日西租税条約締結

1977	▶拓殖大学スペイン語学科開設
1977–87	▶堀田善衛、スペインに住む
1979	▶スペイン史学会創立
1980	▶フアン・カルロス国王夫妻来日 ▶日本スペイン航空協定調印 ▶日西文化協定調印 ▶山口市とパンプローナ姉妹都市締結 ▶ホセ・カレーラス・ファンクラブ・ジャパン設立
1984	▶安倍晋太郎外相スペイン訪問 ▶常葉学園大学スペイン語学科開設
1985	▶皇太子夫妻スペイン公式訪問 ▶ゴンサレス首相来日（初の公式訪問） ▶日本カタルーニャ友好親善協会設立 ▶北海道スペイン協会設立
1986	▶イベリア航空成田—マドリード直行便就航（1999年撤退） ▶エレナ王女非公式来日 ▶名古屋スペイン協会創立
1987	▶中曽根康弘首相、日本の首相として初のスペイン公式訪問 ▶アミーゴス・デ・プラシド設立
1989	▶フアン・カルロス国王夫妻公式訪問（大喪の礼出席） ▶紀宮スペイン訪問 ▶三重県スペイン友好親善協会創立
1990	▶フェリペ皇太子公式訪問（即位の礼出席） ▶呉市とマルベーリャ姉妹都市提携 ▶丸亀市とサン・セバスティアン姉妹都市提携 ▶日本フラメンコ協会設立 ▶横浜スペイン協会設立
1991	▶高円宮夫妻スペイン訪問 ▶ゴンサレス首相夫妻来日
1992	▶クリスティーナ王女非公式来日 ▶皇太子スペイン公式訪問 ▶三重県とバレンシア州、姉妹提携 ▶大船渡市とパロス・デ・ラ・フロンテラ姉妹都市提携 ▶大分エスパニャ協会創立 ▶コリア・デル・リオに支倉常長像建立（佐藤忠良作） ▶「スペインブーム」ピーク。イベント、出版多数 ▶コロンブス500年。シンポジウム、出版多数
1993	▶神戸市とバルセロナ姉妹都市提携 ▶ガウディ協会日本支部設立

1994	▶志摩スペイン村「パルケエスパーニャ」開園 ▶在大阪スペイン国名誉領事館開設 ▶清洲町とヘレス・デ・ラ・フロンテラ姉妹都市提携
1995	▶バルセロナで第1回「サロン・デ・マンガ」開催
1996	▶スペイン産オレンジ輸入解禁(翌年輸入開始) ▶宮城県慶長使節船ミュージアム「サン・ファン館」開館
1997	▶第1回日本・スペイン・シンポジウム、マドリードで開催(以後毎年両国で交互に開催) ▶在名古屋スペイン国名誉領事館開設 ▶アスナール首相公式訪問 ▶京都スペイン文化協会設立
1998	▶「熊野古道」と「サンティアゴへの道」が姉妹道提携 ▶岐阜県スペイン友好協会設立 ▶熊本スペイン協会設立
1999	▶ザビエル来航450年 ▶サラマンカ大学日西センター開設 ▶鹿児島スペイン協会設立
2001	▶版画家渡辺千尋、『セビーリャの聖母』を復刻
2002	▶田中真紀子外相スペイン訪問 ▶在福岡スペイン国名誉領事館開設 ▶山口県とナバラ州姉妹提携
2003	▶小泉純一郎首相スペイン訪問 ▶川口順子外相スペイン訪問(イラク復興国際会議出席)
2004	▶福岡スペイン友好協会設立
2005	▶フェリペ皇太子夫妻来日
2007	▶麻生太郎外相スペイン訪問 ▶フアン・カルロス国王夫妻来日
2008	▶セルバンテス文化センター東京開設 ▶皇太子、スペイン訪問(サラゴサ博視察) ▶A・ニコラス、第30代イエズス会総長に就任
2010	▶サパテーロ首相来日
2013	▶ラホイ首相来日 ▶皇太子、スペイン訪問(日本・スペイン交流400年開幕行事出席) ▶慶長遣欧使節関係資料、ユネスコ記憶遺産に登録
2013-14	▶日本・スペイン交流400年。両国各地で570件以上の記念行事開催
2014	▶岸田文雄外相スペイン訪問 ▶安倍晋三首相スペイン訪問